隐性冲突话语中的语用身份研究

杨文秀◎著

南京大学出版社

图书在版编目(CIP)数据

隐性冲突话语中的语用身份研究 / 杨文秀著. —
南京：南京大学出版社，2024.8
ISBN 978 - 7 - 305 - 27638 - 5

Ⅰ. ①隐… Ⅱ. ①杨… Ⅲ. ①语用学－研究 Ⅳ.
①H030

中国国家版本馆 CIP 数据核字(2024)第 025925 号

出版发行　南京大学出版社
社　　址　南京市汉口路 22 号　　　　邮　编　210093
书　　名　隐性冲突话语中的语用身份研究
　　　　　YINXING CHONGTU HUAYU ZHONG DE YUYONG SHENFEN YANJIU
著　　者　杨文秀
责任编辑　张淑文　　　　　　　编辑热线　(025)83592401
照　　排　南京南琳图文制作有限公司
印　　刷　江苏凤凰数码印务有限公司
开　　本　718 mm×960 mm　1/16 开　印张 16　字数 210 千
版　　次　2024 年 8 月第 1 版　2024 年 8 月第 1 次印刷
ISBN 978 - 7 - 305 - 27638 - 5
定　　价　85.00 元

网址：http://www.njupco.com
官方微博：http://weibo.com/njupco
官方微信号：njupress
销售咨询热线：(025) 83594756

序

两三年前,我从邮件与短信来往中得知,杨文秀教授在心无旁骛地埋头研究隐性冲突话语以及其中的语用身份问题,便一直期待相关成果的诞生。近日,杨教授微信告知,她终于完成了一部题为《隐性冲突话语中的语用身份研究》的著作书稿,还嘱我写一序。祝贺之余,我欣然接受邀请。

翻看书稿,我最直接的感受是,杨教授的研究反映了强烈的学科前沿意识。著作中的核心关键词,如"隐性冲突话语""语用身份""(不)礼貌""关系管理",无一不是当代语用学中最受关注、产出成果最为丰硕的热门话题。作者深谙相关话题的研究现状及存在的问题,在细致、充分而又清晰的文献梳理与甄别中发现了一系列创新空间,聚焦隐性冲突话语中的身份建构特征与操作策略问题,运用本人率先提出、团队共同发展的语用身份论,以我国古典名著《红楼梦》中的隐性冲突话语为实例来源,从交际需求出发,阐释作品人物互动中特定语用身份建构的动因,结合语境因素解读特定身份建构带来的关系管理效果。这样的研究取向和解读方向符合语用身份论的基本立场和假设,契合关系管理模式的分析目标与路向,反映了作者对相关理论实质及旨趣的透彻把握。

不仅如此,杨教授的著作还体现了非常显著的理论创新意识。她以关系管理模式为轴心,以语用身份论为纵轴、礼貌理论为横轴,搭建了具有原创色彩的分析框架。从其对话语实践的分析来看,该框架具有很好的操作性,可以很好地揭示交际者的身份与话语选择及其背后的深层动机。令人欣喜的是,杨教授没有满足于原封不动或机械地运用上述理论,而是大胆创新,对现有理论进行了有价值的拓展与修订。譬如,她从语用身份建构的发生空间、关系管理效应、言语行为语境等多个方面丰富并深化了语用身份论,对此我除了大大的点赞外,满心都是感激与钦佩。诚然,包括语用学人在内的(语言学)研究者,如果没有批评甚至解构国内外既有理论的意识和勇气,没有完善、重构既有理论,甚至提出全新理论的想法和做法,那么建构中国特色理论、中国自主体系就是一句空谈。

杨教授以我国四大名著之一的《红楼梦》作为语料来源,运用多种分析方法,剖析发生在故事中的各种隐性冲突话语,揭示其中人物互动中的语用身份建构特征及其交际效果。这其实是一项非常具有挑战性的工作。读懂《红楼梦》这部古典名著本身就绝不是一件容易的事,而识别作品中各种隐性冲突话语以及其中人物互动中建构的各种语用身份,更不是一件轻而易举的事。从杨教授条分缕析的语料解读与剖析中,我不仅看到了她对该名著中相关人物交际场景的深刻理解,更感动于她研究工作的细致与严谨。

最初认识杨教授,还是她在南京大学攻读博士学位的时候。她的导师张柏然教授德高望重,提携后进。张教授让当时还是在读博士生的她与刚调入南大不久的我取得联系,探讨词典编纂中的语用信息问题。杨博士完成论文顺利毕业后,对语用学的兴趣益发浓厚,经常参加国内语用学的研讨会和专题论坛。从一次又一次的接触中,我发现杨教授为人诚恳、低调、谦虚,潜心学术、甘于清静。她是一位纯粹的学者,追求真理甚于爱惜面子。她不止一次地"不耻下问",让我感到惶恐,甚至是受宠若惊。她还是一位非常热心的同行,这些年给了我不少帮助,比如我有幸邀请到她参加我主编的 *East Asian Pragmatics: Commonalities and Variations*,并多次请她担任我主编的国际期刊 *East Asian Pragmatics* 的论文盲审,她每次都慷慨答应并及时提交审稿意见。

在此,真诚、热烈祝贺杨教授的新著即将付梓!相信广大读者会像我一样,将从本书中汲取各种启发与灵感。

是为序。

陈新仁

2024 年元月

目　录

第 1 章　导　论

　　近年来,语用学视角下的身份研究如火如荼。基于社会建构主义身份观,陈新仁 2008 年首次提出了语用身份这个概念(转引自袁周敏、陈新仁 2013),继而提出了语用身份论(陈新仁 2018c;Chen 2022)。该理论对交际者如何通过话语操作身份、将身份用作资源满足交际目的具有很好的解释力。

　　冲突话语(conflict talk)在 20 世纪 70 年代就引起了学界的注意,近年来研究视角丰富,研究成果也颇为丰硕(郭亚东 2019:1;胡小琴、杨文秀 2013)。不过,纵观这些研究不难发现,主要的研究对象基本上是显性冲突话语(explicit conflict talk)。现有研究也多将显性冲突话语看作冲突话语。笔者(杨文秀 2012;杨文秀等 2012;杨文秀 2013;Yang et al. 2015;杨文秀等 2015)曾将冲突话语分为两类:显性冲突话语与隐性冲突话语(implicit conflict talk),并将隐性冲突话语定义为:交际双方在交际目的冲突的情况下隐蔽地表达各自交际目的的话语(杨文秀 2012)。隐性冲突话语概念的提出对冲突话语进行了分类,有利于专门、系统、深入的研究。但总的来看,对隐性冲突话语的关注尚存不足。

　　长期从事冲突与话语研究的美国社会学家 Grimshaw(1990:284)早在 30 多年前就观察到:似乎所有的冲突话语都涉及身份磋

商。他所言的冲突话语指的也是显性冲突话语,但从本研究的语料来看,这个论断也同样适用于隐性冲突话语。近年来一些学者研究了显性冲突话语中的语用身份问题,如陈倩、冉永平(2013),张玮、谢朝群(2016),周树江、曹世清(2017),郭亚东(2019)等。也有一些学者在研究中涉及了隐性冲突话语中的语用身份问题,如李成团、冉永平(2012)。但总的来看,目前对隐性冲突话语中的语用身份问题尚缺乏专门研究。这为本研究提供了必要性。

《红楼梦》是我国清代作家曹雪芹以自己亲身经历为基础创作的现实主义小说,被誉为我国四大古典名著之一。其中的语言"代表了我国古典小说语言艺术的最高成就"(孙逊 2004),具备宝贵的语料价值。故本书将以该小说人物对话中的隐性冲突话语为语料,以相关理论为基础,探讨交际双方为了满足交际需求如何操作语用身份,以及这些身份操作对现有的相关理论有何启示。

1.1　研究缘起

本书之所以探讨隐性冲突话语中的语用身份问题,是因为语用身份操作在这类话语中十分突出,但尚未受到应有的关注。下面以《红楼梦》中的对话为例说明。

一、隐性冲突话语中,不恰当的身份操作引发冲突

例(1)

背景:宝玉、黛玉闹别扭和好后一同去给贾母请安,碰巧宝钗也在。宝玉想到自己此前因与黛玉闹别扭心情不佳而没去参加宝钗哥哥的生日会,便以自己生病为由托宝钗向她哥哥解释。他还问宝钗为何也不去她哥哥的生日会上看戏。宝钗便说自己看了一会儿,

因天太热看不下去,便以生病为借口离开了。宝玉意识到宝钗是在暗讽他没参加生日会的原因是与黛玉闹别扭,却借口说生病,便不好意思起来。之后宝玉继续找话和宝钗搭讪。

01 (宝玉)只得又搭讪笑道:"怪不得他们拿姐姐比杨妃,原来也体丰怯热。"

02 宝钗听说,不由的大怒,待要怎样,又不好怎样。回思了一回,脸红起来,便冷笑了两声,说道:"我倒像杨妃,只是没一个好哥哥好兄弟可以作得杨国忠的!"

03 二人正说着,可巧小丫头靛儿因不见了扇子,和宝钗笑道:"必是宝姑娘藏了我的。好姑娘,赏我罢。"

04 宝钗指他:"你要仔细!我和你顽过,你再疑我。和你素日嘻皮笑脸的那些姑娘们跟前,你该问他们去。"
说的个靛儿跑了。宝玉自知又把话说造次了,当着许多人,更比才在林黛玉跟前更不好意思,便急回身又同别人搭讪去了。(第三十回)

在上例中,宝玉在 01 中借他人之口将听话人宝钗比作"杨妃",只是为了"搭讪",并无恶意。但这个身份类比却让宝钗"不由的大怒"。原因是:在唐朝人们以丰满为美,在清代人们的审美观已经发生了改变;而且,有些人认为杨贵妃是红颜祸水,起到了引发唐朝衰亡的负面作用;更为重要的是,宝钗曾经参加过宫廷选秀但落选了,宝玉无意之间戳了其痛处。因此,听话人宝钗产生了负面情绪。在她看来,宝玉将她比作"杨妃"含有贬义甚至恶意。宝玉这种不恰当的身份类比,引发了宝钗在 02 中借"杨妃"的兄弟杨国忠隐射宝玉,也为宝玉建构了不是"好兄弟"的消极身份。接着,宝钗在 04 中借机指桑骂槐,字面上警告第三方丫鬟、实际上是警告宝玉"要仔细"。结果是"宝玉自知又把话说造次了",感到"更不好意思"。由此例可见,说话人无意操作的语用身份,引起了听话人的反感,也引发了隐性冲突。

二、隐性冲突话语中,恰当的身份操作化解冲突

例(2)

背景:宝玉与宝钗结婚当天,黛玉生命垂危。丫鬟紫鹃一直守在黛玉身边,主子李纨也在场。这时,佣人林之孝家的受王夫人和贾母之命来请紫鹃过去帮忙。

01 林之孝家的道:"刚才二奶奶和老太太商量了,那边用紫鹃姑娘使唤使唤呢。"

02 李纨还未答言,只见紫鹃道:"① 林奶奶,你先请罢。等着人死了我们自然是出去的,那里用这么……"说到这里却又不好说了,因又改说道:"② 况且我们在这里守着病人,身上也不洁净。林姑娘还有气儿呢,不时的叫我。"

03 李纨在旁解说道:"当真这林姑娘和这丫头也是前世的缘法儿……"(第九十七回)

上例的 02 话轮被小说中的描写性文字分成了两个部分,分别用①、②标示。在①中说话人紫鹃公开拒绝;在②中的画线部分,说话人通过建构自我一方的消极身份——带着病气的、"身上也不洁净"的丫鬟,隐蔽地拒绝了对方传达的主子指令。从效果来看,这种通过建构自我消极身份而实施的隐蔽拒绝让在场的第三方——主子李纨意识到了说话人与黛玉之间的深厚情感,因此李纨在 03 中建构了紫鹃与黛玉之间的情感身份——"前世"就有"缘法儿"的人。由于 03,最终紫鹃达到了交际目的——留下来照顾黛玉。由此可见,说话人可以通过恰当的身份操作化解矛盾,达到自己所期待的交际目的。

三、隐性冲突话语中,语用身份影响着话语的发展路径

例(3)

背景:贾政痛打儿子宝玉后,贾母前来兴师问罪。

01 贾政见他母亲来了,又急又痛,连忙迎接出来,只见贾母扶着丫头,喘吁吁的走来。贾政上前躬身陪笑道:"<u>大暑热天,母亲有何生气亲自走来?有话只该叫了儿子进去吩咐。</u>"

02 贾母听说,便止住步喘息一回,厉声说道:"你原来是和我说话!我倒有话吩咐,只是<u>可怜我一生没养个好儿子</u>,却叫我和谁说去!"

03 贾政听这话不像,忙跪下含泪说道:"<u>为儿的教训儿子,也为的是光宗耀祖.</u>母亲这话,我做儿的如何禁得起?"

04 贾母听说,便啐了一口,说道:"我说一句话,你就禁不起。你那样下死手的板子,难道宝玉就经得起了? 你说教训儿子是光宗耀祖,<u>当初你父亲怎么教训你来?</u>"说着,不觉就滚下泪来。

05 贾政又陪笑道:"母亲也不必伤感,皆是作儿的一时性起,从此以后再不打他了。"(第三十三回)

在上例01话轮中,贾政字面上说贾母不必在大热天"亲自走来",而应该叫自己去听"吩咐"。他虽通过"亲自""吩咐"为贾母建构了有权发号施令的长辈身份,在此为强势身份,但实际上隐蔽地埋怨她不该来管闲事。贾母明白儿子的话外音,便在02中用"没养个好儿子"为贾政建构了不是"好儿子"的消极身份,公开指责了听话人。这个话轮是公开责备,不在本研究的讨论之列,但贾母为儿子建构的消极身份引起了儿子的反驳:在03中,贾政为自己建构了为"光宗耀祖"而"教训儿子"的孝子身份。在重视"孝道"的我国封

建社会,孝子是积极身份;且贾母被王熙凤等人称作"老祖宗"。故03是在暗示对方:自己打儿子也是为了对方的利益。这样贾政就隐蔽地解构了对方在02中为自己建构的消极身份。面对儿子在03中的隐蔽反驳,贾母在04中提及并利用第三方——"你父亲",以贾政的父亲教育孩子为榜样,隐蔽地斥责对方以打骂的方式教育孩子的行为。这样利用第三方身份为资源所取得的效果是,贾政在05中让步,承诺以后不再打宝玉,贾母的交际目的得以达成。

在此例中,隐性冲突话语经过了以下发展路径:建构对方的强势身份以隐蔽地责备对方(01)→建构对方的消极身份以公开地责备对方(02)、引发了对方的反驳→建构对方的受益者身份以隐蔽地反驳对方(03)→利用第三方身份资源以反驳对方(04)→交际中一方放弃(05)。经过几轮的身份博弈,隐性冲突话语才得以终止。

由此可见,语用身份像一只"无形的手",影响着话语的产生、发展与结束,也影响交际者交际目的的实现。这些为本研究提供了可行性。以下分别介绍本研究的对象、目标与方法。

1.2　研究对象

本研究的对象是隐性冲突话语。根据笔者(杨文秀 2012)以往对隐性冲突话语的定义,在交际双方的交际目的发生冲突的情况下,只有交际双方都隐蔽地表达各自交际目的的话语才构成隐性冲突话语,如下例(4)。经过多年对更多语料的观察,笔者发现这种定义将只有一方隐蔽地表达交际目的,而另一方未隐蔽表达交际目的的话语排除在外,在一定程度上限制了相关研究。为了对隐性冲突话语进行更为充分的探讨,本研究在以往定义的基础上有所拓宽,将交际者中只要有一方隐蔽地表达交际目的的冲突性话语也包含

在内。因此,本研究的隐性冲突话语主要包括以下 6 个类型,下面
分别以《红楼梦》中的对话为例说明。

**一、交际双方均使用隐蔽地表达交际目的的话语,这是严格意
义上的隐性冲突话语。**

例(4)

背景:贾瑞为堂嫂王熙凤神魂颠倒。一天来访,正好王熙凤的
丈夫贾琏(以下对话 01 中的"二哥哥")不在家,贾瑞便开始勾引王
熙凤。

01 贾瑞见凤姐如此打扮,亦发酥倒,因饧了眼问道:"二哥哥怎
  么还不回来?"

02 凤姐道:"不知什么原故。"

03 贾瑞笑道:"别是路上有人绊住了脚了,舍不得回来也未
  可知?"

04 凤姐道:"也未可知。男人家见一个爱一个也是有的。"

05 贾瑞笑道:"嫂子这话说错了,我就不这样。"(第十二回)

在上例中,贾瑞试图勾引王熙凤,但并未直言表白,而是在 01
中转弯抹角地提及第三方——他的"二哥哥"即王熙凤的丈夫贾琏。
在 03 话轮中,他使用了委婉语"绊住了脚",意为"二哥哥"贾琏可能
被其他女人勾引去了,企图通过挑拨夫妻关系达到勾引王熙凤的目
的。有趣的是,王熙凤在 04 中所说的"男人家"既可以包括贾琏,也
可以包括听话人贾瑞。这就隐蔽地威胁了听话人的面子,从 05 话
轮中说话人的自我澄清中可得到证明。总之,在此例隐性冲突话语
中,03 和 04 两个话轮都隐蔽地表达了交际者的交际目的。

二、交际一方隐蔽地表达自己的交际目的,但另一方出于多种原因并没有使用话语回应

例(5)

背景:王熙凤将尤二姐骗进大观园后,三番五次地暗中虐待她。但王熙凤的丫鬟平儿却经常悄悄地帮助尤二姐,结果被其他丫头告发。

凤姐听了,骂平儿说:"人家养猫拿耗子,我的猫只倒咬鸡。"
平儿不敢多说,自此也要远着了。(第六十九回)

在上例中,说话人王熙凤将听话人——丫鬟平儿比作"我的猫",将她帮助尤二姐的行为比作"咬鸡"。她使用了两个隐喻隐蔽地责备了平儿。出于地位差异(也许还有其他原因),平儿没有回应,导致此处只有一个话轮。此类话语也在本书的语料范围之内。

三、交际一方无意冒犯的话语引起另一方的隐蔽攻击

冉永平、刘玉芳(2011)将这类话语称为非攻击性话语引发的冲突回应。在本书的语料中,这种冲突回应是隐蔽的。例如,在本书例(1)的01话轮中,宝玉将宝钗比作杨贵妃,本无攻击对方之意,但宝钗的反应是"大怒"。不过,宝钗并没有公开反击对方,而是在02中"冷笑"着提及杨贵妃的兄长杨国忠,以他隐射贾宝玉:虽有亲姐姐为贵妃,却在仕途上毫无作为,连依靠妹妹做了大官的杨国忠都不如。总之,像例(1)中这样交际一方无意冒犯、却引起了另一方隐蔽进攻的话语(02、04话轮),也在本书所探讨的隐性冲突话语范围之列。

四、交际一方公开威胁对方的面子,另一方隐蔽地还击

从会话结构来看,相邻对的前件公开进攻,后件隐蔽地还击。

例(6)

背景:宝玉的丫鬟袭人有事出门,便叮嘱另一个丫鬟晴雯:

01 (袭人)便告诉晴雯:"好生在屋里,别都出去了,叫宝玉回来 抓不着人。"

02 晴雯道:"嗳哟,<u>这屋里单你一个人记挂着他,我们都是白闲 着混饭吃的。</u>"

袭人笑着,也不答言,就走了。(第六十七回)

在上例中,袭人在 01 中叮嘱晴雯不要出去,公开对她提出了要 求;晴雯在 02 中字面上褒扬对方、她贬低自己,实则以反讽的方式 挖苦袭人,暗含的意思是根本用不着她吩咐。这类话语也属于本书 所研究的隐性冲突话语,其中的画线话轮是本研究的语料。

五、交际一方隐蔽地威胁对方的面子,另一方公开地反击

这种情况与以上例(6)正好相反。从会话结构来看,相邻对的 前件隐蔽进攻,后件公开还击。

例(7)

背景:宝玉在大观园诗社作诗时经常被罚。一天,当他建议下 次作诗的题目时遭到了黛玉的暗讽:

01 宝玉笑道:"咱们明儿下一社又有了题目了,就咏水仙 腊梅。"

02 黛玉听了,笑道:"罢,罢!<u>我再不敢作诗了,作一回,罚一 回,没的怪羞的。</u>"

03 宝玉笑道："何苦来！又奚落我作什么。我还不怕臊呢，你
　　倒握起脸来了。"（第五十二回）

在上例中，01 是公开建议，02 话轮中用"我"代替"你"，隐蔽地
"奚落"了宝玉。宝玉也明白这一点，于是在 03 话轮中公开地反击
对方。这类对话也属于隐性冲突话语，其中的画线部分是本研究的
语料。

六、隐性冲突话语中的话轮既包括公开表达交际目的的部分，也包括隐蔽地表达交际目的的部分

对这类冲突话语，本研究只将后者当作语料。在语料统计时，
这类话轮作为 1 个话轮计算。例如：

例(8)

背景：金桂是薛姨妈的儿媳，薛宝钗的嫂子。一天，金桂在家里
大吵大闹，薛姨妈和女儿宝钗过来劝架。

01 宝钗道："大嫂子，妈妈因听见闹得慌，才过来的。就是问的
　　急了些，没有分清'奶奶''宝蟾'两字，也没有什么。如今且
　　先把事情说开，大家和和气气的过日子，也省的妈妈天天为
　　咱们操心。"

02 那薛姨妈道："是啊，先把事情说开了，你再问我的不是还不
　　迟呢。"

03 金桂道："① 好姑娘，好姑娘，你是个大贤大德的。你日后必
　　定有个好人家，好女婿，② 决不像我这样守活寡，举眼无亲，
　　叫人家骑上头来欺负的。③ 我是个没心眼儿的人，只求姑
　　娘我说话别往死里挑捡，我从小儿到如今，没有爹娘教导。
　　再者我们屋里老婆汉子大女人小女人的事，姑娘也管
　　不得！"

宝钗听了这话,又是羞,又是气;见他母亲这样光景,又是疼不过。(第八十三回)

在上例的 01 中,宝钗的话可分为两部分:前部分(即未画线部分)为自己的母亲辩解;后部分(即画线部分)字面上用"大家""咱们"包括说话人,但在语境中话语的内容并不包括她自己,实际上指的是听话人金桂和她的丈夫薛蟠。在"大家"和"咱们"这两个集体指示语的掩盖下,01 的画线部分对听话人金桂进行了隐蔽劝说。Chen(2022:132-133)也举例说明了说话人有意将自己包括在内,对达到交际目的所起的作用。此处虽然画线部分不足一个话轮,但语料统计时按一个话轮计算。

在上例的 03 中,金桂的回应也包含两个部分:画线部分与未画线部分。其中的画线部分依据内容可以再分为三个部分:①部分先称呼对方为"好姑娘",接着称赞她"大贤大德",并断言她"必定有个好人家,好女婿"。这些似乎是赞扬性话语,但从后续话语尤其是未画线部分"姑娘也管不得"公开拒绝她的劝说来看,这些字面赞扬性的话语实际上是反讽。在②中,金桂说"像我这样守活寡""举眼无亲,叫人家骑上头来欺负",字面上哀怨自怜,实际上隐蔽地责备了宝钗的哥哥薛蟠,也间接、隐蔽地威胁了在场的听话人——宝钗母女的面子。③中的"我是个没心眼儿的人……没有爹娘教导"字面上既陈述又请求,但实际上是在为自己开脱,将夫妻不和的责任全部推脱给听话人宝钗的哥哥,同样隐蔽地威胁了宝钗母女的面子。最后,在未画线的部分,金桂用"管不得"公开地拒绝了宝钗的劝告。总之,03 由隐蔽到公开地实现自我的交际目的,从隐蔽到公开地拒绝对方的劝说。对这类例子,本研究专门分析其中隐蔽实现自我交际目的的部分,对公开表达交际目的的部分不做分析。

综上所述,本研究对以往隐性冲突话语的定义加以扩充:从限定交际双方扩大到只要有一方的话语符合条件即可。因此,本书将隐性冲突话语定义为:在交际目的冲突的情况下,交际双方中至少有一方隐蔽地实现自我交际目的或/及隐蔽地威胁对方交际目的的话语。这就是本研究的工作定义。它在以往研究的基础上扩大了隐性冲突话语的范围,目的是尽可能全面地分析这类话语,尽可能深入地探讨这类话语中的语用身份问题。

　　还有一点值得一提,笔者将冲突话语划分为两个类别:显性冲突话语与隐性冲突话语,这并不说明冲突话语只包含这两类。实际情况是,冲突话语从隐蔽到公开是一个连续体,存在着大量中间状态的话语:有些隐蔽性极强,不了解其语境便无法断定话语的含义或说话人所隐蔽地表达的交际目的,如在下文 5.1.4 部分的例(33)中,交际者经过询问后才明白对方的隐含之意;有些又比较明显,但尚未到公开的地步,如以上例(6)中的 02 话轮。换言之,即令是本研究的语料,在隐蔽程度上也存在差异。至于什么是隐蔽地或公开地表达交际目的,本研究在交际目的与语言表达上探求关联,两者直接有关联的确定为公开,否则为隐蔽。详细情况可参看后面章节对每个例子的分析说明。

1.3　研究问题

　　陈新仁(2018c:8)指出:从语用学角度研究身份,不能只关注身份的类型、建构的方式等,更要关注交际者为何选择与建构特定身份。他还指出,说话人所选择的语用身份一般由其当前语境下的交际需求所驱动(2018c:66)。笔者多年收集的隐性冲突话语语料显示:在这类话语中,语用身份操作十分突出,它可能是交际双方产生冲突的原因,也可能是交际双方在冲突中较量的武器,还可能是在

冲突中成败的标志。鉴于以上,本书从《红楼梦》的隐性冲突话语中,挑选出说话人隐蔽地表达交际目的的话轮,探讨以下问题:

问题一:在《红楼梦》的隐性冲突话语中,交际目的对交际者操作语用身份有何影响?具体来说,为了满足不同的交际需求,交际者在操作语用身份的方式、对象、类型方面呈现出怎样的特征?

问题二:在《红楼梦》的隐性冲突话语中,交际者在不同交际需求驱动下操作的语用身份取得了怎样的效果?

问题三:本研究对现有的相关理论有何启示?

以上第一个和第二个问题是本研究在相关理论指导下进行的描写部分;第三个问题是用描写的结论对理论进行深化、充实的部分。

1.4 研究方法

本研究融入了多种研究方法,且互为补充。

1.4.1 定性方法

本研究从理论出发,最后又回归理论。首先,本研究对现有的礼貌理论进行思辨。具体来说,通过思辨对陈新仁提出的言语交际者关系管理新模式进一步充实修补;在此基础上提出(不)礼貌评价的两套原则;并将其与语用身份论一起作为本研究的理论基础;然后依据隐性冲突话语的定义收集、筛选语料;依据语用身份论确定各语料操作语用身份的方式、对象和类型,即分析交际者在不同交际需求驱动下所操作语用身份的特征;在此基础上得出结论;最后用这些结论中得到的启示对现有理论进行补充或深化。

1.4.2 语料分析法

本研究的语料分析法基于语料观察与分析,主要步骤如下:(1)结合语境和小说情节,从《红楼梦》中收集隐性冲突话语实例。(2)标记这些隐性冲突话语中交际者隐蔽表达交际目的的话轮,或其中的某些部分,作为本研究的语料。(3)判别各个话轮所隐蔽表达的交际目的;并将交际目的细化为具体的交际需求;按交际需求将这些语料进行归类整理。(4)分别分析交际者在各类交际需求的驱动下,在语用身份操作的方式、身份的对象与类型上存在怎样的特征,以及取得了怎样的交际效果。(5)归纳出各类交际需求驱动的身份操作特征,找出其中的共性;观察身份特征对交际效果的影响。

1.4.3 语篇分析法

本研究在话语产生的具体语境中,在长段对话(long stretches of talk)中辨别交际者的交际目的以及交际者是否隐蔽地表达其交际目的;也在长段对话中分析交际双方的交际目的如何存在冲突,以及他们如何通过语用身份相互博弈。此外,人物关系、先前发生过的事件、对相关话语的回应等都在分析中发挥作用。这些都体现了语篇分析法的特点。

1.4.4 实例论证法

本研究通过大量的实例分析,讨论在隐性冲突话语中,交际者在各种交际需求的驱动下,如何操作语用身份及其产生了怎样的交际效果。结论的形成基于对语料的观察与分析。

简言之,在探讨隐性冲突话语中所操作的语用身份这个问题时,本研究从理论出发,采用大量一手语料,在具体语境中分析语料,得出结论,最后补充、深化相关理论。

1.5 语料说明

上文提及语料分析法,这里有必要对语料的遴选进行更加详细的说明。语料遴选主要包含以下几个步骤:

第一步,识别隐性冲突话语。

在对整个故事情节和语境充分理解的基础上,本研究依据话语的背景、话语的内容、副语言、说话人的身体语言、听话人的反应(包括言语反应与非言语反应)、作家对交际双方的心理描写等判断一段对话是否属于隐性冲突话语。该项工作耗时多年,多届的研究生、本科生与笔者一起阅读《红楼梦》原文,观看 1987 版的《红楼梦》电视连续剧,参阅红学研究文献等,经过反复讨论,最终确定了 67段隐性冲突话语。

第二步,将筛选出的隐性冲突话语改为对话形式。

在此以上文的例(3)为例说明①。该段对话在小说《红楼梦》原文中是这样的:

> 贾政见他母亲来了,又急又痛,连忙迎接出来,只见贾母扶着丫头,喘吁吁的走来。贾政上前躬身陪笑道:"大暑热天,母亲有何生气亲自走来? 有话只该叫了儿子进去吩咐。"贾母听说,便止住步喘息一回,厉声说道:"你原来是和我说话! 我倒有话吩咐,只是可怜我一生没养个好儿子,却叫我和谁说去!"贾政听这话不像,忙跪下含泪说道:"为儿的教训儿子,也为的

---

① 本书对重复使用的例子不再加序列号。

是光宗耀祖。母亲这话,我做儿的如何禁得起?"贾母听说,便咳了一口,说道:"我说一句话,你就禁不起。你那样下死手的板子,难道宝玉就经得起了?你说教训儿子是光宗耀祖,当初你父亲怎么教训你来?"说着,不觉就滚下泪来。贾政又陪笑道:"母亲也不必伤感,皆是作儿的一时性起,从此以后再不打他了。"(第三十三回)

为了方便作者分析与读者阅读,本研究对以上的表述形式略加改写:将小说原文中的叙述体改写为对话体,结果参见上文1.1部分的例(3)。为了让读者看到原汁原味的对话,并了解其中存在的隐性冲突,本研究保留了原小说中对说话人语音、语调等副语言特征的描写以及对眼神、手势等身体语言的描写。保持原文的另一个原因是:在具体语境下,副语言特征、非语言因素等既影响着话语的含意,也具有身份建构功能(陈新仁 2018c:56-63)。为了节省读者的时间,也为了节省篇幅,本书对与本研究关联不大,或不影响话语理解的内容,用省略号代替,如3.3.5部分例(20)的02、04话轮。为了让读者了解话语产生的背景,本书在每个例子前增加了背景介绍,尽量用简洁的语言将隐性冲突话语发生的相关背景介绍清楚。为了分析方便,本书在话轮前面标记01、02、03等,但只有一个话轮的实例不做标记,如上文1.2部分的例(5)。在属于语料的话轮、部分话轮或正在分析的话轮下面加画线。

另外,本书对第一次使用的实例,按其在全书中出现的顺序编号。本书第1章中出现的实例,为了保持内容上的衔接,均未分析它们为何是隐性冲突话语。它们在第3章、第5章均被重复使用。这些重复使用的与其他第一次出现的实例在分析中都解释了该段对话为何是隐性冲突话语这个问题。不过,所有的实例无论重复使用几次,均只对这个问题分析一次。对再次或多次使用的实例,不再进行编号,即同一例在本书中只有一个编号。

第三步,从隐性冲突话语中挑选话轮。

挑选出交际者明知自己的交际目的与对方交际目的冲突,但仍然隐蔽地实现自己交际目的的话轮,并加下画线。从上文所分析的实例以及后文将要分析的实例中不难看出,在一段隐性冲突话语中,并非所有的话轮都隐蔽地表达与对方相互冲突的交际目的。例如,有些话轮是起始语,有些是公开表达交际目的的话语,有些是无意冒犯语等,这些都不是本研究考察的对象,因而被排除在外。当同一个话轮中包含公开和隐蔽地实现交际目的两类话语时,本书只在隐蔽的部分下做标记,如上文1.1部分例(3)的04话轮。这样的话轮在统计时记作一个话轮。另外,当同一个说话人的话语被描写性的文字分成了两个部分时,仍然看作同一个话轮,如上文1.1部分例(2)中的02话轮。

按以上步骤,本研究从67段隐性冲突话语中筛选出隐蔽表达说话人交际需求的话轮94个,这94个话轮是本研究的语料。

第四步,对加有下画线的话轮进行手工标注。

标注的内容不仅包括交际者的交际需求,而且还包括交际者操作语用身份的方式、身份的对象与类型等。

第五步,依据与身份操作相关的标注对语料进行归类整理。

在此基础上总结出特征,作为本研究描写部分的依据。值得一提的是,在统计语料时,同一个话轮中如以不同的话语实践类型操作同一对象的同一种身份,只计算一次。如在下文3.3.4中出现的例(19)中,"那婆子"在01中用"服侍"一词,也用称呼语"姑娘们"为对方建构了强势身份,在统计"为对方操作强势身份"时只计算为一个话轮。这个话轮同时也为说话人自我建构了弱势身份,故在统计"为自我操作弱势身份"时再计算一次,也只计算为一个话轮。换言之,同一个话轮因操作了不同对象或不同类型的身份可能反复计算。正因如此,话轮与身份对象、身份类型之间并不存在一一对应的情形。鉴于此,依据研究需要,本书第 5 章会分析某种语用身份特征所涉及的话轮,即拥有某种身份操作特征的话轮,而不提及某个话轮操作了几种语用身份。

此外,本研究之所以选择《红楼梦》为语料来源,是因为该小说不仅代表我国古代小说的最高成就,是我国传统文化的百科全书;而且人物语言高度个性化、形式多样化,涉及不同地位、身份、人际关系等,是很有价值的语料来源。《红楼梦》的版本众多,本文语料选自人民文学出版社 2008 版,该版本由中国艺术研究院《红楼梦》研究所校注,可视作权威版本。

最后,有必要对语料中所使用到的符号做一说明:

1. 01、02、03 等表示话轮;话轮再分时用①、②、③……表示;

2. 下画线表示某话轮或某部分话轮属于本研究的语料或是正在分析的语料;

3. 省略号(……)表示省略了不太相关的内容,或不影响话语理解的内容,以便节省篇幅;

4. 文字下加小圆点,表示影响话语含意的部分,或在分析中提及的部分,以方便读者查看;

5. "+"表示两项同时存在;

6. "/"表"或者"之意;

7. "()"表示括号内的内容可添加。

1.6　内容结构

本书由 7 章构成,具体是:第 1 章为导论,分 6 个小节说明了本研究的缘起、研究对象、研究问题、研究方法,并介绍本研究的语料及本书的结构。第 2 章为相关文献综述,分 3 个小节分别介绍了冲突话语中的语用身份及相关研究、隐性冲突话语及相关研究、《红楼梦》中人物对话的语用研究。第 3 章分 4 个小节分别介绍本书的基本概念:交际中的第三方、身份操作及其方式、语用身份的类型、交际需求。第 4 章是整个研究的理论部分,分 3 个小节:第 1 小节介绍了作为本研究主要理论基础之一的语用身份论。第 2 小节介绍本研究的另一个理论基础——礼貌理论。礼貌理论可再分为两个部分:人际关系管理模式及其修补模式、虚假(不)礼貌说。第 3 小节在理论基础之上搭建本研究的分析框架。第 5 章是语料分析部分,依据本研究语料所反映交际者的 3 大需求分为 3 个小节,分别讨论了在《红楼梦》的隐性冲突话语中,说话人在行事需求、人际需求、人际需求+行事需求的驱动下,如何操作身份以及操作谁的、什么类型的身份,取得了怎样的交际效果等。每个小节后进行小结,讨论共性问题,得出相关结论,并指出新出现的问题。第 6 章在第 5 章分析的基础上,讨论本研究对现有相关理论的启发,从而细化、充实、深化现有的理论。第 7 章为全书的结语,指出本书的创新与不足之处,提出在本研究基础上可进行的后续研究。

第2章 文献综述

本章综述与本研究相关的文献,分为三个部分:第一部分介绍冲突话语中的语用身份及相关研究;第二部分介绍隐性冲突话语及相关研究;第三部分简要介绍《红楼梦》中人物对话的语用研究。

2.1 冲突话语中的语用身份及相关研究

语用身份这个概念是由南京大学的陈新仁教授最早在 2008 年提出来的(转引自袁周敏、陈新仁 2013)。它指"语境化的、语言使用者有意或无意选择的自我或对方身份,以及他们在话语中提及的他者身份",也是"特定的社会身份在语言交际语境中的实际体现、运用甚至虚构"(陈新仁 2018c:24)。基于该定义,陈新仁(2018c)提出了系统的语用身份论。该理论勾勒了语用身份话语实践的宏观与微观分析框架,分析了语用身份的属性,指出了研究语用身份的路径。作为本研究的理论基础,本书的 4.1 部分将对该理论做详细介绍。

语用身份论得到了广泛的应用研究。实际上,在陈新仁提出语用身份这个概念之前,有关在一定语境中动态、在线地建构的身份就是语用身份。袁周敏（2013）对语用身份论的应用研究做过专门的述评，他将其归纳为对日常话语、机构话语（含法庭话语和新闻话语）、商业话语中的语用身份建构研究。郭亚东（2019：27－37）也综述了语用身份在政治语篇、学术语篇、商务语篇中的应用研究。在他们的研究发表之后还产生了不少新的文献。与本研究最为相关的是冲突话语中的语用身份研究，以下分两个小部分进行综述。

2.1.1　冲突话语中的语用身份研究

冲突话语指由于观念、立场等方面的差异或矛盾，处于对立、争执状态的交际双方通过语言或副语言手段，在多话轮的动态演进过程中，直接或间接地反对甚至攻击对方的言语、行为或个人，以维护己方言语、行为或个人的言语活动（郭亚东 2019：11）。冲突话语与语用身份之间存在互为因果的关系。

首先，冲突话语中常常涉及身份操作。早在 30 年前，长期从事冲突与话语研究的美国社会学家 Grimshaw（1990：284）就观察到：似乎所有的冲突话语都涉及一些身份磋商。究其原因，是因为"身份一旦成为社会交往的一部分，依附于身份的各种资源（权力、地位、资源配置等）能够为身份的拥有者带来价值增值……因此，拥有特定身份的主体往往会有意识地调用标记身份的语言资源来实现其特定语境中的交际需要"（陈新仁 2018c：30）。换言之，语用身份是一种可供交际者调用的语用资源（袁周敏、陈新仁 2013）。或者说，交际者"通过话语建构的身份可看作一种语用资源，帮助交际者完成特定的交际目的"（陈新仁 2013b）。这种资源在冲突话语中由于双方的博弈而显得尤为重要。

其次，交际中语用身份的否认、威胁、挑战等可能导致冲突话语。陈新仁（2018c：72）指出：在交际中，听话人所采用的语用身份如果与说话人给听话人设定的语用身份不一致，就会带来人际误会甚至冲突。冯文敬（2020）也认为，当说话人建构的语用身份受到质疑、挑战和解构，其有效性或合理性便不复存在，可能导致话语冲突。更进一步说，身份的认可有时成为话语的目标。Grimshaw（1990：282）指出：冲突话语中交际者的目标不完全是"取胜"（winning），在很多场合……身份标记（identity-marking）可能比"取胜"更为重要。换言之，语用身份不仅是交际者可利用的语言资源，有时还成为交际者的话语目标，即交际者可能为了获得某种身份而说话，甚至与对方发生冲突。故 Bousfield 将身份看成解决冲突的中心议题之一（转引自 Garcés-Conejos Blitvich & Sifianou 2017：238）。

目前对日常生活冲突话语中的语用身份问题进行了专门研究的是郭亚东（2019；2020）。他从两部汉语电视连续剧中收集夫妻之间的冲突话语，以此为语料探讨了冲突话语中的语用身份操作。作者依据语用身份理论和社会认知理论，分析了语用身份操作的方式、认知机制和磋商过程。他发现：冲突话语中的身份操作方式主要包括身份凸显、身份挑战、身份虚构、身份解构和身份重构；从认知维度看，冲突话语中的身份操作是冲突主体在"自我中心"基础上，依据两个输入空间的身份框架或相关成分，参照类属空间中特定身份的基本属性，并结合当下的交际情境，进行认知加工，实施身份整合的过程；从磋商维度看，磋商的内容主要围绕身份相关的责任、权利、品质、类属等方面展开，而磋商方式主要体现为对撞磋商和动态磋商。总之，郭亚东（2019；2020）从社会认知角度考察冲突双方的身份认知矛盾，解析了从交际需求到身份选择和话语选择之间冲突主体的认知机制，有助于阐明交际者在冲突语境中选择某一身份的认知过程及方式，是对语用身份论的实践和发展。但是，这个研究所针对的是显性冲突话语，尚未涉及隐性冲突话语中的语用身份问题。

近年来，辩论话语中的语用身份操作也引起了关注。Li & Ran

(2016)分析了我国电视辩论话语中说话人如何通过解构他人的身份而建构自我的职业身份。他们发现,从专业知识角度看,说话人解构对方的专家身份而建构自我的专家身份;从专业角色角度看,说话人建构对方具有消极特征的圈外人身份而建构自我的圈内人身份;从专业道德角度看,说话人建构对方虚假身份、问题身份或碎片身份而建构自我的真实职业身份。他们指出:在一定社会文化语境中,职业身份建构是执行、呈现、磋商、挑战或证实自己和他人职业角色、能力、道德品性的动态、关系行为。李成团、冉永平(2017)在人际语用学视域下分析了争辩性话语中说话人如何解构听话人的身份、建构自我的身份,探讨了职业身份构建的人际语用理据与原则。韩戈玲、廖国海(2020)以 2019 年 5 月我国国际电视台(CGTN)主播刘欣与美国 Fox 电视台财经频道主持人 Trish Regan 就中美贸易问题所进行的跨洋电视论辩话语为语料,分析了我方主播在论辩中的身份建构情况,阐述其对论辩效果的影响。该研究发现,刘欣动态建构了两种语用身份:论辩正方的默认身份和多重变异身份;这种动态的语用身份建构对实施恰当的言语行为、驳斥反方立场、维护正方立场、消除意见分歧起到了积极作用。不过,辩论话语也属于显性冲突话语,这些研究尚未涉及隐性冲突话语中的语用身份问题。

关于警察调解话语中的语用身份问题也有所研究。如冯文敬(2020)以警察调解话语为语料,分析了语用身份有效性被取消的不同情况、语用身份有效性评价的依据和影响因素。不过,这些研究所探讨的基本都是显性冲突话语中的语用身份问题。

此外,全球化背景下网络冲突话语中的跨国身份问题也引起了学者们的兴趣。Perelmutter(2018)分析了居住在不同国家的、苏联以色列移民之间的多方冲突话语后发现:对操俄语的苏联移民来说,以色列人这个身份很重要;移民们使用了各不相同的不礼貌策略,并将它们与自己的跨国身份联系起来;其语码的选择对冲突的产生与国际化背景下的身份工作至关重要。Garcés-Conejos Blitvich(2018)以美国有线电视新闻网讨论区的评论为语料,分析拉丁美洲人的身份(一种跨国的、自上而下的身份)建构,结果表明:冲突话语在内群体分裂(intragroup dissociation)方面起着主要作用。

在以往的文献中,也有研究零星地涉及隐性冲突话语中的语用身份问题,如 Chen(2022:39)举例说明了交际者如何将第三方的身份作为资源,隐蔽地拒绝对方。不过,Chen 是在讨论其他问题时提及隐蔽拒绝的,尚未对这个问题深入探讨。从本书下文的 5.1.2 部分可见,隐蔽拒绝除了将第三方身份用作资源还有其他多种身份操作方式。因此,对交际者在隐蔽拒绝对方时如何操作身份可做进一步的研究。

总之,以往文献虽未专门探讨隐性冲突话语中的语用身份问题,但它们对(显性)冲突话语中的语用身份问题进行了研究,为本研究提供了很好的研究基础和参照。

2.1.2　与冲突话语中语用身份问题相关的研究

以往学者除了研究显性冲突话语中的语用身份问题,还研究一些与此相关的议题,主要包括身份、面子、关系、(不)礼貌、冲突之间的联系,以下分别介绍。

一、对身份与(不)礼貌之间关系的研究

对礼貌的研究已经历了两波高潮。第一波以 Brown & Levinson(1978/1987)的面子论、Leech(1983)的礼貌准则等为代表,面子是礼貌理论的核心之一。第二波始于 21 世纪初,在礼貌的定义、研究方法、研究视角、研究对象、研究范围等方面都出现了创新。其中,在研究范围方面,从礼貌拓展到不礼貌(impoliteness)、虚假礼貌(mock politeness)、虚假不礼貌(mock impoliteness)等。目前正

在进行的研究以互动论、实践论为主旋律。① 在第二波研究中，身份开始受到关注，并与(不)礼貌甚至冲突关联起来。

　　一方面，语用身份会影响甚至引起(不)礼貌评价。*Journal of Pragmatics* 2007 年出版了专刊"Identity Perspectives on Face and (Im)Politeness"，其中的研究都用实例证明了身份建构影响着(不)礼貌评价(Spencer-Oatey & Ruhi 2007)。Garcés-Conejos Blitvich (2009)研究了美国有线电视新闻访谈节目中主持人、嘉宾和观众的身份建构，并指出：礼貌评价可能来自身份的证实，及/或对身份真实性、对与身份相关的自我价值等的隐性或显性认可；不礼貌评价可能来自对身份的部分、全部否认，及/或对身份真实性、对与身份相关的自我价值等的威胁。此外，Garcés-Conejos Blitvich 等(2010)、Garcés-Conejos Blitvich 等(2013)、Bou-Franch & Garcés-Conejos Blitvich(2014)也以实证研究表明了身份建构与(不)礼貌之间的紧密联系。我国学者周静涵、谢朝群(2016)讨论了汉英语码转换的言语不礼貌与身份建构之间的特殊关联，通过例证分析发现：当说话人的语用身份与听话人对说话人的身份认知和期待不符时，话语便可能被听话人评判为不礼貌。吕金妹、詹全旺(2020)探讨了危机语境中企业网络身份的构建路径及其人际语用联动机制，得出结论：身份趋异时发生人际语用负联动，引发不礼貌人际评价；身份趋合时引起正联动，获得礼貌人际评价。

　　另一方面，(不)礼貌也影响着语用身份的建构、认可或否认。(不)礼貌研究涉及机构话语如法庭、军队中使用的话语，也涉及教育语境中的话语。在法庭话语研究方面，江玲(2012)以真实庭审话语中的法官身份为研究对象，探讨了法官在法庭审判中通过各类话

---

① 专门介绍(不)礼貌研究的文献比较丰富，这里就不多介绍。读者可参看 Kádár & Haugh(2013)、Leech(2014)以及 Culpeper、Haugh & Kádár(2017)等。

语构建身份的过程,得出的结论之一是:在语用层面,法官通过实施(不)礼貌策略构建了自己作为法庭审判的裁判者、主导者的身份。在军队话语研究中,周树江、曹世清(2017)通过分析军训中教官的话语,发现了这类不礼貌话语的身份建构机制:强化教官的权势身份,削弱新兵的个性身份,建构新兵的集体身份,从而建构合格的士兵身份。洪牡丹(2018)也结合军队语境中不礼貌话语的语用策略,探讨了这些策略所建构的语用身份,得出的结论是:在军队语境中,不礼貌话语的使用可以建构交际主体的默认身份和偏离身份。在教育语境中的话语研究方面,Dobs(2014)以课堂讨论中的真实冲突话语为语料,探讨了课堂交际过程中交际者如何策略性地发起与评价潜在的不礼貌行为,以肯定或否定对方的身份断言。

网络语境中(不)礼貌与身份建构之间的关系也引起了学者们的注意。如 Perelmutter(2013)通过一场俄语网络口水战分析不礼貌现象,发现这场口水战有益于人们的社交:在微观层面通过威胁面子的“冷落对方”策略建立联盟;在宏观层面维持参与者对博客社区的归属感。这场口水战的发展机制、所使用的不礼貌策略(the impoliteness strategies)等对俄语博客作者来说清晰可辨,从而构成了一种社会参与文体。Kleinke & Bös(2015)考察了英国和德国在线论坛中的交际实践,分析了参与者如何通过群体内的粗鲁言语行为区分内群体和外群体,构建彼此之间的关系。

由以上研究可见,语用身份与(不)礼貌互为因果,紧密相关。不少学者的研究也证明了这一点。例如,陈倩、冉永平(2013)将不礼貌限定在有意不礼貌范围内,以日常话语为语料分析了有意不礼貌环境下交际者建构的三种身份(强势身份、凸显身份和情感身份)及其背后的人际和谐-挑战取向,得出以下结论:“当交际主体存在挑战和谐人际关系的用意时,身份构建中就会出现批评、责备、反问等有意不礼貌的言语行为……从而导致交际的不和谐,如出现冲突性话语。"他们还指出，在有意不礼貌环境下，身份构建和言语行为存在辩证关系：一方面，有意不礼貌用语可以达到表征特定身份的效果；另一方面，特定身份的凸显有可能触发有意不礼貌的言语行为。张玮、谢朝群（2015）以身份为切入点讨论了不礼貌网络话语的语用功能和人际语用效应，分析了语用身份的属性如何贯穿不礼貌的起承转合。谢朝群等（2015：102）指出，说话人可以通过贬损交际对象身份的方式，利用不礼貌言语建构交际对象的负面语用身份；交际者会根据具体语境选择最有利于实现交际目的、给自己带来最大收益的关系身份。张玮、谢朝群（2016）结合驾校训练语料，探讨了规约化不礼貌程式建构身份的人际（不）和谐取向，揭示了人际关系制约下规约化不礼貌程式参与身份建构的互动过程。张玮（2017）以《安保法案》中日双方网络回应为例，研究了规约化不礼貌程式在身份建构与身份协商中的语用功能，得出的结论是：交际者的身份决定规约化不礼貌程式，而规约化不礼貌程式又反作用于各层级积极或消极身份的共建，以消极身份为主。Garcés-Conejos Blitvich & Sifianou（2017：238）的研究表明：（不）礼貌可以作为身份建构的分析指标；用于分析身份建构的模型均可应用于分析（不）礼貌。

不过，学者们也论述了对相关研究拓展的必要性。例如，陈倩、冉永平（2019）通过分析百度贴吧中有关公共话题的网络讨论，认为身份建构等理论不能有效阐释网络冒犯所引发的人际不礼貌等负面的人际语用效果，网络冒犯挑战人际和谐是造成人际不礼貌的深层动因。另一方面，Tracy 也曾提出：应该拓宽礼貌理论以覆盖身份范畴，并相应地包括与身份相关的其他一些概念（转引自陈新仁 2018a）。

二、对身份、面子与（不）礼貌之间关系的研究

身份、面子与（不）礼貌之间的关系是身份研究从第一阶段发展到第二阶段的重要议题。在第三阶段,身份理论纳入了(不)礼貌体系(李成团、冉永平 2015)。

首先,学界普遍认为身份与面子紧密相关。在 Goffman(1967)提出的面子观基础上,一些学者如 Locher(2008)、Spencer-Oatey(2007;2009)将面子置入身份概念,发展了 Goffman 的面子观。事实上,身份与面子很难区分开来(Joseph 2013)。Hall & Bucholtz(2013)也认为面子工作是身份工作的基础,并呼吁学者们在研究面子工作中的身份与研究身份工作中的面子时应加强双向互动。Garcés-Conejos Blitvich(2013)甚至认为面子内嵌于身份,并将身份与(不)礼貌评价关联起来。"身份等概念与面子休戚相关。"(王晓婧、张绍杰 2015)Garcés-Conejos Blitvich & Sifianou(2017:238)的研究也表明:身份与面子不可分割、相互构成。正如陈新仁(2020)所言:"面子与交际者的角色或身份具有内在关联","面子工作是身份工作的基础"。不过,Chen(2022:151 - 152)虽然赞成 Goffman 提出的"身份与角色、面子相关"的观点,但指出这是一种静态观;而他更关注身份与面子关系的动态研究,尤其是通过话语实践进行的身份工作如何提升、威胁甚至伤害说话人、听话人或第三方等的面子。Chen(2022:152 - 154)还以自己收集到的日常对话为例讨论了身份工作与面子工作之间的动态关系。

其次,身份、面子、(不)礼貌三者紧密地联系在一起。*Journal of Pragmatics* 在 2007 年专刊中的研究都表明:在交际中,人们对面子、(不)礼貌的关注与所建构的身份紧密关联(Spencer-Oatey & Ruhi 2007)。Garcés-Conejos Blitvich & Sifianou(2017:238)也归纳了三者之间的关系:(不)礼貌表现/评价不仅与面子而且与身份建构紧密相关。鉴于身份、面子与(不)礼貌之间的紧密联系,有学者甚至将前二者引入了(不)礼貌的定义之中(转引自 Garcés-Conejos Blitvich 2013:4)。例如,Holmes 等(2008:196)将言语不礼貌定义

为：听话人评估到的、有意或无意地威胁其面子或社会身份，且违背
特定语境中普遍存在的、特定交际者普遍遵守的行为规范的言语行
为。尽管该定义中提及的是社会身份，与本书所研究的语用身份不
同，但社会身份一旦在语境中被激活、通过话语在线建构，则成为语
用身份。正如 Chen(2022:18)所言：语用身份可能源自社会身份。

三、对身份、关系、(不)礼貌之间关联的研究

一些学者研究了身份与关系之间的关联。如 Bucholtz & Hall
(2005)与 Kiesling(2013)认为：身份出现在交际中，是通过语言创
造关系的结果。Garcés-Conejos Blitvich & Sifianou(2017：234)也
认为：身份不是孤立个体的特征，而是关系的凸显。Ohashi &
Chang(2017:264)认为：关系工作(relational work)与身份相互依
赖。当然，这两位学者也强调身份与关系之间的差异，他们认为：
关系与身份虽然相互关联，但在(不)礼貌理论中不能合二为一，需
要将它们作为独立的概念区别以待(Ohashi & Chang 2017:265)。
因此，本书在研究语用身份时离不开关系，但又要区别于关系。

也有学者研究了关系与(不)礼貌之间的关联。学界早就认识
到关系对(不)礼貌研究的重要性。人际语用学产生以后，关系进入
了其核心研究领域。近年来，关系在(不)礼貌研究中受到越来越多
的关注。Locher & Watts(2005)与 Locher & Watts(2008)用"关系
工作"这个概念突出与他人关系的可协商性，包括交际者在交际过
程中或交际后所进行的元语用评价或评判。正如 Ohashi & Chang
(2017:257)所言：关系是考察(不)礼貌的重要基础。

四、对冲突与(不)礼貌之间关系的研究

Graham(2007)认为：交际者在选择如何礼貌地、合适或不合适
地说话时，会同时考虑自己所属群体约定的一系列社区规范
(community norms)。如果他们对合适行为的期待存在不同看法，

冲突很可能就会产生。基于此,他以发送给教堂的电子邮件为语料,研究了在以计算机为媒介的社区里,对(不)礼貌的不同期待与理解及其导致的冲突如何影响/反映群体身份的构建,得出的结论是:冲突话语产生的原因之一是交际者对话语(不)礼貌的评价偏差,当说话人认为自己的话语礼貌而听话人却认定它不礼貌时,就会产生冲突;反之亦然。Watts 将礼貌的目的看作回避冲突,并指出传统的礼貌模式还没有重视这个问题(转引自 Garcés-Conejos Blitvich 2013:2)。冉永平(2010)也指出:冲突话语与不礼貌联系在一起。笔者认为,冲突与不礼貌互为因果关系:一方面,冲突可能导致言语不礼貌;另一方面,言语不礼貌也可能导致冲突。

从以上关于冲突话语中的语用身份及相关研究中不难看出:语用身份、面子、关系、(不)礼貌、冲突等问题交织在一起,紧密关联。笔者研究隐性冲突话语中的语用身份也不能回避这些议题。

同时,从以上文献综述中也不难看出,以往学者对(不)礼貌是什么这个问题看法不一。有些学者将其看作策略,如 Brown & Levinson(1987:27,60)使用"消极礼貌策略"(negative politeness strategy)、"积极礼貌策略"(positive politeness strategy)等术语。也有学者认为它们既是策略又是现象,如 Perelmutter(2013)使用了"不礼貌策略"(impoliteness strategies)与"(不)礼貌现象"[(im)politeness phenomena]。还有学者认为它是言语行为,如陈倩、冉永平(2013)使用了"有意不礼貌的言语行为";也有学者简单地称之为"行为",如 Dobs(2014)使用了"不礼貌行为"(impoliteness acts)。有些学者认为(不)礼貌是态度,如 Leech(2014:238)在讨论虚假礼貌的产生原因时论及"态度冲突"(attitude clash),并将其解释为礼貌与不礼貌之间的冲突。也有些学者认为它们是评价,如 Garcés-Conejos Blitvich & Sifianou(2017:228)使用了"(不)礼貌评价"[assessments of (im)politeness]。陈新仁(2018a)曾指出:实际

上礼貌与说话人有关,是说话人礼貌与否,而非某些语言形式本身
礼貌与否。鉴于此,笔者赞同 Leech 的看法,将(不)礼貌看作交际
者的态度,故在后面的讨论中,有时使用"不(礼貌)态度"。既然是
态度,交际者或研究者就可以做出评价。

总而言之,冲突话语中的语用身份研究以及与此相关的文献都
为本研究提供了坚实的基础,亦即可行性。以往研究所探讨的基本
上都是显性冲突话语中的语用身份操作问题,对隐性冲突话语中的
语用身份问题鲜有涉及,这又为本研究提供了必要性。下面对隐性
冲突话语研究做一简介。

2.2 隐性冲突话语及相关研究

自 Brenneis & Lein(1977)、Boggs(1978)探究儿童争辩性话语
及其结构形式后,不同领域的学者开始从不同视角对冲突话语进行
了研究。至今,相关研究呈现出跨学科、多视角的趋势:跨学科体现
在语言学家、人类学家、社会学家、心理学家、法律工作者均对它表
现出浓厚兴趣;多视角体现在不同领域的学者关注其不同的侧面
(Grimshaw 1990:2)。在语言学的语用学领域,学者们从不同视角
探究冲突话语产生的原因、分析冲突话语发展的过程、讨论其言后
效应等。冉永平(2010)、胡小琴和杨文秀(2013)、许艳玲(2017)、郭
亚东(2019:14-20)对前人的冲突话语研究已有综述,在此不复赘
述。总之,以往对冲突话语的研究为本研究提供了坚实的基础与良
好的借鉴。

但是,以往研究似乎存在两个方面的不足:一是虽然少数学者
专门研究了冲突话语中的某一类如争辩、争论或异议等,但至今未
见文献对冲突话语到底包含多少种类进行专门研究,类型研究明显

缺乏。这就导致了第二个不足，即把公开对立、冲突表现得十分明显的话语看作冲突话语的全部，笼统进行研究，甚至连术语也无法统一。这些都不利于深入理解这类话语。鉴于以上情况，笔者（杨文秀 2012）认为有必要将冲突话语分为两类——显性冲突话语与隐性冲突话语，并认为：以往学者所研究的、公开对立和明显冲突的话语是显性冲突话语；与显性冲突话语相比较而存在的是隐性冲突话语。十余年以来，笔者和自己所指导的博士生、硕士生、本科生、大学生创新项目学生对隐性冲突话语进行了初步探讨，以下做一简介。

2.2.1　隐性冲突话语的定义

对隐性冲突话语的定义处于摸索之中。早期，笔者（杨文秀 2012）从廖美珍提出的目的原则出发，把隐性冲突话语初步定义为"交际双方在交际目的冲突的情况下以隐蔽的方式表达各自目的时所使用的话语"。后来，笔者（Yang et al 2015）又在 Brown & Levinson(1978/1987)面子理论的基础上将隐性冲突话语定义为"交际双方——攻方与守方隐蔽地对对方实施面子威胁行为的冲突话语"。以上两个定义似乎表明：在隐性冲突话语中，交际双方都隐蔽地表达自己的目的或隐蔽地威胁对方的面子。从会话结构来看，在一段对话中，相邻对的前件与后件都必须符合条件才能称得上是隐性冲突话语。如果只有前件或只有后件隐蔽地表达交际者的目的或隐蔽地威胁对方的面子，该相邻对就不能构成隐性冲突话语。如本书第 1 章中所述，此定义过于严格，排除了大量语料，不利于深入研究。为了对这类话语进行充分观察，本研究将隐性冲突话语定义为：在交际目的冲突的情况下，交际双方中至少有一方隐蔽地实现自我的交际目的或/及隐蔽地威胁对方交际目的的话语。

2.2.2　隐性与显性冲突话语之间的区别与联系

在提出了隐性冲突话语的概念后,笔者(Yang et al 2015)曾从三个方面探讨了它与显性冲突话语之间的区别,即面子威胁行为的原因;面子威胁行为的对象;面子威胁者的评价。① 隐性冲突话语常隐蔽其中一个方面,有时同时隐蔽其中的两个甚至三个方面;而显性冲突话语在以上两个或三个方面均公开。许艳玲(2017)也探讨了隐性冲突话语究竟隐蔽了什么这个问题。通过语料观察,她总结出:隐性冲突话语中一般隐蔽了面子威胁行为的动因、对象和主体,有些也隐蔽面子威胁行为本身。尽管存在多方面的区别,隐性和显性冲突话语并非总是泾渭分明、截然分开的。从显性到隐性或从隐性到显性,存在一个连续统。另外,隐性与显性冲突话语之间也存在着联系。笔者(杨文秀 2012)通过语料观察发现:隐性冲突话语一般出现在显性冲突话语之前,成为其"前兆"或"潜伏"阶段。此外,笔者(Yang et al 2015)也附带分析了隐性冲突话语与间接冲突语、缓和型冲突话语之间的联系与区别。

隐性与显性冲突话语之间的区别本质上是 Brown & Levinson (1978/1987)所提出的公开礼貌策略(on record)与隐性礼貌策略 (off record)之间的区别。笔者(杨文秀 2018)分析了隐性礼貌策略所隐蔽的三个方面:隐蔽面子威胁行为本身;隐蔽面子威胁行为的对象;同时隐蔽面子威胁行为及其对象。这些也是隐性冲突话语所具备的特征。

总之,隐性冲突话语概念的提出及其与显性冲突话语的区分,至少具有两个方面的意义:其一是拓宽了冲突性话语的研究范围,进一步澄清了研究对象。以往的研究只涉及显性冲突话语,并将它

---

① 此方面有时并不出现。

当作冲突话语的全部。隐性冲突话语概念的提出使我们认识到，冲突话语可分为两类，以往研究的是显性冲突话语，它只是冲突话语中的一类，不是全部。其二，这个概念还有利于加深我们对显性冲突话语的认识。由于隐性冲突话语有时成为显性冲突话语的前兆，以往研究所提出的显性冲突话语的发展模式可能需要更新，即显性冲突话语可能存在"潜伏阶段"——隐性冲突话语阶段。

2.2.3　隐性冲突话语中的交际策略

隐性冲突话语中使用了哪些交际策略，这是值得探讨的问题。笔者（杨文秀等 2012）从影视文学作品中收集语料，探讨了交际双方经常使用的策略，结果发现双方的策略有同有异。由于隐性冲突话语也可称为"戴着面纱的冲突话语"，笔者（杨文秀等 2012；杨文秀 2013）分析了隐性冲突话语的"面纱"，发现其"面纱"常常是各类修辞手法，如双关、隐喻、反语、夸张、类比、委婉语等。由于隐性冲突话语常出现在影视文学作品中，对经典影视文学作品中隐性冲突话语的某个方面进行分析就像解剖麻雀，有利于我们深入理解这类话语。笔者的硕士生赵珍（2017）从美国剧作家 Eugene O'Neill 的 50部戏剧中收集语料，专门分析了其中的隐蔽挑战策略，并认为：隐蔽挑战是说话人在两种相互冲突的和谐取向的作用下，管理面子、社交权和交际目标的结果。

2.2.4　隐性冲突话语的话语结构与发展模式

许艳玲（2017）对隐性冲突话语的结构做了初步探讨。她分析了其前序列的功能和推进模式、其插入序列的特点、其中的打断与修正、后序列等。从后序列的探讨中可以看到隐性冲突话语的发展模式（developmental course）。许艳玲、杨文秀（2013a）曾从目的原则视角分析语料，发现隐性冲突话语在交际双方坚持目的的情况下

34

发展为显性冲突话语;在至少有一方放弃、转移、搁置或中断目的的情况下,隐性冲突话语自行结束;当第三方插话时,上述两种走向都有可能出现。随后基于对更多语料的观察,笔者与团队(Yang et al 2015;杨文秀等 2015)对以上发展模式做了两点补充:第一,隐性冲突话语不单可以发展为显性冲突话语,在第三方主动或被动插话时,还可能发展为间接冲突话语。典型的例子是本书 1.1 中的例(1)。在 02 话轮中,宝钗正在隐蔽地建构宝玉的消极身份、威胁宝玉的面子,此时第三方丫鬟出现了,于是宝钗在 04 中字面上攻击丫鬟,但实际上还是攻击宝玉。该段对话从隐性冲突话语发展为间接冲突话语,但整体来看还是隐性冲突话语。许艳玲(2017)通过分析后序列,发现有些隐性冲突话语还可能发展为非冲突话语。第二,在隐性冲突话语自行结束的条件中,增加目的达成这个条件,即交际一方的目的达成也可能导致隐性冲突话语自行结束。

2.2.5 隐性冲突话语的理解

既然隐性冲突话语是"戴着面纱"的冲突性话语,它们是如何被交际者理解的？针对这个问题,笔者的硕士生邱玥(2015)和田博丹(2015)以关联理论为基础,分别探讨了隐性冲突话语中双关语(pun)和反讽(irony)的理解过程,并基于语料分别建立了隐性冲突话语中双关语和反讽的理解模型。但是,她们的研究仅涉及包含双关语和反讽的那部分隐性冲突话语,并未解决所有隐性冲突话语的理解问题。

2.2.6 隐性冲突话语产生的理据

交际中为何出现隐性冲突话语？这个问题引发了从各个视角进行的思考。笔者(杨文秀 2012)从廖美珍提出的目的原则出发,分析了隐性冲突话语产生的原因:人类的交际是目的驱使下的交际,是追求特定目的的交际。在交际目的产生冲突的情形下,如果交际双方都以隐蔽的方式表达自己的目的,隐性冲突话语便应运而生。

经过进一步的思考,笔者(杨文秀 2013)又用哈贝马斯的交往理论解释了隐性冲突话语产生的原因:第一,使用隐性冲突话语的交际者是理性的人,而且他们相互承认对方具备交往理性。第二,交际双方都预设对方能够理解自己的话语,而且通过这些话语他们可以达成相互理解。第三,交际双方都把对方对于自己话语的可能反应考虑在自己的话语行动中,因而宁肯多付出认知努力,也要选用有利于产生积极反应的隐性冲突话语。第四,在交际目的冲突的情况下,交际者首先考虑的是用自己的智慧建立正当的人际关系这个问题。

许艳玲、杨文秀(2013b)还从顺应论的角度解释了隐性冲突话语的动因,认为它是说话人顺应语境等因素的结果。许艳玲(2017)以和谐管理论为基础分析了隐性冲突话语的理据,认为“隐性冲突话语是交际者进行关系管理的结果”。

2.2.7　与隐性冲突话语相关的研究

除了以上对隐性冲突话语的研究,笔者和所指导的学生们还对与之相关的问题进行了探讨。由于隐性冲突话语中至少包含着一个隐性面子威胁行为(off record face-threatening act),周培(2016)探讨了《红楼梦》对话中隐性面子威胁行为的类型与策略,结果发现:从类型看,隐蔽地威胁听话人积极面子的隐性面子威胁行为占比最大;从策略看,交际者共使用了 17 种隐蔽实施面子威胁行为的策略,其中有 7 种是新策略,不在 Brown & Levinson(1987)所讨论的礼貌策略范围之内。

从另一角度看,隐性冲突话语中至少有一个话轮使用 Brown & Levinson(1987)提出的隐性礼貌策略(off record politeness strategy)，近年也有一些研究与此相关。如笔者的硕士生熊苒苒（2017）从 36 部莎士比亚戏剧中收集了隐性礼貌策略实例，从和谐管理视角探讨了剧中人物对话时所使用的隐性礼貌策略，并统计了其中和谐管理的三个成分，分析了这些隐性礼貌策略所体现出来的和谐管理倾向。作者得出的结论是：在这些莎剧中，面子管理处于优先地位，其中更侧重个人层面的面子管理。笔者（杨文秀 2018）基于古今中外影视文学作品中的相关语料，对隐性礼貌策略进行了专门的探讨，并从 Spencer-Oatey（2008）的和谐管理模式出发将隐性礼貌策略看作交际者在两种矛盾的和谐取向共同作用下所采取的礼貌策略，并从这个角度对 Spencer-Oatey（2008）提出的和谐管理模式进行了一定程度的修补。

还有一些研究，虽未直接提及，却触及隐性冲突话语。例如，李成团、冉永平（2012）将隐含否定看作"说话人间接地否定对方的观点、立场、身份等非话语命题内容的一种隐性言语行为"。他们以电视节目中讨论某一话题的话语为语料，分析了说话人如何采用正面趋同和负面趋同策略间接地否定对方的观点、立场、身份等，并得出结论：正面趋同具有和谐-维护/增强取向；负面趋同仅有和谐-维护取向。在笔者看来，实施这种言语行为的话语实际上属于本书所研究的隐性冲突话语，只不过本研究的范围广泛得多，不限于隐含否定。夏登山（2012）以《红楼梦》中的对话为语料，分析了三方交际中的声东击西、指桑骂槐类型的隐性冲突话语实例，也提及了话语的显性意图与隐性意图。夏登山、丁怡萌（2014）在讨论多方会话的艺术功能时，也不可回避地以指桑骂槐型的隐性冲突话语为语料。

从以上有关隐性冲突话语研究的文献可见，近年来虽然对隐性冲突话语从多方面进行了探讨，但整体来看，相关研究还处于起步阶段，诸多问题仍在探索之中。例如，在隐性冲突话语中交际双方如何进行语用身份操作，对这个问题尚未出现专门系统的研究，不过也有所涉及。例如,Chen(2022:125)论及交际者在特定场合会掩盖身份、以达到不影响人际关系的目的。另外,近年笔者所指导的硕士毕业论文对隐性冲突话中的语用身份问题进行了初步探讨。例如,范芳瑜(2019)对莎士比亚主要戏剧中的隐性冲突话语的语用身份策略展开讨论,通过语料统计分析,总结出了莎剧隐性冲突话语中构建语用身份的主要策略。王婕(2019)从我国反腐电视连续剧中收集隐性冲突话语语料,观察到其中多种类型的语用身份策略。不过,从总体上看,自隐性冲突话语的概念提出以来,与其相关的研究虽不断推进,但对其中语用身份系统、深入的研究还相当欠缺,这是本研究的缘起之一。

2.3 《红楼梦》中人物对话的语用研究

《红楼梦》是我国清代作家曹雪芹以自己亲身经历为基础创作的现实主义小说,被誉为我国四大古典名著之一。它以贾宝玉、林黛玉、薛宝钗之间错综复杂的爱情故事为主线,写出了贾府这个贵族家庭由合而离、由盛而衰、由欢而悲的过程。自 1791 年《红楼梦》程高刻本问世以来,"红学"便呈现一派热闹气象(曹诣珍 2004)。1987 年《红楼梦》被改编为电视连续剧,故事情节家喻户晓。该小说还被翻译为 34 种语言,有 155 种不同篇幅的译本,在全世界享有较高的知名度。在语言上,《红楼梦》"创造了一种生动新鲜、精炼隽永的文学语言,极大地丰富了语言的表现力,代表了我国古典小说语言艺术的最高成就"(孙逊 2004),具备宝贵的语料价值,"可以看作准自然语料"(陈新仁等 2013:18)。现有对《红楼梦》的研究包括哲学、文学(含诗词)、语言(学)、社会学、心理学、管理学、文献学、医药学、文化、民俗等方面的研究,成果相当丰硕,形成了有影响的"红

学"。其中,语言学方面的研究可参见张玉萍(2005)、高淮生
(2010)、李蓓(2011)等。由于对《红楼梦》的语言研究与语言学研究
文献相当丰富,本书只能综述与本研究最为相关的文献——对其中
人物对话的语用研究。

人物对话在《红楼梦》中具有非常重要的地位。从篇幅上看,人
物对话占全书总字数的百分之四十以上(夏登山、丁怡萌 2014)。本
书将前人对《红楼梦》中人物对话的语用研究分为两个部分:非语用
身份视角的研究以及语用身份视角的研究。

2.3.1 非语用身份视角的研究

对《红楼梦》中人物对话的非语用身份视角研究,主要包含以下
内容:

一、对《红楼梦》中特定类型的对话如冲突性话语进行分析。例
如,冉永平、刘玉芳(2011)研究了《红楼梦》中非攻击性话语引发的
冲突回应,并以 Brown & Levinson(1987)的面子理论为框架,揭示
了这类话语的语用理据。胡欣裕(2012)也用 Brown & Levinson 的
礼貌理论对《红楼梦》冲突性言语行为中零代词的礼貌用法做了
分析。

二、对《红楼梦》中特定人物之间的对话进行研究。例如,孙洪
丽、汤德馨(2004)基于合作原则分析了《红楼梦》中宝玉和黛玉之间
对话的含意。胡光运、范献龙(2011)以合作原则及 Leech(1983)提
出的礼貌准则为基础,分析了王熙凤的话语艺术。濮擎红(2012)分
析了薛宝钗的话语因违反合作原则而产生的言外之意。马利
(2018)从礼貌和关联两个视角对《红楼梦》中具有玩笑意义的闺阁
私语进行了语用分析。

三、对《红楼梦》人物对话中的某类用语如称呼语、委婉语等进
行语用研究。例如,陈毅平(2005:75)以礼貌为标准划分《红楼梦》

中的称呼语,将尊称、敬称、昵称、谦称划为礼貌性称呼,认为它们处于礼貌称呼的正极;而傲称、蔑称、詈称与礼貌称呼语相悖,处于礼貌称呼的负极。张征(2007)以言语行为理论为基础,分析了《红楼梦》中的非常规性称呼语(即换称),提出了言语换称也是言语行为的观点,说话人所实施的言语行为是转换角色关系。刘晓玲(2011)以 Spencer-Oatey 的人际关系管理理论为框架,对《红楼梦》人物话语中的委婉语进行了探讨。

四、对《红楼梦》人物对话所实施的言语行为如命令、请求、致歉等进行研究。例如,Skewis(2003)针对"语言愈间接愈礼貌"的观点,通过分析《红楼梦》中男性发出的指令(directive speech act)得出结论:18 世纪的汉语不常通过间接方式表示礼貌。赵晓东、孙亚(2006)以 Brown & Levinson 的面子论为基础分析了《红楼梦》对话中的请求,得出结论:面子威胁行为的大小可以解释但不能决定交际者选择哪种请求策略和补救策略,但说话人会最大限度地维护交际双方的面子。蓝纯、赵韵(2010)分析了《红楼梦》前 80 回中的致歉语,讨论了下级对上级道歉与上级对下级道歉在面子维护等方面的不同特点。

以上对话研究基本上只涉及交际双方,即说话人与听话人。而一些学者从语用学视角研究了《红楼梦》中三人甚至多人交际。如夏登山、蓝纯(2015)分析了《红楼梦》多方交际时的面子借用问题。夏登山(2015)以《红楼梦》中的对话为例,分析了多方交际的群体所形成的三种联盟——关系联盟、效用联盟和矛盾联盟,其中的成员在面子方面表现出不同的关联。

除了以上研究,对《红楼梦》会话的非语用身份视角还包括从语用视角研究《红楼梦》中对话的翻译,如近年笔者的硕士生李晓阳(2023)、白利成(2023)分别以《红楼梦》人物对话中变异性第二、第三人称称呼语的英译为对象,比较了汉学家 Hawks 和杨宪益译本所表现出来的翻译特点。早些时候的研究包括钱冠连(1997);吴伟萍、肖友群(2006);张志远、盖梦丽(2006);石平(2010)等,在此不一一赘述。

2.3.2 语用身份视角的研究

对《红楼梦》中人物对话的语用身份视角研究为数不多,目前主要有以下文献:陈新仁(2013a:17 - 31)经过语料统计,归纳了《红楼梦》中说话人使用的八种自指方式,及其中非常规自指方式所传达的社会身份信息,也分析了这些非常规自指方式背后的交际意图。袁春波(2020)以《红楼梦》中的对话为例,分析了其中的语用身份磋商过程,指出:语用身份磋商是在交际者的交际需求驱动下发生的,结果取决于交际者对交际语境的顺应。袁春波、陈新仁(2021)运用语用身份论,从内涵、动因和路径三个方面分析了《红楼梦》人物交际中调用他者身份的问题,并指出:他者身份的调用是发话人在当前交际语境中刻意引入他者身份作为语用资源的语用行为,是发话人刻意用来调节交际平衡的语用实践;其动因往往在于维持语用平衡,满足行事、面子和权势等需求;其路径包括经过他者同意的借用、未经过他者同意的冒用、无需/无法获得他者同意或许可的擅用等。

由以上对《红楼梦》会话的语用研究文献可见,非语用身份视角的研究文献较为丰富,经典的语用学理论如言语行为理论、合作原则、礼貌原则、面子论、关联理论等常用作理论基础。而相比之下,语用身份视角的研究是近年出现的新课题,在数量上相对较少,不够丰富。这也为本研究提供了必要性。

从上文介绍的现有文献中可见,冲突话语中的语用身份及相关研究较为丰富,能为本研究提供借鉴与参考,但多涉及显性冲突话语;隐性冲突话语近年有一些探讨,但语用身份问题较少触及;《红楼梦》人物对话的语用研究从语用身份视角看不够丰富。这些都表明：以《红楼梦》中人物对话为语料，探讨其中隐性冲突话语的语用身份问题，不仅可行，而且必要。此外，虽然语用身份与(不)礼貌等方面的研究成果比较丰硕，但"身份……与(不)礼貌之间的关系需要更多的理论和实证研究"(Garcés-Conejos Blitvich & Sifianou 2017：228)。陈新仁(2020)也指出："现有研究对于礼貌、面子、身份三者的关系没有彻底理顺。"故本研究试图在以往研究的基础上继续探索这些问题。目前，面子、身份、(不)礼貌以及冲突话语中的语用身份问题引起了广泛关注，为本研究提供了可行性。另一方面，隐性冲突话语研究初露端倪，其中的语用身份问题是一片处女地。总而言之，研究隐性冲突话语中的语用身份问题是现有研究发展的必然结果，既有必要性，也有可行性。

第 3 章　基本概念

本章介绍一些与本研究相关的概念,为后面章节的分析做铺垫。本章包括 4 个小节,第 1 小节介绍隐性冲突话语中的第三方,界定"第三方"这个概念及其所具有的特征;第 2 小节介绍"语用身份操作"这个概念及其具体方式;第 3 小节介绍本研究所涉及的语用身份类型;第 4 小节介绍交际需求,并将本研究的语料按交际需求归类。

3.1　第三方

在隐性冲突话语中,除了交际双方——说话人与听话人,还常常涉及第三方,故本书首先介绍第三方这个概念。有如下几点值得注意。

3.1.1　被提及的第三方与被利用的第三方

陈新仁(2018c:25)从语用身份视角将交际者所提及、利用的一方称作第三方。在隐性冲突话语中,说话人也常常利用第三方,通过操作第三方的语用身份,将其用作资源以满足自己的交际需求。

但是,交际者所提及的第三方与所利用的第三方并非同一概念。所提及的第三方不一定是所利用的第三方,但所利用的第三方一定会被提及。例(9)可以说明两者之间的区别:

例(9)

背景:金桂对丈夫薛蟠的妹妹薛宝钗(以下对话中的"姑娘")不满,而薛蟠的小妾香菱的名字又是薛宝钗给起的。一天闲着无事时,金桂有意问香菱她的名字是谁起的。

01 香菱便答:"姑娘起的。"

02 金桂冷笑道:"人人都说姑娘通,只这一个名字就不通。"

03 香菱忙笑道:"嗳哟,奶奶不知道,我们姑娘的学问连我们姨老爷时常还夸呢。"(第七十九回)

在上例中,面对 02 说话人金桂的负面评价,香菱没有公开否定,而是在 03 话轮中告诉她一个事实:薛宝钗的学问连姨老爷都夸奖。这就对 02 进行了隐性否定。依据本书在 1.2 中提出的定义,此段为隐性冲突话语。

在上例的 03 中,"我们姑娘"指宝钗,是交际双方谈论、提及的第三方;而"我们姨姥爷"指贾政,是说话人用来证明自己观点的证据,是被利用的资源,是语用身份视角下的第三方。两者均是被提及的第三方,但只有"我们姨老爷"是被利用的第三方。换言之,被提及的不一定被利用,但被利用的第三方一定会被提及。另外,被提及但不被利用的第三方常常是引起交际双方发生冲突,或被交际者当作引发冲突的原因。在此例中,金桂对薛宝钗不满,便对丫鬟拿她说事。可见,第三方薛宝钗因被说话人金桂当作不满的对象而提及。

3.1.2　既引发冲突又被利用的第三方

在有些语境中,被利用的第三方不是引发冲突的第三方,而是在冲突中作为资源与对方博弈的第三方,如例(9)中的贾政。但在有些语境中,被利用的第三方同时也可能是引发冲突的第三方。如在下例中:

例(10)

背景:王熙凤因故晚上寄居于馒头庵,庵里的老尼(04 话轮中的"静虚")趁机为张大财主女儿的婚事纠纷请求王熙凤帮忙。老尼对她讲了张家的情况后,王熙凤先是公开拒绝。

01　凤姐听了笑道:"这事倒不大,只是太太再不管这样的事。"

02　老尼道:"太太不管,奶奶也可以主张了。"

03　凤姐听说笑道:"我也不等银子使,也不做这样的事。"

04　净虚听了,打去妄想,半晌叹道:"虽如此说,张家已知我来求府里,如今不管这事,张家不知道没工夫管这事,不希罕他的谢礼,倒像府里连这点子手段也没有的一般。"

05　凤姐听了这话,便发了兴头,说道:"……你叫他拿三千银子来,我就替他出这口气。……"
　　老尼听说,喜不自禁……一路话奉承的凤姐越发受用,也不顾劳乏,更攀谈起来。(第十五回)

在上段对话发生之前,老尼介绍了张家的亲事纠纷,并公开请求王熙凤帮忙,但被王熙凤在 01 中用"不管"、03 中用"不做"公开拒绝了。此后,老尼为达到请求其帮忙的目的,在 04 的画线部分说张家可能认为贾府没有能力管这事,以此刺激王熙凤。故此段为隐性冲突话语。

45

　　在此例中,老尼是带着张家的请求来找王熙凤帮忙的,所以张家是引发冲突的第三方。王熙凤在 01 和 03 中两次公开拒绝,在万般无奈之下,老尼不得不为听话人虚构了无能力帮忙者这一身份,在此为弱势身份。由于操作对方的弱势身份会带来不礼貌评价,老尼在 04 的画线部分通过三种方式降低不礼貌程度:一是用第三方"张家"替代自己成为身份操作的主体,通过第三方"张家"之口操作身份;二是没有直接为王熙凤虚构弱势身份,而是为"府里"这个集体虚构弱势身份;三是使用模糊词"倒像"虚构身份。这三种方式结合起来,就是通过张家之口虚构听话人王熙凤所属集体的弱势身份,从而为王熙凤虚构了弱势身份,达到自己的交际目的。

　　在以上对话中,老尼因张家的纠纷求贾府帮忙,引发了以上对话,因此张家成为引发冲突的第三方,也是交际者提及的第三方。在被王熙凤两次拒绝之后,老尼在 04 中借张家之口说贾府似乎没能力帮忙,为贾府的成员(包括王熙凤在内)虚构了弱势身份。这样,张家成为被利用的第三方。可见,"张家"既是引发冲突又是被利用的第三方。

　　袁春波、陈新仁(2021)将第三方称为"他者",并依据不同语境中他者身份对交际者语用身份建构和交际顺畅的影响,将其区分为两类:产生影响的他者与不产生影响的他者。这种分类不会产生类似以上"张家"这样的交叉第三方,故比从提及、利用角度的区分更加实用。

3.1.3　被当作"替罪羊"的在场第三方

　　在以上例(9)和例(10)中,第三方均不在交际现场。但有些语境下,第三方可能在现场,并被交际一方当作"替罪羊",隐蔽地攻击目标听话人。例如:

46

例(11)

背景:贾母痛斥儿子贾政毒打宝玉时,贾政的正妻王夫人也在现场痛哭。

01 贾母又叫王夫人道:"<u>你也不必哭了。如今宝玉年纪小,你疼他,他将来长大成人,为官作宰的,也未必想着你是他母亲了。你如今倒不要疼他,只怕将来还少生一口气呢。</u>"

02 贾政听说,忙叩头哭道:"母亲如此说,贾政无立足之地。"

(第三十三回)

在上例中,贾母字面上对在场的第三方王夫人说话,叫她不必太疼爱宝玉、以免宝玉长大后不把母亲放在心上等等,实际上针对的是在场的贾政,隐蔽责备他没有把母亲放在心上。贾政明白贾母的意图,便在 02 中表示自己"无立足之地"。换言之,此处贾母指桑骂槐,利用了在场的第三方——王夫人,隐蔽地斥责了目标听话人贾政。可见,这类在交际现场被用作"替罪羊"的第三方也是被交际者作为资源利用的第三方。这类第三方在隐性冲突话语中屡见不鲜,如第 1 章例(1)中的丫鬟靓儿,也被宝钗当作宝玉的"替罪羊"。在以往的研究中,这类第三方鲜有讨论。按照袁春波、陈新仁(2021)的区分,它属于产生影响的他者。

3.1.4 同一话轮中多个被利用的第三方

在有些语境下,一个话轮中可能出现两个甚至多个被利用的第三方。如在下例中:

例(12)

背景:赵姨娘是贾政的妾室,探春是他们的女儿。赵姨娘的兄弟死后,负责管理贾府财务的探春安排的丧葬费与丫鬟袭人的母亲离世时数目相同。赵姨娘对此很不满,便来找探春。

01 赵姨娘道:"……<u>我这屋里熬油似的熬了这么大年纪,又有你和你兄弟,这会子连袭人都不如了</u>,我还有什么脸? 连你也没脸面,别说我了!"

02 探春笑道:"原来为这个。我说我并不敢犯法违理。"一面便坐了,拿帐翻与赵姨娘看,又念与他听,又说道:"<u>这是祖宗手里旧规矩,人人都依着,偏我改了不成? 也不但袭人,将来环儿收了外头的,自然也是同袭人一样。这原不是什么争大争小的事,讲不到有脸没脸的话上。他</u>①<u>是太太的奴才,我是按着旧规矩办。说办的好,领祖宗的恩典,太太的恩典;若说办的不均,那是他糊涂不知福,也只好凭他抱怨去</u>……"

03 赵姨娘没了别话答对,便说道:"太太疼你,你越发<u>拉扯拉扯我们</u>……"(第五十五回)

在上例中,赵姨娘虽然是为了增加安葬费而去找探春的,但她在 01 中没有公开找听话人要钱,或像在 03 中那样公开地说你应该"拉扯拉扯我们"一类的话语,而是通过讲述自己在贾府的资历("熬油似的熬了这么大年纪")、对贾府的贡献("又有了你和你兄弟")以及得到的待遇("连袭人都不如")而隐蔽地提出请求的。故此段对话为隐性冲突话语。

上例的 01 话轮提及了两个第三方:第一个第三方"你兄弟"(指贾环,即 02 中的"环儿")为说话人自己建构了为贾家传宗接代的功臣这一身份。在母凭子贵的封建社会,这是积极身份,为说话人实现了价值增值。因此,这个第三方成为说话人利用的资源。第二个

---

① "他"指袭人。

第三方袭人是丫鬟,是下人,说自己"连袭人都不如"是将袭人作为参照,为说话人自己建构未得到应得待遇的、连丫鬟都不如的老妈子这一身份,在此为弱势身份。此处说话人利用袭人作为资源,袭人也是被利用的第三方。可见,01 话轮中出现了两个第三方。在 02 话轮中,为了反驳对方,探春不仅利用了 01 中所利用的两个第三方——环儿和袭人,而且还搬出了两个有权威身份的第三方——祖宗和太太,并将他们作为资源反驳对方。其中的"祖宗"表示集体,没有具体所指。另外,该话轮中的"将来环儿收了外头的"提及了目前尚未出现,但将来可能出现的第三方——环儿的妾室。可见,该话轮中出现了多个第三方。

由上例可见,一个话轮中可能出现两个甚至多个第三方:既有具体的第三方如太太、袭人、环儿;也有表示集体的第三方如祖宗;既有当下的第三方如太太、袭人,也有未来的第三方如环儿的妾室,还有过去的第三方如祖宗。他们都是被说话人利用的资源,成为被利用的第三方。Chen(2022:98)也讨论了一个话轮中出现两个第三方的情形。

3.1.5 无具体所指的第三方以及历史人物作为第三方

第三方不一定是交际者周边实实在在的人,也可能是笼统而言、无具体所指的人物,或是历史人物、神话传说中虚构的人物等。如在以上例(12)中,祖宗是已经不在世的第三方,没有具体指哪个"祖宗"。再看以下一例:

例(13)

背景:宝玉与宝钗的价值观很不一致。两人结婚后的某一天,宝钗见宝玉十分专注地读着《庄子·秋水》,担心他受庄子淡泊名利、"出世离群"思想的影响,心情十分烦闷,便隐蔽劝阻他:

01　宝钗道："我想你我既为夫妇,你便是我终身的倚靠,却不在情欲之私。论起荣华富贵,原不过是过眼烟云,但<u>自古圣贤</u>,以人品根柢为重。"

02　宝玉也没听完,把那书本搁在旁边,微微的笑道:"据你说人品根柢,又是什么古圣贤,你可知<u>古圣贤</u>说过'不失其赤子之心'。那赤子有什么好处,不过是无知无识无贪无忌。我们生来已陷溺在贪嗔痴爱中,犹如污泥一般,怎么能跳出这般尘网。如今才晓得'聚散浮生'四字,古人说了,不曾提醒一个。既要讲到人品根柢,谁是到那太初一步地位的!"①

03　宝钗道:"你既说'赤子之心',<u>古圣贤</u>原以忠孝为赤子之心,并不是遁世离群无关无系为赤子之心,尧舜禹汤周孔时刻以救民济世为心,所谓赤子之心,原不过是'不忍'二字。若你方才所说的,忍于抛弃天伦,还成什么道理?"

04　宝玉点头笑道:"<u>尧舜不强巢许,武周不强夷齐</u>。"(第一一八回)

在上例中,宝钗担心宝玉受庄子思想的影响,试图阻止他读庄子的书,但她没有公开地劝阻他,而是在 01 中提及第三方"古圣贤",以他们重视"人品根柢"为由,隐蔽地劝阻宝玉。在后面的 02、03、04 话轮中,两人围绕着"古圣贤"是什么样的人产生了争论。虽然争论的内容似乎只关系到第三方,但实际上围绕着应该读什么人的书、成为什么样的人才算有价值进行。可见,此段对话为隐性冲突话语。

上例 01、02、03 中的第三方是"古圣贤",没有具体的所指;03 中

---

①　大意是:现在才知道"聚散浮生"这四个字,古人早就说过,但没有一个世人被点醒或领悟到。既然你说人品根柢,谁能达到太初那样高尚的地步呢? 对"太初"有不同的理解:一说指"太之初一",是一个神的代称,出于《庄子》。故"太初一步地位"指那些品德高尚、地位犹如神灵一般的人。又一说"太初"代表天地万物形成之前的混沌状态,通常用来描述宇宙万物的起源和初始状态。此处取前一义。

的第三方还包括历史人物"尧舜禹汤周孔";04 中的第三方也是历史人物"尧舜""武周"。他们都是被交际双方利用的资源,是用来说服对方的第三方。从上例 01 与 02 话轮都提及"古圣贤"也不难看出,同一个第三方,交际双方为其操作了不同身份,从而为自己的交际目的服务。

值得注意的是,此段对话中的第三方比较特殊:一方面,这些第三方都是不在世上的古人,且在 01 中是群体,02 中除了"太初"也是群体;另一方面,这些第三方都是传说中的人物,没有具体所指。袁春波、陈新仁(2021)认为:交际者利用的第三方不仅可以是具体的人,还可以是笼统、没有具体所指的人。这一点也得到了本研究语料的证明。

3.1.6　暗指的第三方

在隐性冲突话语中,被利用的第三方有时并非像在以上例子中那样明示,而是通过不定指示语暗示的。例如:

例(14)

背景:黛玉和宝玉因宝玉亲近宝钗闹别扭后,宝玉来找黛玉和好,但受到了黛玉的责备。

01　黛玉先说道:"你又来作什么? <u>横竖如今有人和你顽,比我又会念,又会作,又会写,又会说笑,又怕你生气拉了你去,</u>你又作什么来? 死活凭我去罢了!"

02　宝玉听了忙上来悄悄的说道:"你这么个明白人,难道连'亲不间疏,先不僭后'也不知道? ……"①。(第二十回)

---

① "亲不间疏,先不僭后"大意是:亲近的人不会疏远,后来的人不会超越先来的人。在《红楼梦》故事中,黛玉比宝钗先来到贾府。

在《红楼梦》小说中,黛玉与宝玉是真心相爱的。在上例 01 中,黛玉既公开又隐蔽地表达了自己的情感。在公开部分(即未画线部分),她反复质问宝玉"你又来作什么";在隐蔽部分(即画线部分),她用"有人"暗指第三方宝钗,用反语说她比自己"会念""会作""会写""会说笑"等等,隐蔽地责备听话人宝玉不该因她而冷落了自己。可见,此段为隐性冲突话语。01 话轮中用无确定所指的指示语"有人"暗指第三方宝钗。

此外,本研究的语料显示,在有些语境中第三方是通过隐喻暗指的。如下文 5.1.6 部分例(39)中的"老太太、太太屋里的猫儿狗儿",暗指贾母、贾母儿媳屋里的佣人们。

综上所述,关于隐性冲突话语中的第三方可以得出以下结论:

第一,在隐性冲突话语中,有一种既引发冲突又被利用的第三方,如以上例(10)中的"张家"。

第二,还存在一种在交际现场被说话人当作"替罪羊"的第三方。如以上例(11)中的王夫人。这两类第三方在以往研究中尚未提及。

第三,第三方的数量没有限制,同一个话轮中可能出现多个第三方。从量的方面来看,既可以是个体,也可以是集体。

第四,第三方没有时空限制。在时间上,既可能是当下的第三方,也可能是未来将要出现的第三方,还可能是过去已经出现过的第三方(如历史人物)。在空间上,第三方既可能在场,也可能不在场;既可指现实世界中的人,还可指神话、传说中虚构的人物。

第五,从说话人利用第三方资源的方式来看,既可能明示,也可能暗指。暗指的方法可以用隐喻,也可以用不定代词、模糊词、集合词等。

总之,隐性冲突话语中存在不同类型、不同性质的第三方。各类第三方在隐性冲突话语中的出现,拓展了现有关于第三方的概念,也丰富了各类第三方的语用身份资源。

需要说明的是,在实际交际中,交际者在操作语用身份时,不只分别为说话人、听话人、第三方操作身份,在有些场合,交际者为两方甚至三方操作语用身份。Chen(2022:96 - 97)讨论了为两方操作身份的情形。第 5 章的讨论中将出现交际者在一个话轮中为两方甚至三方操作身份的情形。

3.2 语用身份操作及其方式

本小节分两个部分,先介绍语用身份操作这个概念,然后介绍隐性冲突话语中语用身份操作的方式。

3.2.1 语用身份操作

本研究中的语用身份操作指(听话人假定的)说话人在交际中为达到特定语用目的在以下方面所付出的话语努力:将自我或他人的某个默认、先设身份明晰化,或为自我或为他者建构新的、变异性的、非先设性身份,或挑战、拒绝、解构对方建构的自我或他者身份。它基本等同于陈新仁(2018c)所使用的"身份选择"或 Chen(2022: 10,38)所用的 selection of pragmatic identity,也相当于 Chen(2022: ix)所定义的"身份工作"。"身份工作"指交际者为了满足具体交际目标,在特定语境中操作或调控自我、对方或第三方语用身份所做出的话语努力;它可以通过建构、凸显、磋商、挑战甚至解构某个或某些身份实现(Chen 2022:31)。身份工作也指交际者为实现特定的交际需求而对语用身份加以管理的话语努力,包括属性管理、归属管理、认同管理、角色管理、行动者管理、地位管理、立场管理、形象管理、个性管理等路径,通过建构、凸显、磋商、挑战甚至解构特定身份维度的话语策略来实现(陈新仁 2020)。

不过,以往学者提出的"身份工作"与本书的"身份操作"之间存在细微差异:"身份工作"概指话语努力,是名词性词组;"身份操作"也可作名词性词组,但因"操作"可作及物动词,因而强调动作时可反过来使用"操作……身份"。在本书中可见"身份操作"与"操作……身份"两种表述方式。除了术语上的细微差异,关于"身份工作"的理论、身份建构的理论均适用于本研究。

3.2.2　语用身份操作的方式

郭亚东(2020)在讨论身份工作概念时提出了冲突话语中语用身份操作的六种方式:建构、凸显、虚构、挑战、解构、重构。本研究沿用他所概括的这些身份操作方式。此外,本研究的语料显示:有些话轮同时使用了其中的两种,甚至多种方式操作身份。因此,实际上《红楼梦》隐性冲突话语中还出现了第七种语用身份操作方式——多种方式并用。故本研究在提及交际双方的身份操作方式时,按以上七种分类。以下逐一简介。

一、建构

身份建构指在特定语境中,交际者为自我、对方、第三方或多方选择、赋予某种身份。例如,在第 1 章例(2)的 02 话轮中,说话人紫鹃通过"况且我们在这里守着病人,身上也不洁净"为自我建构了身上带着病气、不洁净的丫鬟身份,达到了隐蔽拒绝对方指令的目的。

二、凸显

身份凸显指在特定语境中,交际者刻意提及自我、对方或第三方的某一身份,目的是强调要从相关身份角度解读当前的话语。这种方式最为典型的语用身份标记语是"作为……""代表……"(陈新仁 2018c:121 - 122,144)。郭亚东(2019:72 - 73)通过语料分析发现,在夫妻冲突话语中,冲突一方凸显某个身份,可以宣示说话人的权力,也可以对身份的对象做出评价。在 1.1 部分例(3)的 03 话轮中,贾政说"为儿的教训儿子,也为的是光宗耀祖",其中"为儿的"凸显了自己作为听话人贾母的儿子这一身份。在小说中,贾母在贾府被称为"老祖宗"。故此部分的含意是:我打儿子为的是教育好他,让您将来为他感到荣耀。这无疑为自我建构了孝子身份,隐蔽地反驳了贾母在 02 话轮中对他的指责。

三、虚构

身份虚构指在特定语境中,交际者为自我、对方或第三方临时建构他们并不具有的或虚假的身份(郭亚东 2019:74)。Chen (2022:136-138)也用实例讨论了身份虚构。在本书 3.1.2 部分例(10)的 04 话轮中,老尼通过第三方——张家之口为贾府的成员虚构了弱势身份——无权无势者。

四、挑战

身份挑战指在特定语境中,交际一方对另一方身份的合理性、合法性或权威性提出疑问、讽刺、挖苦等(郭亚东 2019:73)。如在 1.1 部分例(3)的 03 话轮中,说话人用"母亲这话,我做儿的如何禁得起?"挑战了对方在 02 话轮中为他建构的不是"好儿子"的身份。

五、解构

身份解构指在特定语境中,交际者对某个已经被选择的身份进行针对性的否定和消解(郭亚东 2019:75)。如在上文 3.1.1 部分的例(9)中,金桂在 02 中为第三方宝钗建构了毫无学问者这一消极身份,而香菱在 03 话轮中解构了这一消极身份。

六、重构

身份重构指交际一方不满另一方的身份选择,有针对性地为同一个对象重新选择某一身份(郭亚东 2019:76)。如在 1.2 部分的例

(8)中,金桂不满宝钗在 01 中为她建构的消极身份——"让妈妈天天操心"、不能"和和气气的过日子"的嫂子,因而金桂在 03 中为自我重构了身份——受薛家"欺负"的、"没心眼儿的人"。

七、多种方式并用

该方式综合使用以上两种或多种方式操作语用身份。如在 3.1.4部分的例(12)中[①]:

背景:赵姨娘是贾政的妾室、探春的生母。赵姨娘的兄弟死后,负责管理财务的探春按贾府惯例安排了丧葬费,数量与丫鬟袭人的母亲死时袭人得到的份额相同。赵姨娘对此极为不满,便来找探春:

01 赵姨娘道:"……我这屋里熬油似的熬了这么大年纪,又有你和你兄弟,这会子连袭人都不如了,我还有什么脸? 连你也没脸面,别说我了!"

02 探春笑道:"原来为这个。我说我并不敢犯法违理。"一面便坐了,拿帐翻与赵姨娘看,又念与他听,又说道:"① 这是祖宗手里旧规矩,人人都依着,偏我改了不成? ② 也不但袭人,将来环儿收了外头的,自然也是同袭人一样。 ③ 这原不是什么争大争小的事,讲不到有脸没脸的话上。 ④ 他是太太的奴才,我是按着旧规矩办。 ⑤ 说办的好,领祖宗的恩典,太太的恩典。若说办的不均,那是他糊涂不知福,也只好凭他抱怨去……"(第五十五回)

在上例02的画线部分,说话人探春采用了多种方式操作自我和对方的身份:在①部分,她利用第三方"祖宗"挑战对方在01话轮

---

① 反复使用的例子,本书不再编号。有些例子重复时只需简单的分析,就不再显示实例;如需详细分析,则再次呈现,但不编号。

中为交际双方建构的消极身份——"没脸面的"人;在②中,说话人
虚构了第三方的关系身份,即"环儿"未来所娶的妾,与听话人的身
份类比;在③中,说话人解构了对方在 01 中为交际双方建构的身
份——"没脸面"的人;在④中,说话人凸显了第三方袭人作为"太太
的奴才"这一身份,为自我重构了积极身份——"按规矩办事"的人;
在⑤中,说话人利用第三方"祖宗""太太"为听话人建构了消极身
份——"糊涂不知福"的人。可见,02 话轮采用了多种身份操作
方式。

　　以上介绍了话语操作身份的七种具体方式。似乎现有研究在
提及身份操作的对象时,大多分别关注说话人自我、对方和第三方,
本研究的语料显示,身份的对象可能涉及其中的两方甚至三方。如
在以上例(12)的 02 话轮中,说话人综合运用了多种身份操作方式,
同时为自我、对方、第三方操作了身份。

3.3　语用身份的类型

　　语用身份的类型多种多样,从不同角度可划分出不同的类型。
本书参照前人的分类,结合本研究的需要,介绍《红楼梦》隐性冲突
话语中交际者主要操作的如下身份:积极身份与消极身份、强势身
份与弱势身份、圈内人身份与圈外人身份、受益者身份与受损者身
份、有利身份与不利身份、关系身份。以下分别讨论。

3.3.1　积极身份与消极身份

　　郭亚东(2019:84-95)将冲突话语中的语用身份分为积极、消极
和中性三个取向。其中的积极取向指冲突主体为特定对象操作身
份时所呈现出来的、肯定或夸赞等正面的情感或态度(郭亚东 2019:

84）。由此推知,消极取向指冲突主体为特定对象操作身份时所呈现出来的、否定或贬抑等负面的情感或态度。而中性取向"无所谓积极称赞,还是消极指责,而是普通陈述"（郭亚东 2019:90）。本研究将基于积极取向和消极取向的身份分别简称为积极身份和消极身份。下面以 1.1 部分的例(1)为例说明。

背景:宝玉、黛玉闹别扭和好后一同去给贾母请安,碰巧宝钗也在。宝玉想到自己此前因与黛玉闹别扭心情不佳而没去参加宝钗哥哥的生日会,便以自己生病为由托宝钗向她哥哥解释。他还问宝钗为何也不去她哥哥的生日会上看戏。宝钗便说自己看了一会儿,因天太热看不下去,便以生病为借口离开了。宝玉意识到宝钗是在暗讽他没参加生日会的原因是与黛玉闹别扭,却借口说生病,便不好意思起来。之后宝玉继续找话和宝钗搭讪。

01 （宝玉）只得又搭讪笑道:"怪不得他们拿姐姐比杨妃,原来也体丰怯热。"

02 宝钗听说,不由的大怒,待要怎样,又不好怎样。回思了一回,脸红起来,便冷笑了两声,说道:"我倒像杨妃,只是没一个好哥哥好兄弟可以作得杨国忠的!"

03 二人正说着,可巧小丫头靛儿因不见了扇子,和宝钗笑道:"必是宝姑娘藏了我的。好姑娘,赏我罢。"

04 宝钗指他:"你要仔细! 我和你顽过,你再疑我。和你素日嘻皮笑脸的那些姑娘们跟前,你该问他们去。"
说的个靛儿跑了。宝玉自知又把话说造次了,当着许多人,更比才在林黛玉跟前更不好意思,便急回身又同别人搭讪去了。(第三十回)

在上例中,宝玉在 01 中借"他们"之口将宝钗比作"杨妃",并无贬义。但这个身份类比却让听话人"不由的大怒"。原因是唐朝人以丰满为美,而清代人的审美观已经改变;再者,有些人认为杨贵妃是红颜祸水,起到了引发唐朝衰亡的负面作用;更为重要的是,宝钗曾经参加过宫廷选秀但没有成功,宝玉无意之中戳了其痛处。在宝钗看来,宝玉将她比作"杨妃"含有贬义,是有意嘲讽她。因此,宝钗在 02 的画线部分借杨国忠隐射宝玉不是"好兄弟"。可见,宝玉无意攻击的话语 01 引发了 02 中的隐性攻击,此段对话成为隐性冲突话语。

从语用身份的角度来看,在话轮 01 中宝玉无意之中将听话人宝钗比作杨贵妃,为她建构了像杨贵妃一样"体丰怯热"的女子这一身份,在他眼中为中性身份。但是,这种不经意的身份类比,让宝钗认为宝玉为她建构了红颜祸水的女子这一身份,在她眼中为消极身份。作为还击,宝钗在 02 中为宝玉建构了不是"好兄弟"这一身份,在此为消极身份。此后,宝玉才意识到自己"又把话说造次了"。

上例中涉及中性身份和消极身份,而在 3.1.1 部分的例(9)中可以看到积极身份。其中 03 话轮的说话人香菱通过"我们姑娘的学问连我们姨老爷时常还夸呢"为第三方宝钗建构了有"学问"的"姑娘"这一身份,在此为积极身份。

值得注意的是,在本研究的语料中,有时交际者字面上操作积极身份,而实际上并非真心实意(insincere)。如在下例中:

例(15)

背景:贾蓉帮叔叔贾琏偷娶了尤二姐,贾蓉之父贾珍虽未直接帮忙但也未劝阻他们。王熙凤(以下对话 01 中的"西府二奶奶"、03 中的"你姑娘")知道后气势汹汹,大闹贾珍、贾蓉所在的宁国府。

01 人报:"西府二奶奶来了。"贾珍听了这个,倒吃了一惊,忙要同贾蓉藏躲。

02 不想凤姐进来了,说:"好大哥哥,带着兄弟们干的好事!"贾蓉忙请安,凤姐拉了他就进来。

03 贾珍还笑说:"好生伺候你姑娘,吩咐他们杀牲口备饭。"
　　说了,忙命备马,躲往别处去了。(第六十八回)

在上例中,王熙凤显然是来兴师问罪的,从01产生之前的背景、贾珍听到01后的反应"吃了一惊,忙要同贾蓉躲藏"中即可得到证明。王熙凤虽然想怒斥贾珍,但没有直言表达,而是用反语"好大哥哥""好事"隐蔽地表达自己的意图。可见,此段为隐性冲突话语。

从语用身份视角来看,在02话轮中王熙凤通过称呼语"好大哥哥"字面上操作了对方的积极身份,但在此语境中实际上是消极身份,采用了反讽策略,身份操作的方式是虚构。本书将通过反讽虚构的积极身份称为虚假的积极身份。这类实例在本研究的语料中为数不少,从后文讨论中可见。

3.3.2　强势身份与弱势身份

强势身份与弱势身份是权势身份的两种情形(夏丹、廖美珍2012)。顾名思义,强势身份指居于优势地位的身份;弱势身份指居于弱势地位的身份。在本研究的语料中,两种身份的建构比较常见。

例(16)

背景:周瑞家的按照贾府太太的吩咐、将丫鬟司棋赶出大观园时,正好碰见了宝玉。

01 周瑞家的等皆知宝玉素日行为,又恐唠叨误事,因笑道:"不干你事,快念书去罢。"

02 宝玉笑道:"好姐姐们,且站一站,我有道理。"

03 周瑞家的便道:"太太不许少挨一刻,又有什么道理。我们只知遵太太的话,管不得许多。"

04 司棋见了宝玉,因拉住哭道:"他们做不得主,你好歹求求太
   太去。"(第七十七回)

在上例中,周瑞家的一见宝玉,就担心他会为丫鬟求情,于是在
01 中先发制人,公开告诉他不关他的事,让他"念书去";宝玉在 02
话轮中请求对方"站一站",表示自己有话要讲时,对方似乎明白他
要说什么,于是利用第三方"太太"的权威,表明自己只听"太太的
话",隐蔽地拒绝了宝玉。故此段为隐性冲突话语。

在 03 中,说话人为第三方太太建构了"不许少捱一刻"、说到做
到的主子身份,在此为强势身份;同时也为自我建构了只听太太使
唤、只执行太太命令的下人身份,在此为弱势身份,隐蔽地拒绝了宝
玉为丫鬟说情,也为自己推脱责任。

陈倩、冉永平(2013)也论及冲突中的强势身份,并指出:在汉语
语境中,交际主体构建强势身份的情况多出现在上级和下级、长辈
和晚辈的人际互动中。这个观点在例(16)中得到了证明。不过,在
本研究的语料中,还出现了下人为主子建构弱势身份的实例,如:

例(17)

背景:小丫鬟坠儿(01 中的"你侄女儿")偷东西,宝玉的丫鬟晴
雯得知后想把她赶出去。宋嬷嬷来替坠儿求情,晴雯仍不答应,便
找来坠儿的母亲(03 中的"那媳妇"):

01 宋嬷嬷听了,只得出去唤了他母亲来。打点了他的东西,又
   来见晴雯等,说道:"姑娘们怎么了,你侄女儿不好,你们教
   导他,怎么撵出去? 也到底给我们留个脸儿。"

02 晴雯道:"你这话只等宝玉来问他,与我们无干。"

03 那媳妇冷笑道:"① 我有胆子问他去! ② 他那一件事不是
   听姑娘们的调停? 他纵依了,姑娘们不依,也未必中用。比

如方才说话,虽是背地里,姑娘就直叫他的名字。在姑娘们就使得,在我们就成了野人了。"

04　晴雯听说,一发急红了脸,说道:"我叫了他的名字了,你在老太太跟前告我去,说我撒野,也撵出我去。"(第五十二回)

在《红楼梦》中,晴雯是伺候宝玉的贴身丫鬟,在贾府比"那媳妇"地位高。在上例中,当晴雯在02话轮中要求对方去问宝玉时,后者先在03的①部分表示自己没胆量,之后在②部分说出了原因——宝玉听姑娘们的"调停",问他"也未必中用"。"那媳妇"以此方式隐蔽地拒绝对方的指令,故此段为隐性冲突话语。

在03中,①部分"我有胆子问他去!"以说反话的形式建构自我胆小、不敢去求主子的下人身份,在此为弱势身份;同时也为第三方宝玉建构了下人不敢去求的主子身份,在此为强势身份。接着,说话人又在②部分建构了第三方宝玉事事都听"姑娘们调停"的、毫无主见的主子身份,在此为弱势身份;同时也为听话人建构了能够操纵宝玉、权力很大的丫鬟身份,在此为强势身份。这些隐蔽地责备了(包含听话人在内的)丫鬟们在有些方面比主子宝玉权力还大。可见,在《红楼梦》的隐性冲突话语中,强势身份、弱势身份与主子、下人之间不一定具有对应关系。

3.3.3　圈内人身份与圈外人身份

陈新仁(2018c:128,147)论及圈内人(in-group membership)与圈外人(out-group membership)身份时指出:前者指说话人主动选择与听话人在特定情景中浮现出来的某一语用身份相一致的语用身份;后者指说话人主动选择与听话人在特定情景中浮现出来的某一语用身份相反的语用身份。在隐性冲突话语中,说话人有时公开地用"内人""外人"分别建构圈内人和圈外人身份。如在下例中:

例(18)

背景:金桂欲勾引丈夫的堂弟薛蝌,曾送酒给他喝却被他拒绝了。一天,薛蝌从外面喝酒回来,金桂就借机隐蔽地责备他。

01 只听宝蟾外面说道:"二爷今日高兴呵,那里喝了酒来了?"

02 金桂听了,明知是叫他出来的意思,连忙掀起帘子出来。只见薛蝌和宝蟾说道:"今日是张大爷的好日子,所以被他们强不过吃了半钟,到这时候脸还发烧呢。"

03 一句话没说完,金桂早接口道:"<u>自然人家外人的酒比咱们自己家里的酒是有趣儿的</u>。"

04 薛蝌被他拿话一激,脸越红了,连忙走过来陪笑道:"嫂子说那里的话。"

宝蟾见他二人交谈,便躲到屋里去了。(第一〇〇回)

在上例中,金桂在 03 中没有公开责备听话人薛蝌不喝自己送给他的酒,而是借说别人家的酒比自己家的酒好喝来讽刺他,故此段为隐性冲突话语。

在 03 中,说话人用"人家外人"为 02 中提及的第三方"张大爷"建构了圈外人身份;用"自己家里"为对方建构了自家人身份,也是一种圈内人身份。

3.3.4 受益者身份与受损者身份

Leech(1983)提出的礼貌原则包含六个准则,其中两个准则从受益-受损(benefit-cost)角度解释礼貌问题:一是尽量少让别人受损,尽量多使别人受益;二是尽量少让自己受益,尽量多使自己受损。在本研究的语料中,受益者身份与受损者身份时有出现。如在下例中:

例(19)

背景:丫鬟春燕的母亲(以下对话中的"那婆子")在宝玉面前打骂女儿、欺负其他丫鬟,宝玉就让袭人和晴雯将她撵出贾府。可她不愿出去,便请求继续留在贾府当差。

01 那婆子听如此说,自不舍得出去,便又泪流满面,央告袭人等说:"① 好容易我进来了,况且我是寡妇,家里没人,正好一心无挂的在里头服侍姑娘们。② 姑娘们也便宜,③ 我家里也省些搅过。④ 我这一去,又要去自己生火过活,将来不免又没了过活。"

02 袭人见他如此,早又心软了,便说:"你既要在这里,又不守规矩,又不听说,又乱打人。那里弄你这个不晓事的来,天天斗口,也叫人笑话,失了体统。"

03 晴雯道:"理他呢,打发去了是正经。谁和他去对嘴对舌的。"

04 那婆子又央众人道:"我虽错了,姑娘们吩咐了,我以后改过。姑娘们那不是行好积德。"……

   宝玉见如此可怜,只得留下,吩咐他不可再闹。那婆子走来一一的谢过了下去。(第五十九回)

   在上例中,"那婆子"试图请求留在贾府,但她没有公开说"请让我留下来"一类的话语,而是在 01 中通过说自己如何可怜以及自己留下来对双方有何益处、在 04 中通过承诺以后改过等话语,暗中请求听话人同意自己留下,故此段为隐性冲突话语。

   在上例中,01 可分为四个小部分:① 为自我建构了穷寡妇的身份,在此为弱势身份;同时也为自我建构了能"一心无挂的在里头服侍"对方的婆子这一身份,在此为积极身份;② 为对方建构了能从自己的"服侍"中得到"便宜"的姑娘这个身份,在此为受益者身份;

③ 为自我建构了因在贾府干活而"省些搅过"的婆子这一身份,在此也为受益者身份;④ 为自我建构了离开贾府后可能"没了过活"的穷人身份,在此为受损者身份。在 04 话轮中她为自我虚构了一个知错能改的人这一身份,在此为积极身份。这些身份共同作用,激发了听话人宝玉的同情心,促使他接受了她的请求。

3.3.5 有利身份与不利身份

具有正常语言能力的交际者为了满足交际需求,都会操作对实现交际需求有利的身份。依据对交际目的是否有利,语用身份可分为有利身份和不利身份。在隐性冲突话语中,由于交际双方的交际目的处于冲突状态,对一方有利的身份很可能对另一方是不利身份。某个身份是否有利取决于当下语境中的交际需求。如在下例中,自我一方的弱势身份成为有利身份:

例(20)

背景:贾芸是贾府的一个远房亲戚。他想在开香料铺的舅舅卜世仁手里赊点香料送给王熙凤,以求在贾府谋份差事。为此目的,他来到舅舅家。

01 贾芸道:"有件事求舅舅帮衬帮衬。我有一件事,用些冰片麝香使用,好歹舅舅每样赊四两给我,八月里按数送了银子来。"

02 卜世仁冷笑道:"再休提赊欠一事。前儿也是我们铺子里一个伙计,替他的亲戚赊了几两银子的货,至今总未还上……"

03 贾芸笑道:"舅舅说的倒干净。我父亲没的时候,我年纪又小,不知事。后来听见我母亲说,都还亏舅舅们在我们家出主意,料理的丧事。难道舅舅就不知道的,还是有一亩地两间房子,如今在我手里花了不成?巧媳妇做不出没米的粥来,叫我怎么样呢?还亏是我呢,要是别个,死皮赖脸三日两头儿来缠着舅舅，要三升米二升豆子的，舅舅也就没有法呢。"

04 卜世仁道："我的儿，舅舅要有，还不是该的。我天天和你舅母说，只愁你没算计儿……"

贾芸听他韶刀的不堪，便起身告辞。（第二十四回）

在上例中，贾芸在 01 中用"求舅舅帮衬帮衬"公开请求舅舅帮助，但舅舅在 02 中先用"再休提赊欠一事"公开地拒绝了他；接着又通过提及第三方"我们铺子里的一个伙计"隐蔽地拒绝了他。此后，贾芸改变了策略，在 03 中隐蔽地请求：从舅舅过去对他家的帮助说到自己家如何穷。于是舅舅在 04 中缓和了语气，但以自己也穷为借口拒绝了他。故此例为隐性冲突话语。

在上例中，求借的一方为自我建构了穷人身份，被借一方也为自我虚构了穷人身份。两者虽都是弱势身份，但从交际目的来看都是有利身份：前者有利于求借，后者有利于拒绝。总之，为了实现交际目的或满足交际需求，说话人一般会操作对实现自我的交际目的有利的身份。

3.3.6 关系身份

"关系"指"人和人或人和事物之间的某种性质的联系"（《现代汉语词典》第 7 版，2016：478）。在本书中，关系身份涉及的是人与人之间的联系。关系身份在汉语文化中尤为重要，袁周敏（2021）认为：汉语中的身份偏向关系中的身份；汉语文化中的身份需要在关系中得以运作与解读；关系中的身份是理解汉语文化中身份修辞的核心要素。谢朝群等（2015：102）指出：交际者会根据具体语境选择最有利于实现交际目的、给自己带来最大收益的关系身份。Chen（2022：87－88）也讨论了关系身份。在隐性冲突话语中，交际者常操作关系身份以达到交际目的。如在下例中：

例(21)

背景:刘姥姥是贾府里王夫人的远房亲戚。在冬天来临、一家老小生活无着落的窘迫情况下,刘姥姥带着外甥板儿来贾府求借,贾府的仆人周瑞家的带她去见王熙凤。

01　这里刘姥姥心神方定,(对王熙凤)才又说道:"<u>今日我带了你侄儿来,也不为别的,只因他老子娘在家里,连吃的都没有。如今天又冷了,越想没个派头儿,只得带了你侄儿奔了你老来。</u>"说着又推板儿道:"你那爹在家怎么教你来? 打发咱们作煞事来? 只顾吃果子咧。"……

02　凤姐笑道:"……如今家内杂事太烦……外头看着虽是烈烈轰轰的,殊不知大有大的艰难去处,说与人也未必信罢。今儿你既老远的来了,又是头一次见我张口,怎好叫你空回去呢。可巧昨儿太太给我的丫头们做衣裳的二十两银子,我还没动呢,你若不嫌少,就暂且先拿了去罢。"那刘姥姥先听见告艰难,只当是没有,心里便突突的;后来听见给他二十两,喜的又浑身发痒起来……

03　刘姥姥只管千恩万谢的,拿了银子钱,随了周瑞家的来至外面。周瑞家的道:"我的娘啊! 你见了他怎么倒不会说了? 开口就是'你侄儿'。我说句不怕你恼的话,便是亲侄儿,也要说和软些。蓉大爷才是他的正经侄儿呢,他怎么又跑出这么一个侄儿来了。"

04　刘姥姥笑道:"我的嫂子,我见了他,心眼儿里爱还爱不过来,那里还说的上话来呢。"(第六回)

　　在上例中,刘姥姥虽是来贾府借钱的,但她在 01 中没有公开说出"借""贷"等一类的词语,而是诉说自己家里如何贫穷;还通过提醒外甥板儿他爹的叮嘱暗示对方,自己一家实在活不下去了。从这个意义上,以上对话属于隐性冲突话语。

在 01 中,说话人刘姥姥用"你侄儿"为听话人王熙凤与在场的第三方——自己的外甥板儿建构了婶子与侄子的关系身份,试图通过这种亲属关系拉近与王熙凤的距离,从而达到借钱的目的。不过,这种关系身份在 03 中未得到认可,也可以说是被解构,刘姥姥受到了责备。

在本书的语料中,关系身份不仅涉及人物之间的血缘关系、社会关系、权势关系等,还涉及亲密关系,即夫妻或恋人关系。

除了以上六类身份外,交际者还操作真实身份与虚假身份。这两种身份是从身份的性质视角来划分的。一般来说,虚假身份常常通过虚构的方式操作。如在上文 3.3.1 部分例(15)的 02 话轮中,"好大哥哥"虚构了听话人虚假的积极身份,属于虚假身份。同样,上文 3.1.2 部分例(10)的 04 话轮虚构了听话人所属集体的弱势身份,也是虚假身份。

总而言之,在本研究的语料中,隐性冲突话语中的交际者主要操作了积极与消极身份、强势与弱势身份、圈内人与圈外人身份、受益者与受损者身份、有利与不利身份、关系身份、虚假身份等。它们会在本书第 5 章的分析中,与身份对象、身份操作的方式交织在一起,显示出《红楼梦》隐性冲突话语中交际者操作语用身份的特征。

3.4 交际需求

人类的生活离不开物质与精神上的需要。这些需要使得人类在长期共同的劳动过程中产生了语言。换言之,语言服务于人类对物质与精神的需要。

本书在 1.2 部分将隐性冲突话语定义为:在交际目的冲突的情

况下,交际双方中至少有一方隐蔽地表达自己的交际目的,或/及隐蔽地威胁对方交际目的的话语。这里的交际目的可以细化为陈新仁(2018c:67)提出的四个主要交际需求:行事需求、人际需求、美学需求、省力需求。在本研究中,行事需求主要涉及交际者用言语做事,如用言语表达请求、拒绝、责备等;人际需求主要指交际者对人际关系、人际距离、人际秩序、面子、情感等方面的需求;美学需求主要是交际者对美的鉴赏、感受等方面的需求;省力需求源于言语的经济原则,主要是交际者在能达到同等语用效果时尽量少付出言语努力的需求。在这四种主要的交际需求中,行事需求和人际需求对语用身份选择的影响最为明显(陈新仁 2018c:67)。

本研究的语料显示,在一些语境中,交际者既有行事需求,也不能完全排除其同时具有人际需求。实际上,交际者之所以隐蔽地表达自己的行事需求,在某种程度上是出于人际关系、人际距离、情感等方面的考虑。也就是说,在隐性冲突话语中,行事需求在一些语境中与人际需求紧密联系在一起。故本研究在讨论行事需求或人际需求时,指的是在特定语境中交际者的主要需求,而非唯一需求。另外,在两个需求同时存在、无法判断主次的情况下,本研究将用"人际需求+行事需求"表示。

本书1.5中提及,本研究从《红楼梦》中收集到67段隐性冲突话语,从这些隐性冲突话语中又挑选出隐蔽地表达交际者交际需求的话轮94个。对交际者交际需求的断定,除了依据话语本身的内容外,还参考交际者说话的语境、人物关系、情感、心理、故事的前后情节等。在有些场景中,交际者的交际需求在小说的描述性文字中也有线索。本研究依据这些逐个判断出语料中隐蔽地表达不同交际需求的话轮,统计出了它们所表达的交际需求种类及各需求所驱动的话轮数量,结果如表3-1所示:

表 3 - 1　　本研究语料所涉及的交际需求及其驱动的话轮数

行事需求	人际需求	人际需求＋行事需求	合计
64	5	25	94
68.1％	5.3％	26.6％	100％

由上表不难看出：

1. 本研究的语料所涉及的、最主要的交际需求是行事需求。64 个话轮通过操作身份隐蔽地表达行事需求,占份额最大。本书的 5.1 部分列举了一些实例进行讨论。

2. 行事需求常与人际需求一起发挥作用,即交际者既有行事需求又有人际需求,两者共同驱动了一些话轮,数量上占第二位。本书的 5.3 部分列举了一些实例进行讨论。

3. 纯粹受人际需求驱动的话轮并不多,只有 5 个,反映的是说话人对亲密关系的需求、对和睦大家庭的需求以及对平等地位的需求,数量最少。本书的 5.2 部分列举了一些实例进行讨论。

4. 在本研究的语料中,未发现隐蔽地表达美学需求、省力需求的话轮。

综上所述,本章介绍了本研究分析隐性冲突话语中语用身份操作时的有用概念:(1) 交际中的第三方;(2) 身份操作的方式:建构、凸显、虚构、挑战、解构、重构以及多种方式并用;(3) 语用身份的类型:积极与消极身份、强势与弱势身份、圈内人与圈外人身份、受益者与受损者身份、有利与不利身份、关系身份;(4) 交际需求:行事需求、人际需求、人际需求＋行事需求。下一章介绍本研究的理论基础。

第4章　理论基础

本书研究在《红楼梦》的隐性冲突话语中，交际者为了满足交际需求如何操作语用身份，以及语用身份操作对交际效果的影响，故语用身份论成为本研究的理论基础之一。从本书的 2.1.2 部分可见，语用身份与(不)礼貌之间紧密关联，互为因果；且本书的语料显示，在隐性冲突话语中，礼貌与不礼貌并存。因此，礼貌理论也成为本研究的理论基础之一。在现有的礼貌理论中，英国学者 Spencer-Oatey(2000；2002；2008)提出的人际关系管理模式(Rapport Management Model)融合了第一波礼貌理论和第二波礼貌理论的合理元素，经过我国学者陈新仁的修补后，成为迄今最为完善的礼貌理论。因此，本研究拟以语用身份论与修补后的人际关系管理模式为基础，试图回答本书 1.3 部分提出的研究问题。以下分别介绍这些理论。

4.1　语用身份论

陈新仁(2018c)提出的语用身份论主要包括语用身份的定义、主要属性、分析框架、研究路径等。以下分别概述。

4.1.1 语用身份的定义

陈新仁在吸纳了多学科研究中社会建构主义身份观的基础上，结合语用学的学科目标与特征提出了语用身份这个概念。社会建构主义身份观认为：身份是交际者在交际过程中通过话语动态、积极、在线建构的；而语用学离不开对语言使用者的研究，强调语境对话语选择和话语意义的影响。基于此，陈新仁将语用身份定义为"语境化的、语言使用者有意或无意选择的自我或对方身份，以及他们在话语中提及的他者身份"；也是"特定的社会身份在语言交际语境中的实际体现、运用甚至虚构"(2018c:24)；或是"言语交际者或当事人的特定社会身份的语境化或语用化的产物"(2018c:29)。根据该定义，语用身份包括三种情形(2018c:25)：(一) 说话人或作者发出特定话语时为自我所选择的身份，关乎发出话语时"我是谁"；(二) 听话人或读者在理解特定话语时为自我所选择的身份，关乎理解话语时"我是谁"；(三) 说话人或作者发出特定话语时为听话人或第三方所选择的身份，关乎"'他者'是谁"。语用身份基于先设身份或非先设身份，因而可能是默认身份，也可能是变异身份；语用身份选择可能恰当，也可能不恰当(Chen 2022:3)。

4.1.2 语用身份的主要属性

基于其定义，陈新仁(2018c:29-31；Chen 2022)认为语用身份具有以下基本属性：(1) 交际依赖性：它随着言语交际的产生而出现，也随着言语交际的结束而消失；(2) 话语建构性：语用身份主要通过话语实现、呈现或建构。当然，有时非语言模态也配合话语建构语用身份；(3) 动态选择性：交际者会依据当前的交际语境、交际事件、交际目的或交际需求、交际对象等选择、建构或调整语用身份，甚至会与对方就语用身份进行磋商；(4) 交互磋商性：语用身份不一定由交际一方确定,有时需要与对方进行磋商,磋商的结果可能是达成一致,也可能产生分歧,还可能发生对立;(5) 交际资源性或效用性:在交际中,某个语用身份一旦呈现,依附于它的各种资源(如权力、地位、资源配置等)会给该语用身份的拥有者带来价值增值。这也是交际者常调用对自己有利的语用身份以达到特定交际目标的缘故;(6) 策略性:为了(更好地)实现交际目标,交际者对语用身份的选择具有策略性,这是语用身份资源性的体现。

在以上属性中,陈新仁特别强调了语用身份的动态选择性——共时动态性与历时动态性。他分别阐述了说话人与听话人选择语用身份时的动态特征(2018c:64-93)。从说话人一方来看,语用身份的选择主要有以下特征:(1) 只要开口说话就必须选择身份;(2) 说话人对选择身份的意识或高或低;(3) 说话人说话时既选择了自我的身份,同时也给听话人选择了身份;说话人也可能为与交际有关的第三方选择身份;(4) 所选择的语用身份受交际需求的驱动,也会影响交际效果,促进或阻碍交际目标的实现;(5) 语用身份的选择会体现为相应的话语选择,有时伴有非言语手段。从听话人一方来看,语用身份的选择主要有以下特征:(1) 听话人在理解特定话语时会选择身份,也可对说话人为自己选择的身份表示认同、加以拒绝、做出修正等;(2) 如果听话人采用的语用身份与说话人为之选择的语用身份不一致,会产生人际误会甚至冲突。

基于以上观点,陈新仁提出了制约交际者身份选择的假设——身份准则(2018c:74),并认为这个准则可以补充 Grice(1975)提出的合作原则四准则(Chen 2022:6)。该准则的内容是:采用与当前交际情景相适合的语用身份进行交际。这个准则既可以遵循,也可以有意或无意地违反;违反它所引发的交际效果可能是积极的,也可能是消极的。

在语用身份的属性中,语用身份的资源性构成了语用身份论的重要内容。具体来说:语用身份既是话语分析者又是交际参与者的资源,包括解读资源、施为资源、人际资源、阐释资源与评价资源。说它是解读资源,是因为语用身份作为一种语境因素,影响着话语意义尤其是其中词汇意义等的解读(陈新仁 2018c:94－100)。说它是施为资源,是因为与语用身份相对应的社会身份,与一定的行为规范、权利与义务、行为影响或行为效果等联系在一起(2018c:118－121)。交际者依据语用平衡原则调用语用身份,从而满足相应的交际需求或达到具体的交际目标。说它是人际资源,是因为与之相对应的社会身份具有心理认同属性(陈新仁 2018c:152－153),能体现人际认同、传达人际意义。说它是阐释资源,是因为它可供分析者从外部解释特定话语特征的成因。说它是评价资源,是因为在特定语境下语用身份的选择具有合适性、得体性、合法性等(陈新仁 2018c:192)。

4.1.3　语用身份的话语分析框架

陈新仁(2018c:35－57)指出,交际者在交际中建构的身份主要是通过话语实现的。当然,非言语手段如手势、表情、服饰等有时也起到一定的辅助作用。交际者建构语用身份的言语手段亦即语用身份建构的话语实践。陈新仁(2018c:35－57)总结了与语用身份相关的话语实践类型,提出了话语实践的分析框架,这个框架主要包括两个层面:宏观层面,即语码、语体、语篇特征、话语内容、话语方式等的选择;微观层面,即言语行为、称呼语、语法、词汇或短语、语音特征等的选择。除了宏观与微观两个层面外,由于非语言模态有时也参与建构语用身份,分析话语的语用身份时可适当参考交际者的手势、眼神、面部表情等副语言特征。该框架使得全面、具体地分析语用身份成为可能。

以上宏观层面与微观层面的语用身份分析框架在 Chen(2022:

57－84)中改进为五个域(domain)中的身份选择,即指称域(address and referential domain)、言外行为域(illocutionary domain)、文体域(stylistic domain)、参与域(participation domain)、非言语域(non-verbal domain)。Chen(2022:218)指出,说话人在多个域中同时选择身份也是可能的。

4.1.4　语用身份的研究路径

陈新仁(2018c:9－12)指出了研究语用身份的五条路径:(1)将交际者选择、建构的身份视为解读资源,从身份角度解读话语的意义。(2)将交际者选择、建构的身份视为施为资源或行事资源,考察交际者如何通过建构特定身份达到具体的交际目标。(3)将交际者选择、建构的身份视为体现认同取向的人际资源,探究交际者如何选择、建构特定的身份以达到亲近或疏远交际对方的目的。(4)将交际者选择、建构的身份视为阐释资源,用来解释特定话语特征的形成原因。(5)将交际者选择、建构的身份视为评价资源,考察特定交际情景中的话语是否具有适切性、得体性、正当性等。

语用身份论引起了广泛的兴趣与讨论,如蒋庆胜(2019)对这五种研究路径进行了阐释,也介绍了该理论的缘起、依据及主张。崔中良、王慧莉(2019)也对语用身份论进行了剖析。

在后来的研究中,陈新仁(2020;Chen 2022:10－14)进一步剖析了身份概念,完善了身份研究的分析框架,厘清身份概念所蕴含的九种意义或维度,即身份作为属性、归属、认同、角色、行动者、地位、立场、形象、个性的意义,展示了不同类型、不同取向的身份工作所带来的(不)礼貌评价。

语用身份论的要旨浸润在本研究的各个部分。从宏观来看,本研究主要选取第二条与第三条研究路径,即探讨在特定话语类型中,交际者如何操作特定身份以达到交际目的。同时,本研究也与第一路径不无关系,将交际者操作的身份视为解读资源与人际资源。从微观来看,语用身份的定义及其所包含的三种情形、语用身份的话语建构性等都贯穿在本书的每个实例分析之中。总之,从本书宏观的分析框架到微观的实例分析,均以语用身份论为重要的理论基础。

4.2 礼貌理论

礼貌作为一种社会实践(social practice),不单单包含礼貌,还包含不礼貌(impoliteness)、虚假礼貌(mock politeness)、虚假不礼貌(mock impoliteness)、过度礼貌(overpoliteness)等。礼貌理论也是本研究重要的理论基础之一。

4.2.1 人际关系管理模式及其修补模式

Spencer-Oatey(2000;2002;2008)在第一波经典礼貌理论的基础上,从管理社会关系视角提出了人际关系管理模式,也称和谐管理模式或人际关系管理论。人际关系管理模式"融合了第一波和第二波礼貌理论的合理元素,仍然应该看作一种礼貌理论",其中的"礼貌"是广义的,涵盖(不)礼貌、无礼貌、非礼貌等各种情形(陈新仁 2018a;Chen 2022:143)。因此,该模式成为本研究的重要理论基础之一。以下介绍该模式中与本研究相关的两个主要内容以及陈新仁提出的修补模式。

一、人际关系管理模式中与本研究相关的两个主要部分

(一)人际关系管理的内容

人际关系管理主要包括三个相互联系的成分(Spencer-Oatey 2008:12-17):面子管理、社交权与义务管理、交际目标管理。

第一,面子管理。面子是人们的价值感、尊严感、荣誉感、身份感,与尊重、荣誉、地位、名声、能力等相关联,它表现在个体(individual)、集体(collective)和关系(relational)三个层面上。个体层面的面子是个人性格、外表、能力等方面的积极社会价值;集体层面的面子是个体所属群体的积极社会价值;关系层面的面子是个体与他人之间关系的积极社会价值。在人际交往中,任何一个层面的面子受到威胁,都会影响人际和谐(Spencer-Oatey 2008:13-15)。

第二,社交权与义务管理。社交权与义务管理反映了人们对公平、行为适切性等的关注,涉及对社会期待的管理。社会期待是一个人与他人交际时认为自己应有的基本社会权利。人们依据他们所认定的社交权和义务形成行为期待,如果所期待的行为没有出现,人际和谐就会受到影响。社交权可再分为两个方面:平等权(equity rights)与交往权(association rights)。前者指交际主体应得到公平对待,不被他人干预、控制、利用等,相当于 Brown & Levinson(1987)提出的消极面子;后者指交际主体享有与他人交往的权利,在交往中分享情感与兴趣、得到尊重等。

第三,交际目标管理。交际目标可以是人们交际时的具体任务,也可以是人们在交际中所要建立或维持的关系。前者是事务性目标(transactional goals),后者是关系性目标(relational goals),两者可以同时并存。如果交际目标没有达成,也会影响人际和谐。

与以上和谐管理的三大成分相应,三种行为会威胁到人际和谐,它们是:面子威胁行为(face-threatening behaviour)、社交权威胁或义务摒弃行为(rights-threatening/obligation-omission behaviour)、目标威胁行为(goal-threatening behaviour)(Spencer-Oatey 2008:17)。

(二)影响人际关系管理策略的因素

在人际关系管理模式中,影响人际关系管理策略的要素有三套(set of factors),和谐取向(rapport orientation)是其中一套

(Spencer-Oatey 2008：31 - 32)。和谐取向包括四种：第一种是和谐提升取向(rapport enhancement orientation)，即增进、加强或提升交际者之间和谐关系的愿望，如向孤独之人伸出友谊之手；第二种是和谐维护取向(rapport maintenance orientation)，即维持或保护交际者之间现有和谐关系的愿望，如选用恰当的称呼语和敬语；第三种是和谐忽视取向(rapport neglect orientation)，即对交际者之间关系的质量缺乏关注或兴趣，如在应付紧急情况时；第四种是和谐挑战取向(rapport challenge orientation)，即挑战、损坏或破坏交际者之间和谐关系的愿望，如对以往的冒犯进行报复。

二、人际关系管理新模式

Spencer-Oatey(2000,2002,2008)提出的人际关系管理模式优势诸多(Aoki 2010；冉永平 2012；Leech 2014：39 - 40；周凌、张邵杰 2015；陈新仁 2018a；杨文秀 2018：157)，但也并非尽善尽美。陈新仁(2018a；Chen 2022：147)对该模式进行了两个方面的补充：一是在三个和谐管理成分的基础上提出了两个新成分——利益(benefit)和情绪(emotion)，修补后的人际关系管理模式包含五个成分；二是在四个和谐取向的基础上增加一个——和谐伤害，修补后的人际关系管理模式因此包含五个和谐取向。经过修补后的人际关系管理模式更为完整，更具操作性。

除了以上修补，陈新仁(2018a；Chen 2022：147)还将和谐管理的成分与(不)礼貌评价结合起来，指出了听话人在特定语境中基于社会秩序(或道德秩序)对说话人的关系管理所进行的(不)礼貌评价：(1) 尽可能提升面子——礼貌；尽可能贬抑面子——不礼貌；(2) 尽可能给予利益——礼貌；尽可能剥夺利益——不礼貌；(3) 尽可能赋予社会权利——礼貌；尽可能强调社会义务——不礼貌；(4) 尽可能照顾对方情绪——礼貌；尽可能恶化对方情绪——不礼貌；(5) 尽可能推进(对方或彼此的)交际目标——礼貌；尽可能妨碍(对方或彼此的)交际目标——不礼貌。他将这些成分的管理分为两类:积极管理(即尽可能地满足对方这些方面的需求)与消极管理(即尽可能地妨碍对方这些需求的满足),而且"不排斥交际者同时在两个及以上维度进行管理"。此外,Chen(2022:150-160)还论述了身份工作与关系管理的五大成分——面子、利益、权利与义务、情绪、交际目标之间的动态关联。总之,修补后的人际关系管理模式明确将关系管理的五个成分与(不)礼貌评价结合在一起,具有更强的操作性,故成为本研究的理论基础之一。

不过,修补后的人际关系管理新模式也未必完美无缺。从以上五个方面不难看出:其一,第1—3条没有明确指出对象,如"提升面子",具体来说是提升谁的面子? 如果是提升听话人的面子,听话人一般会评价为礼貌;如果是提升说话人自我的面子,听话人一般会评价为不礼貌。对于"贬抑面子"来说,情形则相反。同样,"给予利益"是否礼貌也取决于对象:给予听话人利益一般会被听话人评价为礼貌,而给予说话人自身利益一般会被听话人评价为不礼貌。对于"剥夺利益"来说,情形则相反。同样,"社会权利"也需要厘清对象。其二,第4条明确包含了"对方",不存在模棱两可的情况,但忽视了一种情形:如果说话人照顾的是自己的情绪或者恶化的是自我的情绪,将得到怎样的评价呢? 可见,此处似乎也只说明了问题的一半,另一半尚未涉及。其三,在第5条"交际目标"这个成分中,对象是明确的,包含了"对方和彼此"。但这里似乎需要区分两种情况:如果交际双方有着共同的交际目标,则"推进彼此的交际目标"一般会被评价为礼貌,"妨碍彼此的交际目标"一般会被评价为不礼貌。如果交际双方的交际目标存在冲突,则"推进对方的交际目标"一般会被评价为礼貌,"妨碍对方的交际目标"一般会被评价为不礼貌;"推进自我的交际目标"一般会被评价为不礼貌,"妨碍自我的交际目标"一般会被评价为礼貌。由此可见,第5条虽然指出了对象,但似乎遗漏了在交际双方交际目的冲突的情况下,因对象不同而产生的(不)礼貌评价也不同。

可见,人际关系管理的五个成分与交际双方结合时将得出不同的(不)礼貌评价。鉴于此,本研究在陈新仁(2018a;Chen 2022)人际关系管理新模式的基础上提出听话人使用的两套(不)礼貌评价原则。

第一套是与听话人或对方结合时的评价原则:(1)尽可能提升对方的面子——礼貌;尽可能贬抑对方的面子——不礼貌;(2)尽可能给予对方利益——礼貌;尽可能剥夺对方利益——不礼貌;(3)尽可能赋予对方社会权利——礼貌;尽可能强调对方社会义务——不礼貌;(4)尽可能照顾对方情绪——礼貌;尽可能恶化对方情绪——不礼貌;(5)在交际双方交际目标一致时,尽可能推进彼此的交际目标——礼貌;尽可能妨碍彼此的交际目标——不礼貌;在交际双方交际目的冲突时,尽可能推进对方交际目标——礼貌;尽可能妨碍对方的交际目标——不礼貌。

听话人进行(不)礼貌评价的第二套原则是关系管理的五个成分与说话人或自我结合时的评价原则:(1)尽可能提升自我的面子——不礼貌;尽可能贬抑自我的面子——礼貌;(2)尽可能给予自我利益——不礼貌;尽可能减损自我利益——礼貌;(3)尽可能赋予自我的社会权利——不礼貌;尽可能强调自我的社会义务——礼貌;(4)尽可能照顾自我的情绪——不礼貌;尽可能压抑自我的情绪——礼貌;(5)在交际双方交际目标一致时,尽可能推进彼此的交际目标——礼貌;尽可能妨碍彼此的交际目标——不礼貌;在交际双方交际目的冲突时,尽可能推进自我的交际目标——不礼貌;尽可能妨碍自我的交际目标——礼貌。

可见,细化后的人际关系管理新模式将关系管理的五个成分与交际双方分别结合,产生了两套更为具体的(不)礼貌评价原则。这两套原则成为本研究的理论基础之一。

4.2.2 虚假(不)礼貌说

如4.2开头所述,礼貌理论涵盖(不)礼貌、虚假(不)礼貌、过度礼貌等,而本研究的语料与虚假(不)礼貌密切相关,故本部分介绍现有的虚假(不)礼貌说。

虚假礼貌说在第一波礼貌研究中初露端倪,第一个做出重要贡献的学者是 Leech(1983)。Leech(1983:82)曾将虚假礼貌等同于反讽(irony),他提出的反讽原则是:如果不得不冒犯听话人,至少可以不公开地违反礼貌原则,而是让听话人间接地从话语中推理出冒犯之含意。后来 Leech(2014:232)又将反讽称为讽刺(sarcasm)或言语反讽(conversational irony)。Leech(2014:233)通过划分意义Ⅰ与意义Ⅱ界定了虚假礼貌,前者指对听话人有利或对说话人不利的意义,后者则相反。他认为:说话人表达意义Ⅰ;同时通过意义Ⅰ和语境更为间接地暗示意义Ⅱ;于是抵消了意义Ⅰ。Leech(2014:237-238)还指出了虚假礼貌的两个触发机制——低调陈述(understatement)和态度冲突(attitude clash)。

Brown & Levinson(1978/1987)在面子论中提出了隐性礼貌策略(off-record politeness strategy),即交际者为了降低面子威胁程度而隐蔽地实施面子威胁行为的一系列策略。虽然它们是面子论的重要组成部分,但遗憾的是并未引起学界足够的重视(杨文秀2018:23-24)。从本质上看,隐性礼貌策略也触及了虚假礼貌。Culpepper(1996)将 Leech 提出的反讽看作虚假礼貌,也认为 Brown & Levinson(1987)面子论中的隐性礼貌策略与虚假礼貌异曲同工,并认为虚假礼貌本质上是一种面子威胁行为。

但是,Taylor(2015;2016a;2016b)认为虚假礼貌与反讽、嘲讽并不完全相同,三者只是部分重合。Taylor(2015;2016b)发现"不

匹配"是虚假礼貌的主要特征,认为虚假礼貌产生于话语"存在礼貌
与不礼貌之间的不匹配,且这种不匹配导致不礼貌含意之时"。
Haugh(2015:4)也持类似观点,认为当表面"礼貌"(即在其他场合与
礼貌态度相关联)的(非)语言形式或实践,在具体的情景中隐含着
对听话人的消极评价或不礼貌态度时,便产生了虚假礼貌。而虚假
不礼貌与虚假礼貌恰恰相反,是当礼貌与不礼貌并存但未产生不礼
貌含意时出现的玩笑(banter)。

在本书的语料中,隐性冲突话语包含着以上学者界定的三类虚假
礼貌话语:第一类是包含反讽的话语,符合 Leech(1983:82;2014:233)
对虚假礼貌的定义。第二类话语所实施的言语行为如请求、拒绝等是
不礼貌的,但说话人采取了各种策略隐蔽地实施这类言语行为。它们
符合 Brown & Levinson(1978/1987)在面子论中提出的隐性礼貌策
略。第三类存在礼貌与不礼貌之间不匹配、隐含或导致不礼貌的话
语,符合 Taylor(2015;2016b)以及 Haugh(2015:4)对虚假礼貌的定义。
本书综合前人的观点,将这三类都视为虚假礼貌。因为(不)礼貌是态
度也是评价,故虚假礼貌也一样,既是态度也是评价。

综上所述,本研究的理论基础是语用身份论以及礼貌理论,后
者包括陈新仁的人际关系管理新模式、本研究在此基础上提出的
(不)礼貌评价原则以及虚假礼貌说。这些都将在第 5 章分析交际
需求驱动了怎样的身份特征、取得了怎样的效果时加以应用。

4.3　本研究的分析框架

如本书 1.3 部分所言,本研究的目标是:探讨在《红楼梦》的隐
性冲突话语中,不同的交际需求如何影响交际者操作语用身份的方
式、对象和类型;观察这些语用身份操作取得了怎样的效果;在此基

础上得出相关结论;并分析这些结论对现有相关理论有何启示。本小节围绕本书的研究目标搭建分析框架。

4.3.1　语用身份论

语用身份论中对语用身份的定义、属性、话语实践类型、研究路径等方面的论述,无一不贯穿在本研究之中。第一,本书所探讨的身份操作基于语用身份的属性之一:话语建构性,亦即语用身份通过话语建构这个观点。第二,从宏观上看,语用身份论中交际需求驱动身份选择这一观点为本研究的分析框架勾勒出纵轴。本研究按照语用身份论中对交际需求的分类,探讨不同交际需求驱动下的身份特征,并分析身份操作与交际效果之间的联系,从纵向体现了语用身份论的观点。第三,从微观看,语用身份的定义、语用身份论中的话语实践类型为本书的分析提供了血肉。言语行为、称呼语、词汇或短语等都为语料分析提供了依据。此外,语用身份的资源性、策略性等也都浸润在每个具体实例分析之中,充实丰富了语料分析。

4.3.2　礼貌理论

本书所运用的礼貌理论,包括 Spencer-Oatey(2000;2002;2008)提出的人际关系管理模式以及陈新仁(2018a)、Chen(2022:147)修补该模式之后提出的新模型。在此基础上,本研究进一步细化了陈新仁(2018a;Chen 2022)的新模型,从听话人与说话人两个角度提出了两套(不)礼貌评价原则。

从横向看,首先,礼貌理论为交际者为何要隐蔽地实现自己的交际目的提供了解释。其次,礼貌为身份评价提供了依据,因而在某种程度上为身份操作所取得的效果提供了理据。简言之,礼貌理论为本研究的分析框架提供了横轴。

除了用以上理论构建本书的分析框架,本研究还通过分析语用身份操作及其所产生的效果,为以上两个理论提供启示,充实甚至在某些方面补充现有理论。

4.3.3　本研究的分析框架

本研究的分析框架如图 4-1 所示:

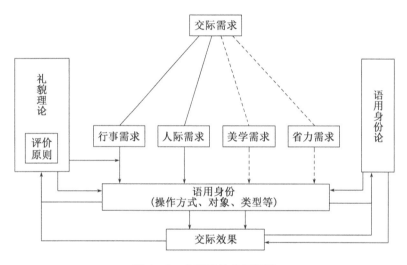

图 4-1　本研究的分析框架

从图 4-1 中不难看出:

第一,语用身份论中交际需求驱动身份选择的观点,构成了分析框架的纵向主体部分。交际需求主要分为四类,即行事需求、人际需求、美学需求、省力需求,它们驱动着语用身份操作。不过,在《红楼梦》的隐性冲突话语中,未发现美学需求与省力需求驱动的话轮,因而与这两种需求相关的连接使用虚线表示。但这两种需求理论上是存在的,只不过在本研究中缺乏语料而已。

第二,语用身份论中关于身份的定义、属性、话语实践类型等观点都融汇在分析语用身份操作的每个实例之中。

　　第三,语用身份操作影响着交际效果。

　　第四,语用身份与交际效果分析反过来对语用身份论产生一定启示作用。

　　第五,礼貌理论(包含两套评价原则)影响着交际者对交际需求的评价,也影响着交际者操作语用身份的方式,还影响着对身份操作的评价。这些形成了分析框架的横向主体部分。

　　第六,语用身份与交际效果分析反过来也对礼貌理论(包含两套评价原则)产生一定启示作用。

　　总而言之,本研究的分析框架由语用身份论支撑的纵轴、礼貌理论支撑的横轴构成。同时,基于理论的分析又反过来充实、补充现有的语用身份论及礼貌理论。

第 5 章 不同交际需求驱动下的
语用身份特征

本章按照 4.3 部分的分析框架,讨论在《红楼梦》的隐性冲突话语中,交际者在不同的交际需求驱动下,如何操作语用身份以及取得了怎样的效果。本书的 3.4 部分介绍了本研究的语料所涉及的交际需求,主要有三类:行事需求、人际需求、人际需求＋行事需求。以下探讨交际者在这三类交际需求的驱动下,在操作语用身份的方式、身份的对象①、身份的类型方面所呈现的特征,本书将此统称为语用身份特征。

5.1 行事需求驱动下的语用身份特征

本部分讨论交际者在行事需求的驱动下以何种方式、操作谁的、什么类型的语用身份,即探讨行事需求驱动下的语用身份特征。3.4 中已述,行事需求主要涉及交际者用言语做事,如用言语表达请

---

① "身份的对象"与后文中"身份的主体"或"身份主体"字面上不同,在同一个话轮中的所指却是相同的。当强调身份操作的过程时,本书用"身份的对象";当不强调操作过程时,本书用"身份的主体"。

求、拒绝、责备等。本研究的语料显示,在《红楼梦》的隐性冲突话语中,交际者的行事需求包含以下九类:(1) 请求;(2) 拒绝;(3) 责备;(4) 嘲讽;(5) 否定、反击/反驳;(6) 劝说与劝阻;①(7) 警告;(8) 指令;(9) 解释。它们共驱动了 64 个话轮。九类行事需求所驱动的话轮数如表 5-1 所示:

表 5-1 九类行事需求驱动的话轮数

请求	拒绝	责备	嘲讽	否定、反击/反驳	劝说+劝阻	警告	指令	解释	合计
9	15	12	13	10	2	1	1	1	64

以下分别讨论在这九类行事需求驱动下,隐性冲突话语中的交际者操作语用身份时在方式、对象、类型方面所呈现的特征。

5.1.1 请求

在人际交往中,说话人向听话人发出请求常常会威胁后者的平等权。不仅如此,说话人如果发出物质方面的请求(如借钱借物等)时,还会有损于听话人的利益。依据本书 4.2.1 部分讨论的、陈新仁提出的言语交际者关系管理新模式及本书在此基础上提出的(不)礼貌评价原则,请求这个言语行为常威胁到听话人的平等权与利益两个成分,因而常导致不礼貌评价。或许正因如此,说话人在特定语境中会隐蔽地发出请求。

在本研究的语料中,请求共驱动了 9 个话轮,包括请求借钱赊物(3 个话轮)、请求留在贾府当差(2 个话轮)、请求领取物品(1 个话轮)、请求引路(1 个话轮)、请求进贾府学堂(1 个话轮)、请求帮忙解决纠纷(1 个话轮)。下文分析在请求的驱动下,交际者的语用身份操作表现出的特征。

---

① 之所以把劝说与劝阻归于一类,是因为它们有时难以区分。

一、建构或凸显自我(一方)的弱势身份、消极身份、受损者身份。

(一)建构或凸显自我(一方)的弱势身份涉及 6 个话轮、消极身份涉及 1 个话轮、受损者身份涉及 1 个话轮。[①] 这类身份操作共涉及 8 个话轮,成为隐蔽请求驱动下最为典型的身份特征。以下即为一例:

例(22)

背景:贾雨村欲进京赶考,但身无分文只能寄居于葫芦庙,靠卖字撰文挣盘缠。甄士隐欣赏他的才华,故在中秋时节邀他饮酒。贾雨村便借机隐蔽地向甄士隐求助。

01 雨村因干过,叹道:"非晚生酒后狂言,<u>若论时尚之学,晚生也或可去充数沽名</u>。只是目今行囊路费一概无措,神京路远,非赖卖字撰文即能到者。"

02 士隐不待说完,便道:"兄何不早言。愚每有此心,但每遇兄时,兄并未谈及,愚故未敢唐突。今既及此,愚虽不才,'义利'二字却还识得。且喜明岁正当大比,兄宜作速入都,春闱一战,方不负兄之所学也。其盘费余事,弟自代为处置,亦不枉兄之谬识矣!"

当下即命小童进去,速封五十两白银,并两套冬衣。(第一回)

在上例中,01 的说话人没有公开说出"借钱"一类的话语,但通过谦逊地讲述自己在有一定竞争力的情况下却无法进京赶考的窘迫现状,向对方暗示了自己借钱的请求,故上例成为隐性冲突话语。

---

① 本书的 1.5 部分已有说明:在统计话轮时,同一个话轮因操作了不同对象或不同类型的身份可能反复计算。因此,话轮与身份对象、身份类型之间并不存在一一对应的关系。鉴于此,本研究统计具有某个身份特征的话轮,即某身份特征所涉及的话轮数。

　　为了请求借钱,01 的说话人先用"晚生"自称,用陈述不足
(understatement)"充数沽名"谦逊地为自我建构了有一定实力参加
科考的书生身份;同时又通过讲述自己"行囊路费一概无措……非
赖卖字撰文即能到者"为自己建构了想进京赶考却无路费的贫困书
生身份,在此为弱势身份,贬损了说话人自我的面子。依据 4.2.1
中的(不)礼貌评价原则,评价为礼貌。从另一方面来看,听话人可
以把这些话看成酒桌上的闲聊、倾诉甚至抱怨,也可以理解为隐蔽
地求借。因此,与公开求借相比,01 话轮给予了听话人选择的权利,
从而降低了对听话人平等权的威胁,也可以说降低了不礼貌程度。

　　从交际效果来看,01 话轮为自我建构的弱势身份产生了立竿见
影的效果:听话人"当下即命小童进去,速封五十两白银,并两套冬
衣"。值得注意的是,甄士隐早有借钱给他之"心",但在贾雨村没有
建构自我弱势身份的前提下不敢"唐突"地主动施借。这说明:
(1)建构自我的弱势身份有损自我的面子,对于爱面子的书生来说
尤其如此。(2)在一方没有求借时另一方主动施借,对于前者来说
是有伤面子的。从这个角度来看,施借者若要不伤害听话人面子,
最好等到求借者建构自我需要帮助者的身份时。(3)求借能否顺利
成功,一方面取决于求借者的话语及话语所操作的语用身份,另一
方面取决于被求者的意愿。在此例中,说话人操作了自我的弱势身
份;而听话人早有"此心",于是双方一拍即合。

　　在有些语境下,说话人不仅建构自我的弱势身份,还建构自我
一方的弱势身份。如在 3.3.6 的例(21)中,刘姥姥在请求借钱的行
事需求驱动下,在 01 中对听话人王熙凤提及不在场的第三方——
板儿的"老子娘",建构了他们饥寒交迫的穷苦人身份,在当下语境
中为弱势身份。由于刘姥姥与他们生活在一起,这实际上是建构了
自我一家或自我一方的弱势身份。

　　在请求这个交际需求的驱动下,说话人不仅建构自我(一方)的

弱势身份,有时还凸显自我的弱势身份,如在 3.3.5 部分出现过的
例(20)中:

背景:贾芸是贾府的一个远房亲戚,他想在开香料铺的舅舅卜
世仁手里赊点香料送给王熙凤,以求在贾府谋份差事。为此目的,
他来到舅舅家。

01 贾芸道:"有件事求舅舅帮衬帮衬。我有一件事,用些冰片
麝香使用,好歹舅舅每样赊四两给我,八月里按数送了银
子来。"

02 卜世仁冷笑道:"再休提赊欠一事。前儿也是我们铺子里一
个伙计,替他的亲戚赊了几两银子的货,至今总未还
上……"

03 贾芸笑道:"舅舅说的倒干净。① 我父亲没的时候,我年纪
又小,不知事。后来听见我母亲说,都还亏舅舅们在我们家
出主意,料理的丧事。② 难道舅舅就不知道的,还是有一亩
地两间房子,如今在我手里花了不成?巧媳妇做不出没米
的粥来,叫我怎么样呢?③ 还亏是我呢,要是别个,死皮赖
脸三日两头儿来缠着舅舅,要三升米二升豆子的,舅舅也就
没有法呢。"

04 卜世仁道:"我的儿,舅舅要有,还不是该的。我天天和你舅
母说,只愁你没算计儿……"
贾芸听他韶刀的不堪,便起身告辞。(第二十四回)

在上例中,01 的说话人贾芸用"求""赊"字公开请求赊欠物品,
02 拒绝。但贾芸并没有立即放弃,而是继续请求。03 是说话人在
再次请求赊欠物品的交际需求驱动下所说的话语,其画线部分可分
为三个小部分:①提及自己父亲过世时的窘迫家境,也提及了听话

人当时的帮助,凸显了自我穷孩子的身份。在此为弱势身份。②部分继续讲述自己的贫穷家世,也凸显了自我打小到现在的穷孩子身份。在此也为弱势身份。它们虽贬抑了自我的面子,但有利于请求赊欠,是有利身份。03取得的效果是舅舅在04中的口气软和了许多,虽然还是拒绝,但称呼贾芸为"我的儿"。

在请求这个行事需求的驱动下,说话人不仅建构或凸显自我(一方)的弱势身份,还在有些语境中建构自我的受损者身份或消极身份。如在3.3.4中出现的例(19)中:

背景:丫鬟春燕的母亲(以下对话中的"那婆子")在宝玉面前打骂女儿和欺负其他丫鬟,宝玉就让袭人和晴雯将她撵出去。可她不愿出去,便请求继续留在贾府干活。

01 那婆子听如此说,自不舍得出去,便又泪流满面,央告袭人等说:"① 好容易我进来了,况且我是寡妇,家里没人,正好一心无挂的在里头服侍姑娘们。② 姑娘们也便宜,③ 我家里也省些撧过。④ 我这一去,又要去自己生火过活,将来不免又没了过活。"

02 袭人见他如此,早又心软了,便说:"你既要在这里,又不守规矩,又不听说,又乱打人。那里弄你这个不晓事的来,天天斗口,也叫人笑话,失了体统。"

03 晴雯道:"理他呢,打发去了是正经。谁和他去对嘴对舌的。"

04 那婆子又央众人道:"① 我虽错了,姑娘们吩咐了,我以后改过。② 姑娘们那不是行好积德。"……
宝玉见如此可怜,只得留下,吩咐他不可再闹。那婆子走来一一的谢过了下去。(第五十九回)

　　为了能继续留在贾府干活,"那婆子"在 01 中隐蔽地发出了请求。01 可分为四个小部分:①部分为自我建构了穷寡妇的身份,在此为弱势身份,贬损了自我的面子;其中的"服侍"一词有"伺候"之意,建构了自我的下人身份,亦即弱势身份,也贬抑了自我的面子,同时提升了听话人面子。④部分为自我虚构出了贾府后"没了过活"的穷人身份,在此为受损者身份。在没有得到期待的结果后,"那婆子"在 04 中继续隐蔽请求。04 话轮可分为两个部分,其中的①部分通过"我虽错了"为自我建构了犯错者的身份,在此为消极身份,"吩咐"意为"口头指派或命令;嘱咐"(《现代汉语词典》第 7 版,2016:384)。陈新仁(2018c:96)提及"嘱咐"是一个身份指示语(identity-indexing words),建构了听话人的强势身份、上级身份。此处的"吩咐"与其类似。"吩咐"也与 01 话轮中的"服侍"类似,为自我建构了下人身份,亦即弱势身份;为对方建构上级身份、强势身份。交际双方身份的操作使宝玉觉得她"可怜",最后"只得留下"她。最后,请求者达到了她所期待的交际目的。

二、建构自我的积极身份、受益者身份

　　建构自我的积极身份涉及 3 个话轮,受益者身份涉及 1 个话轮,共涉及 4 个话轮。

　　在以上例(19)中,"那婆子"在 01 话轮的①部分为自我建构了能"一心无挂"在贾府"服侍"听话人的婆子这一身份,在此为积极身份。01 话轮中的③部分为自我建构了在贾府当差就能"省些撒过"的婆子这一身份,在此为受益者身份。在 04 话轮的①部分,说话人为自我建构了知错愿改者的身份,在此为积极身份。又如,在上文例(20)中,贾芸面对舅舅在 02 中的断然拒绝,在 03 话轮中继续求借,其中的③部分虚构了一个"死皮赖脸"的求借者,即虚构了第三方的消极身份。通过此人与自己形成对比,为自己建构了有尊严的求借者这一身份,在此为积极身份。这些为自我建构的积极身份提升了自我的面子。按照本书4.2.1部分的(不)礼貌评价原则,提升自我的面子会带来不礼貌评价。在此二例中,它提高了对对方的强加程度。但是,这些身份相对于交际需求来说,是有利身份。

三、建构或凸显听话人的强势身份、积极身份、受益者身份

建构或凸显听话人的强势身份涉及2个话轮、积极身份涉及2个话轮、受益者身份涉及1个话轮,共涉及5个话轮。

为了让请求达到预期的目的,说话人除了为自我(一方)操作身份,还为对方即听话人建构或凸显强势身份、积极身份、受益者身份等。如在以上例(19)中,"那婆子"在01话轮中通过"服侍"、在04中通过"吩咐"为听话人建构了强势身份、上级身份。在后面5.3.5部分出现的例(50)中,晴雯讽刺袭人时曾说:"连个姑娘还没挣上去呢,也不过和我似的……"可见,晴雯和袭人都不够资格被称呼为"姑娘",而例(19)的01、04中"那婆子"却对袭人和晴雯4次称"姑娘们",均有抬高听话人之意,可见她虚构了听话人的强势身份、上级身份。另一方面,在例(19)的01中,"那婆子"通过"姑娘们也便宜"为听话人建构了受益者身份。说话人似乎感到这些还不足以实现自己的交际需求,便在04的②部分诉诸道德,借助道德的力量为听话人建构了德行好的姑娘这一身份,在此为积极身份。按照本书4.2.1部分的(不)礼貌评价原则,这些为听话人建构或虚构的强势身份、积极身份、受益者身份都会带来礼貌评价。由于操作了交际双方的多种身份,"那婆子"最终被留了下来,她的请求成功地达到了她所期待的效果。

不过,并非每次为对方建构这类身份时都能成功地满足交际需求。如在以上例(20)中03话轮的①部分,贾芸为听话人舅舅建构了曾经帮助料理过贾芸父亲后事的人这一身份,当下为积极身份。遗憾的是,贾芸并没有像"那婆子"一样达到自己的交际目的。但是,他的身份操作也不是毫无效果:舅舅在04中改变了态度,不再

像在 02 中那样强硬,而是称呼他为"我的儿",在情感上拉近了两人的距离,并对贾芸表示同情。虽然舅舅最终没有满足贾芸的请求,但其态度前后截然不同:从断然拒绝到情感上主动靠近。由此可见,建构对方的积极身份等有时虽不能满足交际需求,但可能带来听话人态度上的改变。

四、虚构听话人的弱势身份

虚构听话人的弱势身份涉及 1 个话轮。为了使请求达到预期的交际目的,说话人还为听话人虚构弱势身份,这种身份操作会贬抑其面子。依据本书 4.2.1 部分的(不)礼貌评价原则,贬抑对方的面子会产生不礼貌评价。但说话人在请求遭到听话人拒绝后,有时会孤注一掷,虚构听话人的弱势身份。如在 3.1.2 部分出现过的例(10)中:

背景:王熙凤因故晚上寄居于馒头庵,庵里的老尼(04 话轮中的"静虚")趁机为张大财主女儿的婚事纠纷请求王熙凤帮忙。老尼对她讲了张家的情况后,王熙凤先是公开拒绝。

01 凤姐听了笑道:"这事倒不大,只是太太再不管这样的事。"

02 老尼道:"太太不管,奶奶也可以主张了。"

03 凤姐听说笑道:"我也不等银子使,也不做这样的事。"

04 净虚听了,打去妄想,半晌叹道:"虽如此说,张家已知我来求府里,如今不管这事,<u>张家不知道没工夫管这事,不希罕他的谢礼,倒像府里连这点子手段也没有的一般</u>。"

05 凤姐听了这话,便发了兴头,说道:"……你叫他拿三千银子来,我就替他出这口气。……"
　　老尼听说,喜不自禁……一路话奉承的凤姐越发受用,也不顾劳乏,更攀谈起来。(第十五回)

在上段对话发生之前,老尼已经公开请求,但被王熙凤在 01 中用含有否定词的"不管"、在 03 中用含有否定词的"不做"公开拒绝了。此后,老尼在 04 的画线部分采用激将法,以说张家可能认为贾府没有能力管这事来刺激王熙凤,以达到请求其帮忙的目的。故此段为隐性冲突话语。

老尼是带着请求贾府帮忙的目的来找王熙凤的。在遭到 01、03 两个话轮的公开拒绝之后,老尼便在 04 中为对方虚构了无能为力者这一身份,在此为弱势身份。说话人知道这贬抑了对方的面子,会带来不礼貌评价,便在 04 的画线部分通过三种方式降低不礼貌程度:一是用第三方"张家"替代自己成为身份的操作者,即通过第三方"张家"之口操作身份;二是没有直接为王熙凤虚构弱势身份,而是为"府里"即贾府这个集体虚构弱势身份;三是使用模糊词"倒像"表示这个身份不一定真实,可能是虚假身份,或是虚构的身份。这三种方式结合起来,就是通过张家之口虚构听话人王熙凤所属集体的弱势身份,从而暗示王熙凤的弱势身份,为的是降低不礼貌程度。值得注意的是,此类身份操作并非在对话一开始时就使用,而是被王熙凤在 01、03 中两次拒绝之后不得已才使用的。换言之,在公开请求无法满足交际需求后,由于老尼深知王熙凤争强好胜的性格,便借第三方之口虚构了她所属集体的弱势身份,迫使王熙凤最终接受了她的请求。这种身份操作带来了其他身份操作无法带来的效果。

五、建构交际双方的关系身份

建构交际双方的关系身份涉及 2 个话轮。说话人在隐蔽请求时,除了操作自我和听话人的身份外,在特定语境中还操作交际双方的关系身份。如在 3.3.6 中出现过的例(21)中:

背景:刘姥姥是贾府里王夫人的远房亲戚。在冬天来临、一家老小生活无着落的情况下刘姥姥来贾府,期待能借到一家老小的保命钱。贾府的仆人周瑞家的带她去见王熙凤。

01 这里刘姥姥心神方定,(对王熙凤)才又说道:"① 今日我带
了你侄儿来,也不为别的,只因他老子娘在家里,连吃的都
没有。如今天又冷了,越想没个派头儿,只得带了你侄儿奔
了你老来。"说着又推板儿道:② "你那爹在家怎么教你来?
打发咱们作煞事来? 只顾吃果子咧。"……

02 王熙凤:"……如今家内杂事太烦……外头看着虽是烈烈轰
轰的,殊不知大有大的艰难去处,说与人也未必信罢。今儿
你既老远的来了,又是头一次见我张口,怎好叫你空回去
呢。可巧昨儿太太给我的丫头们做衣裳的二十两银子,我
还没动呢,你若不嫌少,就暂且先拿了去罢。"那刘姥姥先听
见告艰难,只当是没有,心里便突突的;后来听见给他二十
两,喜的又浑身发痒起来……

03 刘姥姥只管千恩万谢的,拿了银子钱,随了周瑞家的来至外
面。周瑞家的道:"我的娘啊! 你见了他怎么倒不会说了?
开口就是'你侄儿'。我说句不怕你恼的话,便是亲侄儿,也
要说和软些。蓉大爷才是他的正经侄儿呢,他怎么又跑出
这么一个侄儿来了。"

04 刘姥姥笑道:"我的嫂子,我见了他,心眼儿里爱还爱不过
来,那里还说的上话来呢。"(第六回)

　　在上例中,刘姥姥除了建构自我一家饥寒交迫的穷人身份,还
在01话轮的①部分用"你侄儿"建构了听话人王熙凤与在场的第三
方板儿之间的亲属关系身份①。虽然按辈分刘姥姥的外甥板儿可算

---

　　① 在《红楼梦》中,刘姥姥的女儿嫁给了王狗儿,而王狗儿的爷爷做过小京官,与贾
府里王夫人的父亲相识。因都是姓王,又在一处做官,两家便连了宗。王夫人嫁入贾家,
使得王家和贾家有了亲家关系。按连宗时的辈分,王狗儿是王夫人的侄儿。因此,王狗儿
的儿子板儿就成了王熙凤的侄儿。

作王熙凤的侄儿,但两人并无血缘关系,且王熙凤并不知道有这么个穷"侄儿"。当得知刘姥姥来贾府时,她还专门派人去请示王夫人和贾母该如何打发刘姥姥,可见她与这个"侄儿"之间的人际距离并不亲近。而刘姥姥为了能借到钱,强行建构了自我一方与听话人一方的亲属关系身份,有增加请求力度之意。这证明了谢朝群等(2015:102)的观点:交际者会根据具体语境选择最有利于实现交际目的、给自己带来最大收益的关系身份。但是,当刘姥姥出来后,领她去见王熙凤的、当时也在场的第三方——周瑞家的在03话轮中评价刘姥姥"不会说"、说话不"和软";实际上是责备她强行、生硬、牵强地在两者之间拉上关系。由此可见,在请求这个交际需求的驱动下,如在不符合听话人意愿的情况下建构关系身份,会产生负面评价。

在有些语境中,说话人所建构的关系身份如果正符合听话人的心愿,不仅不会带来负面评价,而且会很快满足说话人的交际需求。如在下例中:

例(23)

背景:秦钟知道贾府里的私塾很好,想去就读,只是没机会表示。一天,他见了宝玉,两人互生好感,都想与对方结为好友。

01 宝玉只答应着,也无心在饮食上,只问秦钟近日家务等事。秦钟因说:"业师于去年病故,家父又年纪老迈,残疾在身,公务繁冗,因此尚未议及再延师一事,目下不过在家温习旧课而已。再读书一事,必须有一二知己为伴,时常大家讨论,才能进益。"

02 宝玉不待说完,便答道:"正是呢,我们却有个家塾。合族中有不能延师的,便可入塾读书,子弟们中亦有亲戚在内可以附读……"(第七回)

在上例中,宝玉问秦钟"近日家务等事";秦钟在 O1 中有意把话题引到读书上。他没有公开询问宝玉可否入其私学,而是以读书"必须有一二知己为伴……才能进益"为由,暗中请求听话人。故此段为隐性冲突话语。

为了能到贾府的"家塾"读书,上例 O1 中的画线部分隐蔽地表达了说话人的请求。其中的"知己"建构了说话人与听话人之间的关系身份,在此处为积极的关系身份。在宝玉本来就有意与之结为好友的情况下,O1 的隐性请求立即在 O2 中得到了应允。

值得一提的是,此例中秦钟的隐蔽请求与例(22)中贾雨村的隐蔽请求所取得的效果非常相似,都是在听话人本来就有意愿的基础上提出来的,所以请求很快得到了满足。不同的是,秦钟建构的是关系身份——"知己",贾雨村建构的是自我的弱势身份——贫穷的读书人。

六、建构或虚构第三方身份

建构或虚构第三方身份涉及 2 个话轮。在有些语境中,说话人利用第三方的语用身份作为资源,以便请求成功。如在以上例(21)中,刘姥姥在 O1 的②部分有意对板儿说话,并提及不在场的第三方——板儿的爹。由于与贾府的关系是板儿爹的爷爷建立的①,板儿爹就具有了王夫人家亲戚的身份;而刘姥姥有意提及板儿爹,意图是通过这个第三方的关系身份在自己与听话人王熙凤之间建立关系。这样利用第三方的关系资源,增强了请求的力度。最后,刘姥姥能从贾府借到二十两白银与此身份操作不无关系。实际上,在刘姥姥刚到贾府时,王熙凤就派人去请示王夫人,王夫人也是依据这个关系授意王熙凤如何打发她的。

如果说刘姥姥的话语只是激活了听话人与第三方之间的关系

---

① 刘姥姥是板儿爹的岳母,旧时属于外亲。

身份,那么在没有这样的第三方关系身份可以激活的情况下,说话人甚至可以虚构第三方身份,然后加以利用。如在例(20)中,当贾芸向舅舅求借时,在03话轮中虚构了一个"死皮赖脸"的外甥作为第三方,也是求借者,与自己形成对比,从而建构自我的积极身份。不同的是,刘姥姥利用第三方作为正面资源;贾芸利用的第三方不是正面资源,而是负面资源。但无论正面资源还是负面资源,两个第三方身份都是有利身份,能帮助说话人满足交际需求。以往研究多关注第三方身份资源的正面性,未来可能需要关注交际者如何利用第三方身份作为负面资源,以实现自己的交际目的。

需要说明的是,在《红楼梦》的隐性冲突话语中,说话人在隐蔽请求时,在操作语用身份方面的特征,在特定语境中并非相互排斥,而是可以共现的。如在例(19)中的"那婆子",通过操作听话人的强势身份、积极身份、受益者身份等,结合自我的弱势身份、积极身份、受益者身份等,反复隐蔽地请求,终于达到自己的交际目的,满足了自己的交际需求,成功地留在贾府。

本部分的语料分析显示:

(一)身份操作是满足交际需求的必要条件。如在例(22)中,贾雨村建构了自我的弱势身份后,听话人甄士隐表示:自己早就有资助他的"心",只不过因为对方"并未谈及"而"未敢唐突"。可见,在贾雨村不建构自我弱势身份、暗示需要帮助的情况下,甄士隐是不会主动资助他的。主要原因是,这样做可能伤害贾雨村的面子。但是,身份操作并非总能达成交际效果。如上例(20)中的贾芸,建构了自我的弱势身份、积极身份以及对方的积极身份后,最终还是没有赊到他所需之物。由此可见,身份操作是满足交际需求的必要但不充分条件。

(二)不礼貌的身份评价也可能满足交际需求。以上六种身份所产生的(不)礼貌评价各不相同:其中的第1、第3种一般会带来礼貌评价;第 2、4 种一般带来不礼貌评价。那么,说话人明知第 2、4 种会带来不礼貌评价,为何还要操作这些身份呢? 主要是因为这些身份特征有利于实现交际目的,是有利身份。换言之,说话人为了满足自己的交际需求,在能带来礼貌评价的身份操作没有产生所期待的效果之后,就可能冒险操作可能带来不礼貌评价的语用身份。典型的例了是例(10)中的老尼:她两次被王熙凤公开拒绝后,转而通过第三方之口虚构了王熙凤的弱势身份,最后王熙凤竟然接受了她的请求。这说明:在隐性冲突话语中,带来礼貌评价的身份并非总能达到说话人所期待的效果;有时建构可能带来不礼貌评价的身份却可能达到意想不到的效果。

(三)意愿影响着身份操作的效果、评价与特征。既然身份操作、(不)礼貌评价都不能保证交际需求的满足,还有哪些因素在起作用呢?

首先,听话人的意愿影响着身份操作的效果。(1)在符合听话人意愿的情况下,说话人所操作的身份能取得立竿见影的效果。例如,在例(22)中贾雨村为自我建构的弱势身份立即得到了他所期待的效果,是因为听话人甄士隐早就有意愿借给他。(2)当听话人有一定意愿时,身份操作能取得部分接受、部分拒绝的效果,如在例(21)中刘姥姥到贾府求借时,借到了维持一家老小生活的救命钱,但相比第二次来说,却是不多的。主要原因是当时王夫人依据与刘姥姥家的社会关系授意王熙凤这么做。(3)当听话人意愿已定时,身份操作可能不起任何作用。如在例(20)中贾芸建构、凸显自我的弱势身份、积极身份都不起作用;建构对方的积极身份也不起作用,原因是他舅舅一家决意不借。由此可见,请求驱动下身份操作的效果在很大程度上取决于听话人的意愿。

其次,听话人的意愿也影响着身份评价。如例(21)中当刘姥姥到贾府求借时,把自己的外甥称作王熙凤的侄儿,强行建构了两者之间的关系身份。事后当时在场的第三方就责备了她,原因是这个第三方知道王熙凤并不愿意有这么个穷侄儿。

最后,说话人的意愿影响着身份操作的特征。如在例(21)中,刘姥姥到贾府求借时,王熙凤在王夫人的授意下,决定这样的亲戚既不能不借,也不能多借。带着这种意愿,王熙凤在 02 中先为贾府虚构了外部光鲜、内部艰难的大家庭集体身份,接着又为刘姥姥建构了第一次开口借钱的远道客人身份。两种身份正好反映了王熙凤或王夫人的意愿:不能不借,也不能多借。

(四)意愿虽然影响着身份操作,但并不总能起到决定作用。我们的语料分析也显示:身份操作在特定语境下甚至能改变听话人的意愿,如在例(10)中老尼请求王熙凤为张家的亲事帮忙;例(19)中"那婆子"请求继续留在贾府干活。两者都在被拒绝后继续操作身份,最后终于取得了自己所期待的效果。这说明身份操作也可能改变听话人的意愿。总之,由以上两个方面来看,意愿与身份操作之间相互影响,相互作用。

(五)听话人的同情心也影响着身份操作的效果。典型的例子是例(19)中的"那婆子",在操作了自我的弱势身份、受损者身份等身份后,她的请求得到了应允。小说中给出的原因是"宝玉见如此可怜,只得留下"。可见,她的交际需求得到满足主要是因为宝玉的同情心在起作用。而他的同情心是被"那婆子"建构、凸显自我的弱势身份、受损者身份等激发的。

(六)弱势身份也是资源。陈新仁(2018c:30)认为,身份一旦成为社会交往的一部分,依附于身份的各种资源(如权力、地位、资源配置等)能为身份的拥有者带来价值增值。这似乎表明只有能带来各种资源(如权力、地位、资源配置等)的身份才有资源性;而弱势身份所依附的资源较少,就没有资源性。但是在例(19)中的"那婆子",请求留在贾府继续干活时建构了自我的"穷寡妇"身份,是弱势身份。如果这个身份并没有多少可以利用的资源,她为何要建构自我的这类身份呢?原因是弱势身份可能激起善良听话人的同情心。因此可以说,弱势身份虽然本身所附着的资源不多,但同样可以被利用。这或许可以解释,在隐蔽请求尤其是借钱借物请求的驱动下,说话人为何要建构自我的弱势身份了。在特定语境下,这些身份是有利身份。

5.1.2　拒绝

在交际中,拒绝对方不仅会阻碍其交际目标(行事目标及/或人际目标),还可能威胁其面子,影响甚至恶化其情绪。依据 4.2.1 中的(不)礼貌评价原则,拒绝常带来不礼貌评价。因此,说话人在特定语境中会隐蔽地拒绝听话人。

在本研究的语料中,拒绝驱动了 15 个话轮,包括拒绝听话人的请求(10 个话轮)、拒绝听话人给予的好处或机会(3 个话轮)以及拒绝听话人发出的指令(2 个话轮)。下文分析在拒绝的驱动下,交际者的身份操作表现出的特征。

一、建构、凸显甚至虚构自我(一方)的弱势身份或消极身份

建构、凸显甚至虚构自我(一方)的弱势身份或消极身份,共涉及 10 个话轮,成为隐蔽拒绝驱动下最为明显的身份操作特征。下面以 3.3.5 中出现过的例(20)说明说话人如何为了拒绝对方借钱借物而虚构自我的穷人身份[①]。

背景:贾芸是贾府的一个远房亲戚,他想在开香料铺的舅舅卜世仁手里赊点香料送给王熙凤,以求在贾府找差事。为此目的,他来到舅舅家。

---

① 此例中 05 及其后面的话轮在 3.3.5 中因分析不需要而未展示。

01 贾芸道:"有件事求舅舅帮衬帮衬。我有一件事,用些冰片
麝香使用,好歹舅舅每样赊四两给我,八月里按数送了银
子来。"

02 卜世仁冷笑道:"再休提赊欠一事。<u>前儿也是我们铺子里一
个伙计,替他的亲戚赊了几两银子的货,至今总未还上
……</u>"

03 贾芸笑道:"舅舅说的倒干净。我父亲没的时候,我年纪又
小,不知事。后来听见我母亲说,都还亏舅舅们在我们家出
主意,料理的丧事。难道舅舅就不知道的,还是有一亩地两
间房子,如今在我手里花了不成? 巧媳妇做不出没米的粥
来,叫我怎么样呢? 还亏是我呢,要是别个,死皮赖脸三日
两头儿来缠着舅舅,要三升米二升豆子的,舅舅也就没有
法呢。"

04 卜世仁道:"<u>我的儿,舅舅要有,还不是该的</u>。我天天和你舅
母说,只愁你没算计儿……"
贾芸听他韶刀的不堪,便起身告辞。

05 卜世仁道:"怎么急的这样,吃了饭再去罢。"

06 一句未完,只见他娘子说道:"你又糊涂了。说着没有米,这
里买了半斤面来下给你吃,<u>这会子还装胖呢。留下外甥挨
饿不成?</u>"

07 卜世仁说:"再买半斤来添上就是了。"

08 他娘子便叫女孩儿:"<u>银姐,往对门王奶奶家去问,有钱借二
三十个,明儿就送过来。</u>"

09 夫妻两个说话,那贾芸早说了几个"不用费事",去的无影无
踪了。(第二十四回)

在上例中,01公开请求赊欠物品,02断然拒绝。在03继续请

求之后,04 的说话人通过"舅舅要有,还不是该的"虚构了自己的穷人身份,隐蔽地拒绝了他。为了降低不礼貌程度,舅舅在感情上弥补贾芸:先是称呼他为"我的儿",虚构了比实际生活中的舅舅与外甥关系更为亲近的父子关系。此话轮中还使用了语用移情策略,说话人从听话人的视角通过语用移情策略自称为"舅舅",而不是"我"。此策略给人一种站在对方角度说话的印象,能增强拒绝的力度。

不过,由于贾芸来的目的是请求赊欠,他的交际需求没有得到满足,因而对舅舅所虚构的父子关系身份不感兴趣,于是"起身告辞"。之后,他的舅母在06、08 中继续虚构自我一家的穷人身份,以示拒绝。

在有些语境中,说话人为了拒绝听话人,不为自我个体而是为自我所属的集体或自我一方虚构弱势身份,例如 3.3.6 中讨论过的例(21)[①]:

　　背景:刘姥姥是贾府里王夫人的远房亲戚,在冬天来临、一家老小生活无着落的窘迫情况下带着外甥板儿来贾府求借。

01　这里刘姥姥心神方定,(对王熙凤)才又说道:"今日我带了你侄儿来,也不为别的,只因他老子娘在家里,连吃的都没有。如今天又冷了,越想没个派头儿,只得带了你侄儿奔了你老来。"说着又推板儿道:"你那爹在家怎么教你来? 打发咱们作煞事来? 只顾吃果子咧。"

02　王熙凤:"……① 如今家内杂事太烦……外头看着虽是烈烈轰轰的,殊不知大有大的艰难去处,说与人也未必信罢。② 今儿你既老远的来了,又是头一次见我张口,怎好叫你

---

① 因分析不需要,该段对话中的 03 和 04 话轮被省略。

<u>空回去呢</u>。可巧昨儿太太给我的丫头们做衣裳的二十两银子，我还没动呢，你若不嫌少，就暂且先拿了去罢。"

那刘姥姥先听见告艰难，只当是没有，心里便突突的；后来听见给他二十两，喜的又浑身发痒起来……（第六回）

当得知根本不认识的刘姥姥到来时，王熙凤私下派人请示了王夫人。在王夫人的授意下，她决定这样的远房亲戚既不能不借，也不能多借。在一半接受、一半拒绝的行事需求驱动下，王熙凤在 02 中做出了回应。02 可分为两个小部分：①部分中为自我一方虚构了集体身份——外部光鲜、内部繁杂而艰难的大家庭，在此语境下是弱势身份；②部分建构了刘姥姥第一次求借、远道而来的客人身份，在此为积极身份。这两种身份操作带来了相应的交际效果：刘姥姥既没有空手回家，也没有借到太多的银两①。

由此可见，说话人为了拒绝听话人，常为自我或自我一方建构弱势身份。此外，说话人为了拒绝听话人，也建构自我的消极身份，如在 1.1 部分讨论过的例（2）中：

背景：宝玉与宝钗结婚当天黛玉已生命垂危了，丫鬟紫鹃一直守在黛玉身边。主子李纨也在场。这时林之孝家的受王夫人和贾母之命来叫紫鹃过去帮忙。

01　林之孝家的道："刚才二奶奶和老太太商量了，那边用紫鹃姑娘使唤使唤呢。"

02　李纨还未答言，只见紫鹃道："① 林奶奶，你先请罢。等着人死了我们自然是出去的，那里用这么……"说到这里却又不

---

①　刘姥姥第二次到贾府时，得到一百多两白银加大量物品。相比之下，第一次借到的二十两不算多。

好说了,因又改说道:"② 况且我们在这里守着病人,身上也不洁净。林姑娘还有气儿呢,不时的叫我。"

03 李纨在旁解说道:"当真这林姑娘和这丫头也是前世的缘法儿……"(第九十七回)

黛玉和紫鹃不仅有主仆之情,而且是闺中密友,两人情同姐妹。在上例 02 中,紫鹃在①部分公开拒绝了听话人的指令,但她似乎意识到这样公开拒绝不礼貌,于是在②部分以自己身上带着病气"不洁净"为借口隐蔽地拒绝了听话人,故此段话为隐性冲突话语。

上例的 01 话轮是下人代表主子发出的指令;02 话轮被描述性的文字"说到这里却又不好说了,因又改说道"分隔成两部分:①部分公开拒绝听话人的指令,不过说话人似乎对自己拒绝主子做出了评价,于是感到"不好说了",改在②部分为自我建构"身上不洁净"的丫鬟这一身份,在此为消极身份,降低了不礼貌程度。但是,在场的第三方——主子李纨通过 02 看到了紫鹃对林黛玉深厚的感情("前世的缘法儿"),故没有将 02 评价为不礼貌。这说明情感在(不)礼貌评价中起到了重要作用。最后,由于李纨的周旋,紫鹃成功地拒绝了对方,留在黛玉身边。由此可见,拒绝所带来的不一定是不礼貌评价;在(不)礼貌评价中,情感也可以发挥作用。

有趣的是,在此例中,我们看到说话人自己评价自己的态度,当评价结果为不礼貌或不恰当时,会重新操作身份。以往学者认为,(不)礼貌是由听话人评价的。但此例说明说话人对自己的态度是否礼貌也在进行着评价或监控;一旦得到负面评价,就可能及时进行自我调整。

以上两例分别涉及拒绝听话人的请求和命令。下面一例涉及拒绝听话人给予的好处。同样,说话人也建构自我的消极身份。

例(24)

背景:一天,宝玉给丫鬟麝月梳头玩,被晴雯撞见。晴雯嫉妒他俩关系亲密,便嘲讽他们。

01 宝玉拿了篦子替他一一的梳篦。只篦了三五下,只见晴雯忙忙走进来取钱。一见了他两个,便冷笑道:"哦,交杯盏还没吃,倒上头①了!"

02 宝玉笑道:"你来,我也替你篦一篦。"

03 晴雯道:"我没那么大福。"说着,拿了钱,便摔帘子出去了。

04 宝玉在麝月身后,麝月对镜,二人在镜内相视。宝玉便向镜内笑道:"满屋里就只是他磨牙。"(第二十回)

在上例中,01话轮的说话人将两人的行为看成举办婚礼,似乎说他们弄错了程序,应该先喝交杯酒,然后给新娘"上头"。但实际上他俩并非举行婚礼,故01具有嘲讽意味。宝玉明白晴雯是在嫉妒他与丫鬟麝月太过亲密,于是在02中发出了邀请,试图对晴雯示好以做出弥补。但晴雯却不领情,在03中以自己没有福气为由隐蔽地拒绝了他,故此段为隐性冲突话语。

在03话轮中,说话人为自我建构了无福享受宝玉梳头的丫鬟这一身份,在此为消极身份。通过这个消极身份,她拒绝了宝玉的好意。总之,说话人在拒绝的驱动下建构自我(一方)的消极身份,虽然贬抑了自我(一方)的面子,但相对于交际需求来说却是有利身份。

二、掩盖身份的主体,建构弱势身份或消极身份

掩盖身份的主体,建构弱势身份或消极身份;但听话人从语境中可以推知身份的主体是自己。这样的身份操作涉及1个话轮。

---

① "上头":旧时婚俗,指婚礼前将新娘的辫子改梳成发髻并戴上头饰。

说话人在拒绝对方时若为其建构消极身份,会贬损其面子,带来不礼貌评价。为了降低不礼貌程度,说话人建构弱势身份或消极身份,将身份的主体做模糊化处理,但听话人根据语境完全可以从中推理出身份的主体是自己。如在下例中:

例(25)

背景:王熙凤得知贾琏偷娶尤二姐之事后,连哄带骗将尤二姐接到贾府,之后却暗中折磨她。在以下对话中,受她旨意的丫鬟善姐拒绝尤二姐的请求。

01 尤二姐因说:"没了头油了,你去回声大奶奶拿些来。"

02 善姐便道:"二奶奶,你怎么不知好歹没眼色。我们奶奶天天承应了老太太,又要承应这边太太那边太太。这些妯娌姊妹,上下几百男女,天天起来,都等他的话。一日少说,大事也有一二十件,小事还有三五十件。外头的从娘娘算起,以及王公侯伯家多少人情客礼,家里又有这些亲友的调度。银子上千钱上万,一日都从他一个手一个心一个口里调度,那里为这点子小事去烦琐他。我劝你能着些儿罢。① <u>咱们又不是明媒正娶来的</u>,② <u>这是他亘古少有一个贤良人才这样待你</u>,③ <u>若差些儿的人,听见了这话,吵嚷起来,把你丢在外,死不死,生不生,你又敢怎样呢!</u>"

一席话,说的尤氏垂了头。(第六十八回)

在上例中,01 是交际一方公开发出的指令;02 是交际另一方公开和隐蔽的拒绝。其中的隐蔽拒绝由画线部分表示。说话人在此提及听话人的地位、第三方王熙凤如何"贤良"等,隐蔽地拒绝领取尤二姐需要的物品,故此段为隐性冲突话语。

在 02 中,丫鬟拒绝接受尤二姐的指令:02 先在未画线部分为不在场的第三方王熙凤建构了权力很大、非常忙碌的贾府当家人身份，公开拒绝了听话人；接着在画线部分又隐蔽地拒绝她。画线部分可分为三个小部分：其中①部分"咱们又不是明媒正娶来的"为听话人建构了在贾府地位低下的妾室身份，在此为弱势身份或消极身份。说话人知道听话人会对此身份做出不礼貌评价，因此用"咱们"将自己一并包含在内，取代了"你"，因此身份的主体变得模糊。由于未公开给对方建构消极身份，不礼貌程度也随之降低。当然，在此语境中，听话人也能理解到这是为自己建构的弱势或消极身份，从听话人的反应"说的尤氏垂了头"中能得到证明。冉永平（2006：27）认为"咱们"的这种用法具有语用移情功能。陈新仁（2018c：162）也将此看作移情信号。陈新仁（2018c：126-128,146）论及说话人有意遮蔽身份主体的策略，在不同的语境下满足不同的交际需求。

三、建构听话人的积极身份、圈内人身份

建构听话人的积极身份、圈内人身份，这样的身份操作涉及2个话轮。说话人在拒绝对方时还为其建构积极身份，能提升对方的面子，减少对听话人的情感伤害，从而降低不礼貌程度。如下例：

例(26)

背景：一年除夕，贾母和子孙们在宁国府祭完宗祠后，尤氏挽留贾母吃年夜饭。

01　尤氏笑回说："已经预备下老太太的晚饭。每年都不肯赏些体面用过晚饭过去，果然我们就不及凤丫头不成？"

02　凤姐儿挽着贾母笑道："老祖宗快走，咱们家去吃饭，别理他。"

03　贾母笑道："① 你这里供着祖宗，忙的什么似的，② 那里搁得住我闹。③ 况且每年我不吃，你们也要送去的。④ 不如

> 还送了去，我吃不了留着明儿再吃，岂不多吃些。"
> 说的众人都笑了。（第五十三回）

在上例中，贾母试图拒绝尤氏发出的年夜饭邀请，但她知道拒绝会伤害尤氏的面子（如 01 中所说"不肯赏些体面""我们不及凤丫头"），于是在 03 中提出了三个理由：一是听话人忙碌；二是自己"闹"人；三是对方每年都送些吃的给她，今年可以和往年一样。利用这三个方面的原因，贾母在没有说"不"的情况下，隐蔽地拒绝了听话人。故此段为隐性冲突话语。

说话人贾母在 03 中为听话人、也为自我建构了语用身份。03 可分为 4 个小部分：①部分为听话人建构了供奉祖宗的忙人身份，在此为积极身份。②部分为自我建构了很"闹"人的人身份，在此为消极身份。③部分为听话人建构了每年过年都侍奉长辈的孝子身份，在此也是积极身份。依据本书 4.2.1 的（不）礼貌评价原则，这些身份均评价为礼貌。④部分对听话人发出指令，似乎评价为不礼貌。但这个指令为说话人自我建构了受益者身份——能"多吃些"的人；同时这个指令给对方提供了与自己交流情感的机会，因而拉近了双方的情感距离，在一定程度上弥补了听话人被拒绝而产生的不"体面"感或距离感。总之，03 整体看来是拒绝，可能会让听话人失去"体面"，但说话人通过操作听话人的积极身份、自我的消极身份、受益者身份以及发出适当的指令（或许还有过年的气氛等），挽救了对方的面子，取消了可能产生的负面评价，弥补了拒绝对方所产生的人际距离，取得的效果是"众人都笑了"。由此例可见，拒绝所带来的不一定总是负面评价。恰当的语用身份操作能改变可能产生的负面评价。

此外，说话人在拒绝对方时，还建构其圈内人身份。如在下例中：

例(27)

背景:贾芸听说有工程可做,便带着礼物来贾府求王熙凤帮忙。王熙凤却表示自己"插不上手"。

01 凤姐道:"若是别的我却可以作主,至于衙门里的事……别人只怕插不上手……就是你二叔去,亦只是为的是各自家里的事,他也并不能搀越公事。论家事,这里是踩一头儿橇一头儿的,连珍大爷还弹压不住。你的年纪儿又轻,辈数儿又小,那里缠的清这些人呢……你的情意我已经领了,把东西快拿回去……"(这时奶妈抱着王熙凤的女儿进屋,贾芸对她说了些奉承话,但她见了贾芸就哭。反复几次后,贾芸只好决定告辞)凤姐道:"你把东西带了去罢。"

02 贾芸道:"这一点子婶娘还不赏脸?"

03 凤姐道:"你不带去,我便叫人送到你家去。芸哥儿,你不要这么样,你又不是外人,我这里有机会,少不得打发人去叫你,没有事也没法儿,不在乎这些东东西西上的。"

04 贾芸看见凤姐执意不受,只得红着脸道:"既这么着,我再找得用的东西来孝敬婶娘罢。"(第八十八回)

在上例01中,王熙凤公开地拒绝了贾芸的礼物与请求,主要体现在使用包含否定词"不"的一些词,如"插不上手""不能搀越公事""弹压不住";也体现在直接建构对方的年龄身份和辈分身份,在此均为弱势身份。但在03中她再次拒绝接受贾芸的礼物时,虽然绝大部分话语都公开拒绝(未画线部分),但其中的画线部分以贾芸"不是外人"不需要送礼为借口隐蔽地拒绝他,故此段为隐性冲突话语。

在上例的03话轮中,王熙凤深知拒绝会伤害贾芸,故用"你又不是外人"建构其自家人身份,在此也可称为圈内人身份,为拒绝听话人提供了借口;同时她还使用称呼语"芸哥儿"建构了双方之间的家人身份,这种身份有利于拉近与听话人的情感距离,也可以看作拒绝后的情感弥补,可在一定程度上降低对贾芸的情感伤害。其产生的效果是:贾芸虽然很失望,但表示以后还会再来。

四、虚构交际双方比实际情况更为亲近的关系身份

虚构交际双方比实际情况更为亲近的关系身份,这样的身份操作涉及 1 个话轮。

说话人在拒绝听话人时,还虚构与听话人更加亲近的关系身份,试图弥补拒绝后对听话人造成的负面影响或情感伤害。如在 3.3.5 部分例(20)中的 04 中,贾芸的舅舅拒绝他时不用"我的外甥",而是用更加亲近的称呼"我的儿",虚构父子关系以取代实际上的舅舅与外甥关系。又如在上例(27)的 04 话轮中,王熙凤在拒绝贾芸时称呼他为"芸哥儿",也虚构了两人之间的家人关系。这是因为拒绝常带来不礼貌评价,为了降低不礼貌程度,交际者会打出感情牌,虚构两人之间更加亲近的关系身份。陈新仁(2022:131-136)也讨论了交际者拉近双方距离的身份操作,如建构某种关系,在此处得到了证明。

五、建构第三方的强势身份、权威身份、积极身份或消极身份

建构第三方的强势身份、权威身份、积极身份或消极身份,这样的身份操作涉及 4 个话轮。为了达到隐蔽拒绝对方的目的,说话人在有些语境中为第三方建构强势身份或权威身份,如 3.3.2 的例(16)中:

背景:周瑞家的按照贾府太太的吩咐,将丫鬟司棋赶出大观园时,正好碰见了宝玉。

01 周瑞家的等皆知宝玉素日行为,又恐唠叨误事,因笑道:"不干你事,快念书去罢。"

02 宝玉笑道:"好姐姐们,且站一站,我有道理。"

03 周瑞家的便道:"① 太太不许少捱一刻,又有什么道理。② 我们只知遵太太的话,管不得许多。"

04 司棋见了宝玉,因拉住哭道:"他们做不得主,你好歹求求太太去。"(第七十七回)

在上例中,为了拒绝宝玉为丫鬟说情,03 的说话人在①部分为不在场的第三方"太太"建构了权威身份。由于宝玉是主子,周瑞家的是下人,为了降低对主子的不礼貌,说话人不仅在 03 的①部分为第三方太太建构了"不许少捱一刻"、说到做到的主子身份,在此为强势身份或权威身份;同时也为自我建构了只听太太使唤、只执行太太命令的下人身份,在此为弱势身份,为自己免责。随后,被撵的丫鬟立即认可了这两种身份,在 04 中请宝玉去求第三方——太太。陈新仁(2018c:134 - 135)也论及交际者如何利用第三方隐蔽地拒绝听话人。

另外,说话人也可为第三方操作积极身份。如在上文例(25)中,丫鬟善姐在 02 的②部分为第三方王熙凤建构了"亘古少有的一个贤良人"身份,在此为积极身份;在③部分又为另一个第三方虚构了消极身份——"差些儿的人",与王熙凤的积极身份形成对比,暗示听话人尤二姐要知趣,不要动辄要这要那,达到了拒绝给她拿物品的目的。有趣的是,王熙凤在例(25)中既是被用作资源的第三方,也是引发冲突的第三方。被用作资源的方面是因为她很忙,不能随便打搅,这为说话人拒绝听话人提供了借口;引发冲突的方面是因为她与听话人有着特殊的关系:一个是正妻,一个是小妾;而且丫鬟对尤二姐的态度也是因为王熙凤的指使产生的。

同时,说话人也可为第三方操作消极身份。如在例(20)中,贾芸的舅舅在 02 中拒绝贾芸时,先用"再休提赊欠一事"公开拒绝;接着提及不在场的第三方"我们铺子里一个伙计",并为其虚构了不守信用的赊欠人身份,在此为消极身份。通过与此第三方类比,舅舅隐蔽地为贾芸建构了同样的消极身份。

由此可见,第三方的语用身份虽然都是被说话人当作资源使用的,但似乎具有不同的性质:一是正面性,如强势身份、权威身份、积极身份;另一方面却是相反的,如弱势身份、消极身份等,具有负面性。以往研究主要关注的是前者,未来研究可能也要注意后者。

在《红楼梦》的隐性冲突话语中,说话人隐蔽地拒绝听话人时,语用身份操作方面的身份特征,在有些语境中也并非相互排斥,而是可以共现的。如在例(26)的 03 话轮中,贾母先建构对方的积极身份,接着建构自我的消极身份、受益者身份。又如在例(16)的 03 话轮中,说话人建构了第三方的强势身份,同时建构了自我的弱势身份。多种身份的建构,或增加拒绝的力度,或降低面子威胁,或弥补情感。本部分的语料分析显示如下几个特点:

(一) 从(不)礼貌评价来看:

1. 评价不是单单由听话人做出的,说话人本身也在主动地评价甚至监控着自己的话语。如例(2)中紫鹃拒绝离开病重的林黛玉,她先是公开地拒绝,后来"说不下去了",或许是因为意识到作为下人拒绝主子的命令得到的评价会是负面的,因此她改为建构自我的消极身份,以降低不礼貌程度。

2. 情感与语用身份的作用是双向的。一方面,情感影响语用身份操作。在小说《红楼梦》中,黛玉和紫鹃情同姐妹。由于深厚的感情,紫鹃才能在例(2)中虚构自我的消极身份,以拒绝在黛玉最需要她的时候离开。另一方面,身份操作可以在一定程度上弥补情感上的伤害。如在例(27)的 03 话轮中,王熙凤拒绝贾芸的礼物后,用"你又不是外人"建构其自家人身份或圈内人身份,在一定程度上弥补了拒绝给贾芸带来的情感伤害。

3. 在某些语境中,听话人并不总是对拒绝做出不礼貌这类负面评价,而是可能从情感角度做出正面评价。如在例(2)中,丫鬟紫鹃拒绝在黛玉病重时离开她,并为自我建构了消极身份,在场的第三方(主子)并不认为她的拒绝不礼貌,而是对紫鹃与黛玉之间的情感做出了正面评价,认为她们是"前世的缘法儿"。可见,从情感方面做出的评价可能不是(不)礼貌,而是(不)可接受。

(二)从效果来看:说话人通过操作自我的弱势身份或消极身份而隐蔽地拒绝听话人,主要产生了以下四种效果:

1. 被拒者离开现场。如在以上例(20)中,贾芸求舅舅赊欠物品时,舅舅先通过虚构第三方的消极身份隐蔽地拒绝他;之后又通过虚构自己一家的穷人身份而隐蔽地拒绝他。即使舅舅用"我的儿"拉近距离,在情感上做出弥补,但贾芸还是失望地告辞了。

2. 被拒者继续请求。还以贾芸为例说明。在上文例(27)中,贾芸为了在贾府谋份差事给王熙凤送礼时,王熙凤为自我一方虚构了爱莫能助、无能为力者的弱势身份,以此表示拒绝。贾芸听后并没有一走了之,而是与她的孩子搭讪;当孩子哭闹之后,他不得不告辞。此时王熙凤反复要求他把礼物带走,还用"你又不是外人"建构他的自家人身份。贾芸在不得不带走礼物的情况下,承认自己的礼物不"得用",表示以后"再找得用的东西"来。王熙凤为自己一方所虚构的弱势身份与贾芸的舅舅为自己一家所虚构的弱势身份同样都是不真实的,但贾芸在贾府没有像在舅舅家那样一走了之,至少在言语上没有放弃。由此可见,同一个说话人被拒绝,且在对方都对听话人有情感弥补(舅舅用"我的儿";王熙凤用"你又不是外人")的情况下,所产生的效果却不同。

3. 被拒者一笑了之。如例(26)中贾母拒绝吃年夜饭,由于她操作了多种身份,也给予对方与自己亲近的机会,取得的效果是"众人都笑了"。其中的"众人"也包括被拒者尤氏。这个效果再次证明，拒绝并非总是带来不礼貌评价。换言之，恰当的身份操作能取消负面评价，弥补拒绝可能产生的人际距离，从而取得积极效果。

4. 听话人可能会做出虚假不礼貌评价。如在例(24)中，当丫鬟晴雯为自我建构消极身份、拒绝宝玉替她梳头后，引发了宝玉的评价"满屋里就只是他磨牙"。这个评价字面上看是负面的，但宝玉是"笑"着说的，从他的表情看并无真实的贬义，故为虚假不礼貌评价。

5.1.3　责备

在人际交往中，责备听话人不仅会威胁其面子，而且还可能恶化其情绪。依据本书4.2.1中的(不)礼貌评价原则，责备常带来不礼貌评价。因此，说话人常会隐蔽地责备听话人。在本研究的语料中，责备一共驱动了12个话轮，包括因不满听话人处事而隐蔽责备听话人(8个话轮)、因不满听话人的言语而隐蔽责备听话人(4个话轮)。在本研究的语料中，责备驱动下的语用身份操作呈现出如下特征。

一、掩盖身份的主体，建构弱势身份或消极身份

掩盖身份的主体，建构弱势身份或消极身份，但听话人从语境中可以推知身份的主体是自我(一方)。这类身份特征涉及6个话轮，成为隐蔽责备驱动下最为明显的身份操作特征。如在本书1.2部分出现过的例(4)中：

背景：贾瑞为王熙凤神魂颠倒。一天来访，正好贾琏(以下对话01中的"二哥哥")不在家，他便开始勾引王熙凤：

01　贾瑞见凤姐如此打扮，亦发酥倒，因饧了眼问道："二哥哥怎么还不回来？"

02　凤姐道："不知什么原故。"

03 贾瑞笑道:"别是路上有人绊住了脚了,舍不得回来也未可知?"

04 凤姐道:"也未可知。男人家见一个爱一个也是有的。"

05 贾瑞笑道:"嫂子这话说错了,我就不这样。"(第十二回)

在上例中,面对贾瑞在 03 话轮中的挑拨与挑逗,王熙凤顺水推舟,字面上似乎接受了贾瑞的说法,但实际上"男人家"也包括贾瑞在内,04 字面上责备自己的丈夫"见一个爱一个",实际上也责备听话人。故此段为隐性冲突话语。

上例中的 04 话轮字面上为男人这个群体建构了消极身份——对女人"见一个爱一个"的花心男人,而贾瑞勾引王熙凤又何尝不是如此!因此,04 实际上为听话人贾瑞也建构了"见一个爱一个"的男人这一身份,在此为消极身份。不过,说话人用"男人家"这个集体掩盖了个体,因而在一定程度上掩盖了对听话人的责备。但贾瑞捕捉到对方为自己建构的消极身份及其所隐含的责备,于是在 05 中评价对方"说错了",试图为自己澄清。总而言之,说话人以群体掩盖个体的方式,字面上为群体建构消极身份,实际上也为听话人建构了消极身份。

在上例中,隐蔽责备取得的效果是听话人自我澄清。其他通过类似身份操作从而隐蔽责备对方的话轮所产生的效果主要有听话人意识到责备后默不作声、感到不好意思、羞愧地离开现场、大哭。但在下一例中,听话人的反应却相反。

例(28)

背景:一天,宝玉和丫鬟袭人闹别扭了。恰巧小丫鬟蕙香进来服侍宝玉,因她的名字是袭人改的,宝玉便拿她出气:

01 (宝玉)又问:"你姊妹几个?"

117

02　蕙香道:"四个。"

03　宝玉道:"你第几?"

04　蕙香道:"第四。"

05　宝玉道:"明儿就叫'四儿',不必什么'蕙香'、'兰气'的。那一个配比这些花,没的玷辱了好名好姓。"一面说,一面命他倒了茶来吃。

　　袺人和麝月在外间听了抿嘴而笑。(第二十一回)

　　在上例的 05 中,宝玉给小丫鬟改名,一方面是因为她的名字是袺人改的;二是因为她的名字"蕙香"与花相关;而袺人的名字也与花有关,是由宝玉取自陆游诗句"花气袭人知骤暖"赐予的。当宝玉在 05 中将小丫鬟改名为"四儿"之后,说"那一个配比这些花"时,字面上贬损的是小丫鬟,实际上指桑骂槐,目的是责备在"外间"听得见他说话的袺人,隐蔽表达了对袺人的不满。05 中的"那一个"相当于现代汉语中的"哪一个",虽然没有特定所指,遮蔽了身份的主体,但在此语境中明里指小丫鬟,暗里指袺人。故此段为隐性冲突话语。

　　在上例中,05 的画线部分为两个听话人建构了不配与她们名字相提并论、不配拥有美好名字的丫鬟这一身份,在此为消极身份。用"那一个"这个没有特定所指的不定指示语掩盖了身份主体,公开地表达了对在场的听话人(丫鬟蕙香)的责备,同时又隐蔽地表达了对不在场但能听见的听话人(丫鬟袺人)的责备。其产生的效果是:受到公开责备的听话人倒茶、受到隐蔽责备的听话人"在外间听了抿嘴而笑"。可见此处的身份建构既让说话人发泄了不满,又未引起听话人的负面情绪,说话人实现了交际需求。

　　值得注意的是,小丫鬟蕙香在此例中是"替罪羊",但她同时又是听话人。本书的 3.1.3 部分讨论过作为"替罪羊"的第三方。在

3.1.3 部分的例(11)中,目标听话人与"替罪羊"均在现场,说话人字面上对后者说话,实际意图是对前者说话,因此"替罪羊"成为交际中的第三方。而在例(28)中,只有"替罪羊"在现场,目标听话人不在现场。在这种情况下,"替罪羊"就不是交际中的第三方,而是听话人之一[①]。当然,小丫鬟蕙香不是目标听话人,而是代替目标听话人受责备的人。或许正因如此,05 才产生了这样的效果:袭人"在外间听了抿嘴而笑。"

二、操作听话人的积极身份、强势身份

在责备的驱动下,说话人操作这类身份需要区分为两类:一类是通过反讽虚构听话人的积极身份,但在具体语境中说话人的真实意图与此相反。反讽存在的前提是字面意义与语境的对立性(涂靖 2004)。另一类是真心实意地建构对方的强势身份,以降低责备带来的负面评价,降低不礼貌程度。

第一类,通过反讽操作听话人的积极身份、强势身份,涉及 2 个话轮。如在 3.3.1 中出现过的例(15)中:

背景:贾蓉帮自己的叔叔贾琏偷娶了尤二姐,贾蓉之父贾珍虽未直接帮忙但也未劝阻他们。王熙凤(以下对话 01 中的"西府二奶奶"、03 中的"你姑娘")知道后气势汹汹、大闹宁国府。

01 人报:"西府二奶奶来了。"贾珍听了这个,倒吃了一惊,忙要同贾蓉藏躲。

02 不想凤姐进来了,说:"好大哥哥,带着兄弟们干的好事!"贾蓉忙请安,凤姐拉了他就进来。

03 贾珍还笑说:"好生伺候你姑娘,吩咐他们杀牲口备饭。"说了,忙命备马,躲往别处去了。(第六十八回)

---

① 因为目标听话人虽不在现场,但也能听见,也是听话人。

在上例中,王熙凤显然是来兴师问罪的,但她在 02 话轮中却称呼听话人为"好大哥哥"。这个称呼语字面上建构了听话人的积极身份,但结合语境能判断实际上是虚假的积极身份。换言之,02 为听话人虚构了积极身份,或建构了虚假的积极身份。

第二类,说话人真心实意地建构听话人的强势身份,涉及 1 个话轮。

在特定语境中,说话人也通过为听话人建构真实的强势身份而隐蔽地责备听话人,以降低不礼貌程度。如在本书 1.1 部分出现过的例(3)中:

背景:贾政痛打儿子宝玉后,贾母前来兴师问罪。

01 贾政见他母亲来了,又急又痛,连忙迎接出来,只见贾母扶着丫头,喘吁吁的走来。贾政上前躬身陪笑道:"大暑热天,母亲有何生气亲自走来? 有话只该叫了儿子进去吩咐。"

02 贾母听说,便止住步喘息一回,厉声说道:"你原来是和我说话! 我倒有话吩咐,只是可怜我一生没养个好儿子,却叫我和谁说去!"

03 贾政听这话不像,忙跪下含泪说道:"为儿的教训儿子,也为的是光宗耀祖.母亲这话,我做儿的如何禁得起?"

04 贾母听说,便啐了一口,说道:"我说一句话,你就禁不起。你那样下死手的板子,难道宝玉就经得起了? 你说教训儿子是光宗耀祖,当初你父亲怎么教训你来?"说着,不觉就滚下泪来。

05 贾政又陪笑道:"母亲也不必伤感,皆是作儿的一时性起,从此以后再不打他了。"(第三十三回)

在上例 01 中,贾政对她母亲的到来感到"又急又痛"。他说母亲不该冒着"大暑热天""亲自走来",而应该叫自己去听从"吩咐",字面上站在听话人立场为听话人着想,而实际上隐蔽地表达了对听话人的责备,认为她不该来管闲事。故本段是隐性冲突话语。

在 01 中,贾政试图责备母亲不该来管闲事,但在重视孝道的封建社会,晚辈责备长辈是大逆不道的。为了回避负面评价,贾政在 01 中从听话人的利益出发,似乎担心听话人受不了"大暑热天"。另一方面,01 中的"亲自""吩咐"两个词为听话人建构了可随时吩咐下辈的长辈这一身份,在此为强势身份。"亲自"作为社会指示语,包含着听话人与说话人之间的等级关系,前者为上级,后者为下级(陈新仁 2018c:96;Chen 2022:29)。如本章 5.1.1 中所讨论,"吩咐"是类似于"嘱咐"的身份指示语,也建构了听话人的上级、权威身份以及说话人的下级、弱势身份。这两个词提升了听话人贾母的面子。总之,在责备的驱动下,01 的说话人从利益和面子两个方面操作身份,试图降低不礼貌程度。

三、说话人通过反讽为自我虚构消极身份

虚构自我(一方)的消极身份,但在具体语境中说话人的真实意图与此相反,产生反讽意味。这种消极身份字面上贬抑了自我的面子,但从语境来看说话人并不真诚。其真实意图是隐蔽地表达自己的不满、埋怨、生气等负面情绪。在本研究的语料中,此类身份特征涉及 4 个话轮。如在下例中:

例(29)

背景:贾琏做媒将尤三姐说给柳湘莲。柳湘莲后来从宝玉这里得知,尤三姐是贾家东府的人,便想毁亲。

01 湘莲听了,跌足道:"这事不好,断乎做不得了。① 你们东府里除了那两个石头狮子干净,只怕连猫儿狗儿都不干净。我不做这剩忘八。"宝玉听说,红了脸。湘莲自惭失言,连忙作揖说:"② 我该死胡说.你好歹告诉我,他品行如何?"

02 宝玉笑道:"你既深知,又来问我作甚么? 连我也未必干净了。"

03 湘莲笑道:"原是我自己一时忘情,好歹别多心。"(第六十六回)

在上例 01 话轮的①部分,柳湘莲用"连猫儿狗儿都不干净"暗指贾府的人都不是什么好人;在②部分,他意识到自己的言语会伤害听话人宝玉,随即取消了自己的话;之后开始询问第三方的情况。在 02 话轮中,宝玉先拒绝回答对方的问题,接着在画线部分用反讽暗示了自己的不满情绪。故此段是隐性冲突话语。

在 01 话轮的①部分,说话人用隐喻"猫儿狗儿"、委婉语"不干净"隐蔽地为贾府建构了消极的集体身份。虽然他在②部分随即解构了这个消极身份,但似乎并没有立即得到宝玉的谅解。在 02 话轮中,宝玉先用反问拒绝回答他的提问,然后顺水推舟,为自我个体建构了"未必干净"之人的身份,同样也是消极身份。由此可见,02 的画线部分不是说话人的本意,而是对听话人不满等负面情绪的发泄,产生了反讽意味。听话人柳湘莲意识到了这一点,于是在 03 中承认自己的错误,并安慰听话人。可见,02 的身份操作达到了预期的效果。

在本研究的语料中,为自我虚构消极身份而隐蔽地责备听话人的话轮有 4 个,其中 3 个产生的效果是:听话人意识到话语中所隐含的不满、生气等负面情绪,从而做出解释或不好意思地离开现场。而在另外 1 个话轮中,在场的第三方出面劝和。

例(30)

背景:王熙凤带人抄检大观园,抄到探春处时探春非常反感。

与王熙凤一起来的婆子——王善保家的瞧不起探春的庶出身份,冲上去掀了她的裙子,被探春打了一耳光。王善保家的便扬言要回娘家,探春的丫鬟嘲笑她舍不得回去。这时王熙凤发话了。

01 凤姐笑道:"好丫头,真是有其主必有其仆!"

02 探春冷笑道:"① 我们作贼的人,嘴里都有三言两语的。② 这还算笨的,背地里就只不会调唆主子。"

平儿忙也陪笑解劝。(第七十四回)

在上例中,王熙凤在 01 中赞扬了探春的丫头,也间接地赞扬了她。但探春并不领情,因为在《红楼梦》故事中她对王熙凤并无好感。于是在 02 中探春以反讽的方式说自己和自己的丫鬟是"作贼的人";还通过说自己的丫鬟"算笨的""背地里就只不会调唆主子",暗中讽刺王善保家的"调唆主子"。故此段对话为隐性冲突话语。

上例中的 02 话轮可分为两部分。①部分虚构并凸显了自我一方"贼"的身份,在此为消极身份。在小说中,探春不是贼,也很反感王熙凤一行把她和丫鬟当作"贼"一样搜查。她为自我一方虚构的消极身份与小说中的实际情况相反,因而产生了反讽意味,隐含着说话人强烈的不满。总之,说话人字面上为自我虚构的消极身份,与自我的意愿不符,在特定语境下是虚假身份。依据本书 4.2.1 中的(不)礼貌评价原则,这类身份字面上带来礼貌评价。但是,这种礼貌并不真诚,实际上产生了虚假礼貌评价。关于虚假礼貌,本书 4.2.2 部分对这个概念的内涵、类别做了比较详细的介绍。在此不复赘述。

另外,例(30)02 话轮的②部分字面上说自己的丫鬟"背地里就只不会调唆主子",实际上暗中责备王善保家的"调唆主子",为其建构了"调唆主子"的下人这一身份,在此为消极身份。这个消极身份及其主体虽被掩盖,但在具体语境中听话人均可推知。此类身份特征与 5.1.3 部分通过例(4)所讨论的第一个身份特征有相同之处,也略有区别：相同的是两者都掩盖了身份的主体；不同的是例（4）中的消极身份是明示的，而例（30）中的消极身份是通过说反话暗示的。为了表述方便，本书将两者归于同类。

说话人为了隐蔽地责备听话人，在操作语用身份方面体现的身份特征，在有些语境中也并非相互排斥，而是可以共现的。如在例（30）的 02 话轮中，出现了第 1 和第 3 条特征。值得注意的是，在责备的驱动下，说话人或虚构听话人的积极身份、强势身份，或虚构自我的消极身份，但这些身份与特定语境相反，暗示了说话人的不满、埋怨、生气、愤怒等负面情绪，有明显的反讽意味，因而产生虚假礼貌评价。

另外，责备驱动下的身份操作所产生的效果有：（1）受责备的人解构对方所建构的消极身份，如例（4）中 05 话轮的说话人贾瑞。（2）受责备的人为对方建构消极身份，如例（3）中 02 话轮的说话人贾母；（3）受责备的人承认自己的错误，安慰对方，如例（29）中 03 话轮的说话人柳湘莲；（4）交际现场的第三方出面劝解，如例（30）中的平儿；（5）受责备的人一边应付一边逃离现场，如例（15）中 03 话轮的说话人贾珍。此外，听话人还有一些无话语应对的行为，如感到不好意思、离开现场、哭泣、沉默等。

5.1.4　嘲讽

"嘲讽"，即"嘲笑讽刺"（《现代汉语词典》第 7 版，2016：154）。它与反讽不同：反讽通过说反话的方式讽刺听话人；而嘲讽则通过开玩笑、揶揄、调侃等方式嘲笑、讽刺听话人。嘲讽含有轻微的责备，对听话人的面子一般产生轻微的伤害。在本研究的语料中，嘲讽驱动了 13 个话轮，包括因听话人处事不当而受到嘲讽（10 个话轮）、因听话人言语不当而受到嘲讽（3 个话轮）。在嘲讽的驱动下，说话人在身份操作方面表现出以下特征。

一、虚构听话人的关系身份

虚构听话人的关系身份涉及 7 个话轮,成为嘲讽驱动下最为明显的身份操作特征。本研究的语料显示,这类关系身份包括两个类型:听话人与第三方的关系、听话人与说话人之间的关系。

第一种类型,涉及听话人与第三方之间的关系,如下例中:

例(31)

背景:薛宝钗的哥哥薛蟠想调戏戏子柳湘莲,不料被后者暴打了一顿,躺在苇子坑里动弹不得。前来寻找薛蟠的贾蓉见他被打得鼻青脸肿,就嘲讽他。

贾蓉心内已猜着九分了,忙下马令人挽了出来,笑道:"薛大叔天天调情,今儿调到苇子坑里来了。<u>必定是龙王爷也爱上你风流,要你招驸马去,你就碰到龙犄角上了。</u>"

薛蟠羞的恨没地缝儿钻不进去。(第四十七回)

在上例中,贾蓉见到了狼狈的薛蟠,明白了事情的原委,他没有公开羞辱或责备他,而是选择了开玩笑、调侃的方式,说龙王爷要招他为"驸马"。听话人意识到说话人轻松的玩笑背后是对自己的挖苦,于是"羞的恨没地缝儿钻不进去"。故此段为隐性冲突话语。

在上例的画线部分,说话人为听话人虚构了即将被龙王爷招为驸马的风流公子身份。这个身份是听话人与第三方(神话传说中的龙王爷)之间的关系身份。但是,该身份与当下躺在苇子坑里动弹不得、狼狈不堪的薛蟠完全相反,甚至形成了鲜明的对比,因而产生了明显的讽刺意味,效果是听话人羞愧不已。

在本研究的语料中,除了为薛蟠虚构"龙王爷的驸马"身份,还有 5 个话轮虚构了宝玉、黛玉、丫鬟等人的亲密关系身份;另有 1 个话轮虚构了听话人有了"好女婿"的身份。有趣的是,这些虚构的关系身份都有一个共同点：与男女之间的婚恋相关。

　　第二种类型，字面上涉及听话人与说话人之间的关系身份，实际上涉及听话人与第三方之间的关系身份。如在下例中：

例(32)

背景：宝玉、袭人与另一个丫鬟之间闹不愉快。黛玉正巧撞见，便询问原因，宝玉(01中的"二哥哥")不答，她便问袭人。

01　黛玉道："二哥哥不告诉我，我问你就知道了。"一面说，一面拍着袭人的肩，笑道："好嫂子，你告诉我。必定是你两个拌了嘴了。告诉妹妹，替你们和劝和劝。"

02　袭人推他道："林姑娘你闹什么？我们一个丫头，姑娘只是混说。"

03　黛玉笑道："你说你是丫头，我只拿你当嫂子待。"

04　宝玉道："你何苦来替他招骂名儿。饶这么着，还有人说闲话，还搁的住你来说他。"(第三十一回)

　　在上例中，黛玉在01、03话轮中两次称呼袭人为"嫂子"，实际上是以开玩笑的方式隐射她与宝玉之间的亲密关系。由于黛玉本人也喜欢宝玉，因此称呼袭人为"嫂子"时不免有些吃醋心理。另一方面，在小说《红楼梦》中，宝玉与袭人已初试云雨。此处黛玉称呼袭人为"嫂子"，可能也是暗示对方自己知道此事。而袭人与宝玉分别在02、04中公开否定黛玉的这种称呼。可见，此段对话为隐性冲突话语。

　　在01中与03中，"嫂子"这个称呼语字面上虚构的是说话人与听话人之间的关系身份，而实际上虚构的是听话人与第三方宝玉之间的关系身份，因而产生了嘲讽意味。故在02话轮中袭人字面上用"混说"解构这种关系身份。但在小说中，袭人非常愿意成为宝玉之妾,王夫人已经给了她作为宝玉之妾的待遇;且她与宝玉已有夫妻之实。所以 02 中的"混说"字面上不礼貌,但在语境中与说话人的真实意图不相符合,是对"嫂子"的虚假不礼貌评价。

二、操作听话人的消极身份

操作听话人的消极身份,这个身份特征可分为两类,以下分别讨论。

第一类,掩盖身份的主体,建构消极身份,但听话人从语境中可以推知身份的主体是自我(一方)。这类身份特征涉及 4 个话轮,以下即为一例。

例(33)

背景:宝玉和黛玉不久前发生了口角,宝玉刚上门赔不是就被凤姐撞见了并在众人面前抖了出来。后来宝玉不小心得罪了宝钗,宝钗便借此事讽刺了他。

01 林黛玉……笑道:"宝姐姐,你听了两出什么戏?"

02 宝钗……便笑道:"我看的是李逵骂了宋江,后来又赔不是。"

03 宝玉便笑道:"姐姐通今博古,色色都知道,怎么连这一出戏的名字也不知道,就说了这么一串子。这叫《负荆请罪》。"

04 宝钗笑道:"原来这叫作《负荆请罪》! 你们通今博古,才知道'负荆请罪',我不知道什么是'负荆请罪'!"

一句话还未说完,宝玉林黛玉二人心里有病,听了这话早把脸羞红了。(第三十回)

在上例中,02 话轮字面上提及典故"李逵骂了宋江,后来又赔不是",但讽刺的是宝玉曾经对黛玉赔不是一事。而宝玉没有听出话外音,以为宝钗不知道"负荆请罪"的故事,便在 03 中怪她说话不简洁。而宝钗在 04 中用反语表示,自己当然知道这个故事,只不过有意把"赔不是"说出来。可见,02 话轮字面上讲述的是李逵向宋江道歉的故事,实际上隐射的是宝玉向黛玉"赔不是"那件事。此后的反应是:宝玉、黛玉"早把脸羞红了"。由此可见,这段对话隐含着冲突,是隐性冲突话语。

02 通过一个典故,为宝玉建构了在黛玉面前小心翼翼、经常赔不是的男孩这一身份,在此为消极身份。这个身份与他在贾府是受到万般宠爱的主子身份形成了鲜明的对比,产生了嘲讽意味。最后,两人都意识到了这个嘲讽意味,02 达到了预期的效果。

值得注意的是,在上例的 03 话轮中,宝玉并未意识到 02 的嘲讽意味,是在 04 的解释之后他才意识到这一点的。这说明:在有些隐性冲突话语中,冲突隐蔽的程度较深,甚至听话人一时都没能意识到;而在有些隐性冲突话语中,冲突隐蔽的程度不是很深,听话人一听就明白对方的意图,如例(31)中的薛蟠。

第二类,通过中性身份虚构听话人的消极身份。如在下例中:

例(34)

背景:一天,袭人心里不痛快,说自己"死了也倒罢了",宝玉便说她死了自己就去做和尚。可宝玉之前也对黛玉说过类似的话。

01 袭人笑道:"林姑娘,你不知道我的心事,除非一口气不来死了倒也罢了。"……

02 宝玉笑道:"你死了,我作和尚去。"

03 袭人笑道:"你老实些罢,何苦还说这些话。"

04 黛玉将两个指头一伸,抿嘴笑:"<u>作了两个和尚了</u>。我从今以后都记着你作和尚的遭数儿。"

宝玉听得,知道是他点前儿的话,自己一笑也就罢了。(第三十一回)

在上例的 04 话轮中,说话人黛玉似乎只是在陈述发生过的事情,而且看似很轻松地笑着说出来的,但实际上在提醒宝玉他以前也对她说过类似的话,有嘲讽宝玉经常对女孩们许诺、并不把诺言当真之意。故此段为隐性冲突话语。

在 04 中,说话人虚构了宝玉的"和尚"身份。"和尚"这个身份本身是中性的,无所谓积极或消极身份,但一个人"作了两个和尚"却是不可能的,故 04 话轮暗讽宝玉经常许诺对女孩的忠诚、但并非真心实意,为宝玉建构了用情不专的公子形象,在此是消极身份。此身份操作使宝玉意识到她在"点前儿的话",达到了嘲讽的效果。

三、字面上虚构与语境不符的听话人积极身份

字面上虚构听话人的积极身份,但与语境明显不符,产生反讽意味。这样的身份操作涉及 1 个话轮,在第 1 章的例(6)中:

背景:一天,宝玉的丫鬟袭人想出门,便叮嘱另一个丫鬟晴雯:

01　袭人……便告诉晴雯:"好生在屋里,别都出去了,叫宝玉回
　　来抓不着人。"

02　晴雯道:"嗳哟,① 这屋里单你一个人记挂着他,② 我们都
　　是白闲着混饭吃的。"
　　袭人笑着,也不答言,就走了。(第六十七回)

在上例中,01 的说话人袭人公开发出了指令,但 02 的说话人晴雯没有直接表示接受这个指令,而是通过反讽的方式表示接受。反讽中隐含了 01 是多余的叮嘱之意,也隐含了说话人晴雯的不满情绪。故此段为隐性冲突话语。

02 话轮可分为两个部分:①部分为听话人建构了贾府中唯一"记挂着"宝玉的丫鬟这一身份,在此为积极身份;②部分为自我虚构了"白闲着混饭吃的"丫鬟这一身份,在此为消极身份。前者提升

听话人的面子,后者贬抑自我的面子,似乎可评价为礼貌。但是,在小说中,晴雯也是尽心尽力地服侍宝玉的丫鬟,袭人不是唯一"记挂着"宝玉的丫鬟。故 02 话轮的①部分与②部分所建构的身份与实际情况或语境明显不符:前者为虚构的积极身份,后者是虚构的消极身份。这两种与实际情况或语境不符的身份,均产生了嘲讽意味。这种嘲讽达到了预期的效果:听话人没有言语回应,"笑着"离开了。

四、字面上虚构与语境不符的自我消极身份

字面上虚构自我的消极身份,但与语境不符,产生反讽意味,这样的身份操作涉及 1 个话轮。

在以上例(6)的 02 话轮中,说话人晴雯在②部分为自我虚构了消极身份,但与实际情况或语境明显不符,因而产生了明显的反讽意味。

为了达到嘲讽听话人的目的,说话人的身份操作出现的身份特征在有些语境中也并非相互排斥,而是可以共现的。如在以上例(6)的 02 话轮中,出现了第 3、第 4 两种特征。

本研究的语料显示,听话人受到嘲讽后,主要的话语反应是字面上对对方的身份操作进行负面评价,但实际上是虚假不礼貌,如例(32)中的"好嫂子"。此外,听话人还产生了无言语的反应:(1)羞涩,例(33)中的宝玉、黛玉"早把脸羞红了"。(2)愧疚不堪,如例(31)中的薛蟠"羞的恨没地缝儿钻不进去"。(3)不回应、笑着离开现场,如例(6)中袭人"笑着,也不答言,就走了"。由最后一种反应可见,似乎有些身份所带来的评价在特定语境中未达到不礼貌的程度,可能程度上低于不礼貌。这说明,(不)礼貌是评价的两个极端,在其之间还存在着中间状态。

值得注意的是,如果我们将 5.1.3 部分与本部分所讨论的身份特征做一对比,会发现隐蔽责备与嘲讽驱动了以下共同的身份特征:(1)掩盖身份主体,建构消极身份,但听话人从语境中可以推知身份的主体是自己。(2)字面上虚构自我的消极身份,但与语境不相符合,产生反讽意味。(3)字面上虚构对方的积极身份,但与语境不相符合,产生反讽意味。此处第 2、3 条身份特征字面上体现了 Gu (1990)提出的、中国人的"贬己尊人"礼貌原则。不过,在隐性冲突话语中,体现这个原则的身份特征却与语境不相符合,产生了反讽意味,评价为虚假礼貌。

5.1.5　否定、反击/反驳

在面临责备、嘲讽等时,说话人可能否定、反击或反驳对方。而否定、反击/反驳不仅会阻碍听话人的交际目标,还可能恶化听话人的情绪,甚至加剧交际双方之间的冲突。依据本书 4.2.1 中的(不)礼貌评价原则,否定、反击或反驳常带来不礼貌评价。鉴于此,说话人有时会隐蔽地否定、反击或反驳对方,以降低不礼貌程度。

在本研究的语料中,隐蔽否定、反击或反驳驱动了 10 个话轮,包括因不满听话人处事而否定、反击/反驳听话人(7 个话轮)以及因不满听话人的言语而否定、反击/反驳听话人(3 个话轮)。在语用身份操作方面出现了以下特征:

一、操作第三方身份

说话人操作第三方的身份,一般是将其用作资源,以便更为有力地否定、反击/反驳对方。此身份特征可分为两类:第一类是建构第三方的权威身份;第二类是解构对方所建构的第三方身份,重构第三方身份。操作第三方身份涉及 5 个话轮,成为这类交际需求驱动下主要的语用身份特征。以下分别举例说明。

第一类,建构第三方的权威身份。下面以 3.1.1 部分的例(9)来说明:

　　背景:金桂对丈夫薛蟠的妹妹——薛宝钗(以下对话中的"姑娘")不满,而薛蟠的小妾香菱的名字又是薛宝钗给起的。一天闲着无事时,金桂有意问香菱她的名字是谁起的。

　　01　香菱便答:"姑娘起的。"

　　02　金桂冷笑道:"人人都说姑娘通,只这一个名字就不通。"

　　03　香菱忙笑道:"嗳哟,奶奶不知道,我们姑娘的学问连我们姨老爷时常还夸呢。"

　　04　金桂听了,将脖项一扭,嘴唇一撇,鼻孔里哧了两声,拍着掌冷笑道:"菱角花谁闻见香来着? 若说菱角香了,正经那些香花放在那里?"①(第七十九回)

　　在上例中,03话轮中有两个第三方,"我们姑娘"(指薛宝钗)是被提及的第三方;"我们姨老爷"(指贾政)是被当作权威、当作资源用来证明说话人观点的第三方。为了否定金桂在02中所表述的观点,03的说话人香菱为第三方"我们姨老爷"建构了权威身份,引用他的夸奖证明自己的观点。在小说《红楼梦》中,贾政是除了贾母之外的贾府最权威人士。03中的"连"字是预设触发语,预设了贾政的这种身份。虽然第三方的权威身份在03话轮中得以建构并利用,但没有达到预期的效果。相反,它引起了金桂在04中的反驳。原因之一是:金桂是小说《红楼梦》中有名的悍妇、泼妇,根本不把权威放在眼里,因此建构第三方的权威身份对她来说不起作用。

　　第二类,解构听话人所建构的第三方身份,重构第三方身份。如在3.1.5部分的例(13)中:

　　背景:宝玉与宝钗的价值观很不一致。两人结婚后的某一天,

————————
　　①　因分析需要,增加了一个话轮。

宝钗见宝玉十分专注地读着《庄子·秋水》,担心他受其淡泊名利、"出世离群"思想的影响,心情十分烦闷,便隐蔽劝阻他:

01　宝钗从里间走出,见他(指宝玉)看的得意忘言,便走过来一看,见是这个,心里着实烦闷……宝钗道:"我想你我既为夫妇,你便是我终身的倚靠,却不在情欲之私。论起荣华富贵,原不过是过眼烟云,但自古圣贤,以人品根柢为重。"

02　宝玉也没听完,把那书本搁在旁边,微微的笑道:"<u>据你说人品根柢,又是什么古圣贤,你可知古圣贤说过'不失其赤子之心'。</u>那赤子有什么好处,不过是无知无识无贪无忌。我们生来已陷溺在贪嗔痴爱中,犹如污泥一般,怎么能跳出这般尘网。如今才晓得'聚散浮生'四字,<u>古人说了,不曾提醒一个</u>。既要讲到人品根柢,谁是到那太初一步地位的!"

03　宝钗道:"你既说'赤子之心',<u>古圣贤原以忠孝为赤子之心,并不是遁世离群无关无系为赤子之心,尧舜禹汤周孔时刻以救民济世为心,所谓赤子之心,原不过是'不忍'二字。</u>若你方才所说的,忍于抛弃天伦,还成什么道理?"

04　宝玉点头笑道:"尧舜不强巢许,武周不强夷齐。"

05　宝钗不等他说完,便道:"你这话益发不是了……"①(第一一八回)

为了隐蔽地劝阻宝玉,上例的 01 话轮为第三方建构了重视"人品"的"古圣贤"这一身份,在此为积极身份。为了否定宝钗的观点,宝玉在 02 中解构了她为第三方"古圣贤"所建构的积极身份,并重构了第三方具有"赤子之心"的古圣贤身份,在此也是积极身份;02 中还利用了具体的第三方"太初"作为资源。为了反驳对方,宝钗在

---

① 因分析需要,增加了一个话轮。

03 中也解构了宝玉所建构的第三方身份,为第三方重构了重视"忠孝"的古圣贤身份,也是积极身份;接着,宝玉在 04 中提及第三方"尧舜禹汤",建构他们的权威身份作为资源,暗示宝钗不要强迫自己接受她的观点。由此可见,对于相同的第三方,交际双方可操作不同的积极身份,即交际双方可能利用同第三方的不同身份作为资源。

二、虚构自我的消极身份

虚构自我的消极身份,但在具体语境中与说话人的真实身份不符甚至相反,产生反讽意味。此身份特征只涉及 2 个话轮。以下即为一例:

例(35)

背景:贾府里众人看戏的时候,王熙凤发现一个戏子很像林黛玉,但没有说出来,一旁的湘云却心直口快地说了出来。宝玉怕黛玉不高兴就给湘云使眼色暗示她不要说。看完戏后,湘云生气地收拾包袱要回家:

01 (宝玉)忙赶近前拉他说道:"好妹妹,你错怪了我。林妹妹是个多心的人。别人分明知道,不肯说出来。也皆因怕他恼。谁知你不防头就说了出来,他岂不恼你。我是怕你得罪了他,所以才使眼色。你这会子恼我,不但辜负了我,而且反倒委屈了我。若是别人,那怕他得罪了十个人,与我何干呢。"

02 湘云摔手道:"你那花言巧语别哄我。我也原不如你林妹妹,别人说他,拿他取笑都使得,只我说了就有不是。<u>我原不配说他</u>。他是小姐主子,<u>我是奴才丫头</u>,得罪了他,使不得!"

03 宝玉急的说道:"我倒是为你,反为出不是来了。我要有外

心,立刻就化成灰……"(第二十二回)

在上例中,01 是宝玉向湘云做的解释;而湘云不接受他的解释,在 02 中先公开反驳宝玉,接着又在画线部分通过反讽隐蔽地反驳他,故此段为隐性冲突话语。

在此例 02 中,"他"指的是第三方黛玉,此处的第三方不是用作资源,只是在交际双方的冲突中被提及。为了反驳宝玉,湘云为自己虚构并凸显了"奴才丫头"身份,在此是弱势身份。但在《红楼梦》小说中,湘云并不是奴才丫头,而是与黛玉平起平坐的主子。此处说话人为自我所虚构的身份与实际情况完全相反,产生了反讽意味。结果将宝玉急得又解释又发誓。

三、建构自我的积极身份

建构自我的积极身份,这样的身份操作涉及 1 个话轮。如在 1.1 部分出现过的例(3)中,

背景:贾政痛打儿子宝玉后,贾母前来兴师问罪。

01 贾政见他母亲来了,又急又痛,连忙迎接出来,只见贾母扶着丫头,喘吁吁的走来。贾政上前躬身陪笑道:"大暑热天,母亲有何生气亲自走来? 有话只该叫了儿子进去吩咐。"

02 贾母听说,便止住步喘息一回,厉声说道:"你原来是和我说话! 我倒有话吩咐,只是可怜我一生没养个好儿子,却叫我和谁说去!"

03 贾政听这话不像,忙跪下含泪说道:"为儿的教训儿子,也为的是光宗耀祖.母亲这话,我做儿的如何禁得起?"

04 贾母听说,便啐了一口,说道:"我说一句话,你就禁不起。你那样下死手的板子,难道宝玉就经得起了? 你说教训儿子是光宗耀祖,当初你父亲怎么教训你来?"说着,不觉就滚

下泪来。

05 贾政又陪笑道:"母亲也不必伤感,皆是作儿的一时性起,从此以后再不打他了。"(第三十三回)

上例中 01 是隐蔽责备,已在 5.1.3 中讨论过。在 02 中贾母指责贾政不是"好儿子";在 03 中贾政反驳说"为儿的教训儿子,也为的是光宗耀祖",其中"为儿的"凸显了听话人与自己的母子关系身份。因听话人是贾府的活祖宗,03 的画线部分为说话人自我建构了出于祖宗的利益即听话人利益而"教训儿子"的孝子身份。依据儒家的孝文化,孝子是积极身份,以此隐蔽地解构了贾母为自己建构的消极身份,从而否定了 02 中贾母的论断。

四、操作听话人的消极身份或弱势身份

操作听话人的消极身份或弱势身份可分为两类。这样的身份操作分别涉及 1 个话轮。以下分别讨论。

第一类,通过关系身份虚构听话人的消极身份

在特定语境中,说话人字面上虚构与听话人相关的、第三方的消极身份,实际上通过关系身份虚构了听话人的消极身份,达到了反击听话人的目的。如:

例(36)

背景:一天,宝玉、黛玉、湘云等在一处玩。黛玉讥笑湘云发音不准,遭到湘云的反击。

01 只见湘云走来,笑道:"二哥哥,林姐姐,你们天天一处顽,我好容易来了,也不理我一理儿。"

02 黛玉笑道:"偏是咬舌子爱说话,连个'二'哥哥也叫不出来,只是'爱'哥哥'爱'哥哥的,回来赶围棋儿,又该你闹'幺爱三四五'了。"……

03 湘云笑道:"① 这一辈子我自然比不上你。② 我只保佑着明儿得一个咬舌的林姐夫,时时刻刻你可听'爱''厄'去。阿弥陀佛,那才现在我眼里!"

说的众人一笑,湘云忙回身跑了。(第二十回)

在上例中,面对 02 的公开嘲笑,湘云在 03 中先假意承认自己不如对方,接着杜撰出第三方——"一个咬舌的林姐夫",隐蔽地反击了黛玉。这种典型的笑里藏刀,使得此段成为隐性冲突话语。

黛玉在 02 中先为湘云建构了"咬舌子爱说话"的人这一身份,在此为消极身份。为了反击,湘云在 03 中的①部分为自我建构了"比不上"对方的人这一身份,在此为消极身份。这个身份似乎贬低了自我的面子,提升了听话人的面子。接着,她在 03 的②部分虚构了一个第三方——"林姐夫";并为第三方虚构了发音不清、天天"咬舌的"人这一身份,在此为消极身份。这实际上间接地为林黛玉建构了消极身份。湘云知道黛玉会对此做出不礼貌评价,甚至是超出不礼貌评价程度的负面评价,便在说完后"忙回身跑了",以回避更加激烈的冲突。她的这一身体语言或许说明,有些身份评价可能超越"不礼貌"的程度,或许具有冒犯性,以至于说话人不得不逃离现场。

第二类,掩盖身份的主体,建构弱势身份或消极身份,但听话人从语境中可以推知身份的主体是自己。如在下例中:

例(37)

背景:一天,贾政与妾室赵姨娘的儿子因茉莉粉与丫鬟芳官发生了矛盾,赵姨娘大骂芳官。

01 赵姨娘也不答话,走上来便将粉照着芳官脸上撒来,指着芳官骂道:"小淫妇! 你是我银子钱买来学戏的,不过娼妇粉头之流……宝玉要给东西,你拦在头里,莫不是要了你的了?拿这个哄他,你只当他不认得呢……"

02 芳官那里禁得住这话,一行哭,一行说:"没了硝我才把这个给他的。若说没了,又恐他不信,难道这不是好的?我便学戏,也没往外头去唱。我一个女孩儿家,知道什么是粉头面头的!姨奶奶犯不着来骂我,我又不是姨奶奶家买的。'梅香拜把子——都是奴几'呢!"①

03 袭人忙拉他说:"休胡说!"(第六十回)

在上例中,赵姨娘在 01 话轮中公开辱骂小丫鬟;小丫鬟一边哭一边回应,在 02 中既公开(未画线部分)又隐蔽(画线部分)地反击了听话人。其中的"梅香拜把子——都是奴儿"用借代的修辞手法掩盖了所贬损的对象。故此段为隐性冲突话语。

在 02 的画线部分,说话人虽为听话人和自己建构了"奴儿"的下人身份,在此为弱势身份,但在对方已经贬低、辱骂自己的情况下,说话人的意图不是贬低自己,而是反击听话人。因此,02 的画线部分虽然将听话人与说话人都包含在内、为双方都建构了弱势身份,但在具体语境下针对的是对方,即消极身份的目标对象是听话人赵姨娘。03 话轮中一直想当宝玉姨娘的袭人作为第三方,告诉02 的说话人"休胡说",也证明了这一点。

五、虚构听话人的积极身份或中性身份

虚构听话人的积极身份或中性身份,但在具体语境中听话人并不具备此身份,因而产生反讽意味。这样的身份操作共涉及 2 个话

---

① "梅香"是旧时丫鬟的代名词;"拜把子"是结拜而成的异姓兄弟姐妹,根据年龄排行。"梅香拜把子——都是奴几"是一句歇后语,意思是:争什么老大老二啊?无论大小都是下人。

轮,均在下例中:

例(38)

背景:凤姐抄检大观园时,发现惜春的丫鬟入画有违规行为,因此要将入画赶出去。惜春的大嫂尤氏来求情,惜春却执意不肯再留她。两人为此发生了争执。

01 惜春冷笑道:"我虽年轻,这话却不年轻。你们不看书不识几个字,所以都是些呆子,看着明白人,倒说我年轻糊涂。"

02 尤氏道:"① 你是状元榜眼探花,古今第一个才子。② 我们是糊涂人,不如你明白,何如?"

03 惜春道:"状元榜眼难道就没有糊涂的不成?可知他们也有不能了悟的。"

04 尤氏笑道:"你倒好。才是才子,这会子又作大和尚了,又讲起了悟来了。"

05 惜春道:"我不了悟,我也舍不得入画了。"

06 尤氏道:"可知你是个心冷口冷心狠意狠的人。"

07 惜春道:"古人曾也说的,'不作狠心人,难得自了汉。'我清清白白的一个人,为什么教你们带累坏了我!"

08 尤氏心内原有病,怕说这些话。听说有人议论,已是心中羞恼激射,只是在惜春分上不好发作,忍耐了大半。今见惜春又说这句,因按捺不住,因问惜春道:"怎么就带累了你了?你的丫头的不是,无故说我,我倒忍了这半日,你倒越发得了意,只管说这些话。你是千金万金的小姐,我们以后就不亲近。仔细带累了小姐的美名,即刻就叫人将入画带了过去!"

说着,便赌气起身去了。(第七十四回)

在上例中,惜春在 01 中公开用贬义词"呆子"评价对方,而尤氏在 02、04 话轮中通过反讽的方式回应,说对方是"才子""大和尚",产生了强烈的讽刺意味,隐蔽地反击了惜春。故此段为隐性冲突话语。

在 01 中,惜春为听话人建构了"呆子"的消极身份,公开责备了尤氏;作为反击,尤氏在 02 的①部分为惜春虚构了"状元榜眼探花"和"古今第一个才子"的身份,并凸显了这些身份,字面上为积极身份;在②部分为自我虚构并凸显了"糊涂人"的身份,在此为消极身份。此类身份操作体现了本部分所讨论的第二条身份特征。依据本书 4.2.1 部分的(不)礼貌评价原则,这些身份似乎可带来礼貌评价。但是,在小说中,惜春并不具备"状元榜眼探花"和"古今第一个才子"的身份,尤氏也不是"糊涂人",这些身份与具体语境明显不符,因而是虚假身份,产生反讽意味。面对这些虚假身份,惜春在 03 中进行了公开反击;尤氏在 04 中又为惜春虚构了"大和尚"的身份,并凸显了它。这是中性身份。但这个身份同样与实际情况明显不符,再次产生了反讽意味。在 05 中惜春再次公开反击后,尤氏在 06 中不再隐蔽地责备她,而是公开为她建构了"心冷口冷心狠意狠的人"这一身份,在此为消极身份;同时还凸显了这个身份。从 06 至 08,隐性冲突话语发展为显性冲突话语,以尤氏"赌气"离开才得以结束。

为了隐蔽地否定、反击/反驳听话人,说话人在操作语用身份方面表现出的身份特征,在有些语境中也并非相互排斥,而是可以共现的。如在例(38)的 02 话轮中,出现了第 2、第 5 两种特征。

本研究的语料显示,隐蔽否定、反击/反驳驱动下的身份操作所引起的交际效果主要有:(1) 听话人挑战对方所建构的身份,如例(9)中 04 的说话人金桂;(2) 听话人解构对方所建构的身份,如例(13)中 02 的说话人宝玉与 03 的说话人宝钗;(3) 在场的第三方解构说话人建构的身份,如例(37)中 03 的说话人袭人;(4) 听话人让步,如例(3)中 05 的说话人贾政;(5) 说话人为了回避冲突,离开现场,如例(36)中的湘云。

值得注意的是,如果将 5.1.3 部分、5.1.4 部分与本部分所讨论的身份特征做一对比,会发现隐蔽责备、嘲讽以及隐蔽否定、反击/反驳这三个交际需求均驱动了以下身份特征:(1) 字面上虚构自我的消极身份,但与语境不相符合,产生反讽意味。(2) 字面上虚构对方的积极身份,但与语境不相符合,产生反讽意味。这些身份特征字面上体现了 Gu(1990)提出的、中国人的"贬己尊人"礼貌原则。不过,在隐性冲突话语中,体现这个原则的身份特征却与语境不相符合,产生了反讽意味,评价为虚假礼貌。

5.1.6　劝说与劝阻

在交际中,说话人对听话人进行劝说与劝阻常常会威胁后者的平等权,同时还可能损害其面子。依据本书 4.2.1 中的(不)礼貌评价原则,劝说与劝阻常被评价为不礼貌。因此,说话人有时会隐蔽地劝说、劝阻,以降低不礼貌程度。在本研究的语料中,劝说与劝阻分别只驱动了 1 个话轮。以下分别讨论。

一、建构第三方的权势身份以隐蔽地劝说听话人

建构第三方的权势身份,隐蔽地劝说听话人只驱动了 1 个话轮。如在下例中:

例(39)

背景:宝玉有时对比他年龄大的丫鬟如袭人、晴雯等直呼其名,管事婆子(林子孝家的)便隐蔽劝说他要"知礼",要称呼她们为"姐姐"。

01 宝玉笑道:"妈妈说的是。我原不过是一时半刻的。"

02　袭人、晴雯都笑说："这可别委屈了他。直到如今,他可姐姐没离了口。不过顽的时候叫一声半声名字,若当着人却是和先一样。"

03　林之孝家的笑道："这才好呢,这才是读书知礼的。越自己谦越尊重,别说是三五代的陈人①,现从老太太、太太屋里拨过来的,便是老太太、太太屋里的猫儿狗儿,轻易也伤他不的。这才是受过调教的公子行事。"

说完后吃了茶,就离开了。(第六十三回)

在上例03中,说话人先从正面公开地劝说宝玉,后在画线部分通过打比方的方式,将侍候过"老太太、太太"的下人与她们屋里的"猫儿狗儿"相比,隐蔽地劝说宝玉要尊重他们。故此段为隐性冲突话语。

在上例中,03画线部分出现的"三五代的陈人"是说话人提及的第三方;而其中的"老太太、太太"是被利用的第三方,说话人将其作为资源,增强劝说的力度,是本书所讨论的第三方。为了劝说或教导宝玉"知礼",说话人在03的画线部分将"老太太、太太屋里拨过来的"的下人与"猫儿狗儿"相提并论,为他们建构了极为卑贱的下人身份。他们与"老太太、太太"之间的关系身份是伺候过老太太、太太的下人,因而应该受到尊重。换言之,对老太太、太太屋里给的猫儿狗儿都不能不尊重,更何况是人呢。以这种对比的方式,03的说话人建构了第三方老太太、太太的权势身份,从而劝说听话人。

二、建构第三方的积极身份以隐蔽地劝阻听话人

在上文的例(13)中,为了劝阻宝玉读庄子的书,以免他受到"出世离群"思想的影响,宝钗在01中为第三方建构了"以人品根柢为

---

①　"三五代的陈人"指三代五代都在贾府里做事的下人。

重"的古圣贤身份,目的是让宝玉以他们为榜样,像他们那样担当起人的社会责任和家庭责任,在此为积极身份。但从后面宝玉、宝钗的辩论来看,这样的劝阻没有达到预期的效果。

当然,劝说与劝阻两者经常联系在一起,似乎不易区分。例如,例(13)中 01 话轮的"自古圣贤,以人品根柢为重"既可以看作隐蔽地劝阻宝玉读庄子的书,也可以看作隐蔽劝说他要承担起人伦职责。不过,依据当时的具体情景——宝玉在饶有兴致地读庄子的书,宝钗担心他受"出世离群"的影响,"心里着实烦闷",本研究就将此部分判断为隐蔽劝阻。

5.1.7 警告

在人际交往中,警告听话人常会威胁其平等权,同时还可能损害其面子,影响甚至恶化其情绪。依据本书 4.2.1 部分的(不)礼貌评价原则,警告会带来不礼貌评价。因此,说话人常会隐蔽地发出警告,以降低不礼貌程度。在本研究的语料中,警告是通过先虚构听话人的积极身份,然后挑战这个身份实现的。此类身份操作只涉及 1 个话轮,在下例中:

例(40)

背景:黛玉在一次行酒令时说出了《牡丹亭》《西厢记》中的句子,而这两本书在当时被认为是淫词艳曲,闺中女儿不能看。宝钗听了出来,第二天就隐蔽地警告黛玉。

01 进了房,宝钗便坐了笑道:"你跪下,我要审你。"

02 黛玉不解何故,因笑道:"你瞧,宝丫头疯了! 审问我什么?"

03 宝钗冷笑道:"① 好个千金小姐! 好个不出闺门的女孩儿! ② 满嘴说的是什么? 你只实说便罢。"

04 黛玉不解,只管发笑,心里也不免疑惑起来,口里只说:"我何曾说什么,你不过要捏我的错儿罢了。你倒说出来我听听。"

05 宝钗笑道:"你还装憨儿。昨儿行酒令你说的是什么?我竟不知那里来的。"

06 黛玉一想,方想起来昨儿失于检点,那《牡丹亭》《西厢记》说了两句,不觉红了脸,便上来搂着宝钗,笑道:"好姐姐,原是我不知道随口说的。你教给我,再不说了。"

07 宝钗笑道:"我也不知道,听你说的怪生的,所以请教你。"

08 黛玉道:"好姐姐,你别说与别人,我以后再不说了。"
宝钗见他羞得满脸飞红,满口央告,便不肯再往下追问。

(第四十二回)

在上例中,宝钗没有公开警告黛玉,而是在 03 的画线部分以反讽的方式进行,故此段为隐性冲突话语。

在 01 话轮中,说话人宝钗用"我要审你"公开地表达了对听话人黛玉的警告,但这话是"笑"着说的,身体语言在一定程度上降低了不礼貌程度。当黛玉在 02 中表示不解后,宝钗说了 03 话轮。03 的画线部分可分为两部分:①部分先凸显了听话人的积极身份;②部分紧接着以询问的方式挑战了这种身份,产生了强烈的讽刺意味。当黛玉在 04 中抵赖时,05 再次以询问的方式提醒她,直到黛玉在 06 中"红了脸",承诺"以后再不说了",并请求宝钗"别说与别人"。宝钗见达到了预期的效果,这段对话才告结束。

5.1.8　指令

向听话人发出指令常常会威胁其平等权,或阻碍其交际目标。依据本书 4.2.1 部分的(不)礼貌评价原则,指令常被评价为不礼貌。因此,说话人有时会隐蔽地发出指令,以降低不礼貌程度。在本研究的语料中,指令仅驱动了 1 个话轮:在例(13)中宝玉与宝钗就古圣贤进行辩论时,宝玉在 04 中说"尧舜不强巢许,武周不强夷齐",通过建构第三方"尧舜""武周"不强求他人的圣人身份,隐蔽地向宝钗发出指令,请她不要强迫自己。但这种身份操作没有达到他预期的效果,之后宝钗公开否定他的观点,"你这话益发不是了……"。

5.1.9 解释

此处的解释指向听话人解释某行为或某事的原因。在有些语境中,解释并不威胁和谐,但在本研究的语料中,有一个话轮中的解释是针对上一个话轮中略带责备的话语进行的,因而在一定程度上有为自己开脱、免责之意。不过,这个话轮的主要内容还是解释。

例(41)

背景:一天,王熙凤隐蔽地向贾母提议让宝玉娶宝钗。

01 凤姐笑道:"不是我当着老祖宗太太们跟前说句大胆的话,现放着天配的姻缘,何用别处去找。"

02 贾母笑问道:"在那里?"

03 凤姐道:"一个'宝玉',一个'金锁',老太太怎么忘了?"

04 贾母笑了一笑,因说:"昨日你姑妈在这里,你为什么不提?"

05 凤姐道:"<u>老祖宗和太太们在前头,那里有我们小孩子家说话的地方儿</u>。况且姨妈过来瞧老祖宗,怎么提这些个,这也得太太们过去求亲才是。"

06 贾母笑了,邢王二夫人也都笑了。贾母因道:"可是我背晦①了。"(第八十四回)

---

① "背晦"意为脑筋糊涂,做事悖谬。

在上例 04 话轮中,贾母虽是在询问原因,但有一丝怪罪之意;05 中王熙凤虽做解释,但也隐含一丝埋怨,故此段为隐性冲突话语。

在 05 的画线部分,说话人王熙凤为听话人"老祖宗和太太们"建构了权威身份或强势身份,为自我建构了没有话语权的"小孩子家"身份,亦即弱势身份。这种身份操作达到了预期的效果:贾母不仅不再责怪她,还承认自己"背晦"了。

5.1.10 小结与讨论

由以上分析可见,在《红楼梦》的隐性冲突话语中,九种行事需求(即请求,拒绝,责备,嘲讽,否定、反击/反驳,劝说与劝阻,警告,指令,解释)驱动下的语用身份操作反映了说话人为降低不礼貌程度或回避不礼貌评价所做的话语努力。

从人际关系管理的视角来看,交际者为了实现这九种行事需求,管理了面子、社交权、交际目标、利益和情绪五个成分,通过话语操作了多种类型的语用身份,操作的方式也多种多样,产生了各不相同的效果。下面将从上文所讨论的语用身份操作出发,总结这些身份操作与相关行事需求之间的联系及其所产生的效果。

一、建构、凸显或虚构自我(一方)的弱势身份、消极身份、受损者身份

这类身份操作主要在六种行事需求的驱动下进行,即请求,拒绝,解释,责备,嘲讽,否定、反击/反驳。不过,交际者在这六种需求驱动下操作这类身份的意图不同:在前三种需求,即在请求、拒绝、解释的驱动下,说话人真心实意地操作自我(一方)的弱势或消极身份,目的是满足自我的交际需求;而在后三种行事需求的驱动下,说话人操作自我的弱势或消极身份并非真心实意,而且明显地与语境不相符合,产生反讽意味,带来虚假礼貌评价。

本研究的语料显示,在这六类交际需求驱动的话轮中,拒绝所

146

驱动的话轮最多。换言之,操作自我(一方)的弱势身份、消极身份
在隐蔽拒绝中表现得最为典型。在六类交际需求的驱动下,说话人
操作自我的弱势身份等所取得的交际效果各不相同。以下分别
概括。

(一)请求

本研究的语料显示,为了使请求达到预期的效果,说话人操作
自我(一方)的弱势身份等,大多是为了使听话人能接受请求而给出
的理由、依据甚至借口。例如,为了请求借钱或赊物,例(20)中的贾
芸凸显了自我从小的穷孩子身份;例(21)中的刘姥姥建构了自我一
家饥寒交迫的穷苦人家身份;例(22)中的贾雨村为自我建构了欲进
京赶考却无盘缠的贫困书生身份。这些都是弱势身份。例(19)中
的"那婆子"不仅为自我建构了穷寡妇的弱势身份,还为自我建构了
离开贾府后生活无着落者的受损者身份。简言之,说话人为自我
(一方)操作的这些身份为隐蔽地请求提供了理由、原因或借口。虽
然这类身份有损说话人的面子,但有利于增强说服力,有从而达到
请求的目的。因此,它们对于交际需求来说是有利身份。

依据本书 4.2.1 中的(不)礼貌评价原则,请求常威胁听话人的
平等权,甚至减损听话人的利益,因而常带来不礼貌评价。但是,本
书的语料显示,并非所有的请求都导致不礼貌评价。如在例(22)
中,贾雨村操作自我的弱势身份隐蔽地向甄士隐求借时,不料后者
早有借钱给他之"心",只是因为他未提出来而不敢"唐突"主动借给
他。可见,请求不一定带来不礼貌评价,对请求做出评价需要考虑
被请求者的意愿。换言之,仅用(不)礼貌两个维度去评价说话人的
态度,似乎还不够。在特定场合中,如果说话人所请求之事正好符
合听话人的意愿,评价可能不是礼貌,而是符合听话人意愿等。

从交际效果来看,请求能否成功,在一定程度上取决于请求者
的身份操作,也在一定程度上取决于被请求者的意愿。听话人本身

的接受意愿越强烈，说话人所需要做的身份工作越少；反之会越多。如例（22）中贾雨村求借以及例（23）中秦钟请求进贾府私塾，目的很快达成，原因是听话人都有此意愿。而在例（20）中贾芸找舅舅求借，无论如何操作身份，都没有成功。究其原因，主要是因为舅舅一家的拒绝意愿太强烈。又如在例（21）中刘姥姥第一次到贾府求借时，王熙凤既没有让她空手而归，（但与第二次相比）也没有给予太多。王熙凤依据的是第三方王夫人的意愿。另一方面，在有些语境中，听话人的意愿也不是不可改变的。如在例（10）中老尼请求王熙凤为张家的亲事纠纷帮忙，王熙凤开始非常坚决地拒绝了，但后来老尼冒险虚构了贾府（包括王熙凤在内）的弱势身份后，王熙凤却接受了请求。又如在例（19）中，"那婆子"请求留在贾府继续当差，为自我建构了包括受损者身份在内的一系列身份，最后也达成了目的。由此可见，语用身份与意愿相互作用。这一点对语用身份研究尤为重要，以后的研究要关注说话人如何操作语用身份以影响甚至改变听话人的意愿。

（二）拒绝，解释

本研究的语料显示：在拒绝的驱动下，说话人建构、凸显甚至虚构自我（一方）的弱势身份或消极身份，为拒绝对方提供了理由、依据甚至借口。这一点与请求驱动下的同类身份操作极为相似。例如，在上文例（20）中，贾芸的舅舅和舅妈为了拒绝给贾芸赊欠物品，他们为自我一家虚构吃了上顿没下顿的穷苦家庭身份，结果是贾芸失望地空手而归。又如例（21）中刘姥姥求借一例。王熙凤在王夫人的授意下，决定这样的亲戚既不能不借，也不能多借。在这个交际需求的驱动下，王熙凤在话语上部分拒绝、部分接受刘姥姥的请求；为了拒绝，她为自我（一方）即贾府建构或虚构了外部光鲜、内部艰难的家庭身份，为拒绝刘姥姥提供了原因；为了接受她的请求，又为刘姥姥建构了第一次开口求借的远道亲戚这一身份，为接受她的请求提供了原因。最后,刘姥姥借到了 20 两白银。虽然没有空手而归,但比起她第二次来贾府时,贾府直接赠送 100 多两白银和大量物品,数量少得多。由此可见,交际需求驱动身份操作,身份操作产生相应的交际效果。

从效果来看,说话人通过操作自我的弱势身份、消极身份或受损者身份而隐蔽地拒绝请求者,取得了不同效果。从请求者的反应来看,有两种效果:第一,请求者继续请求后放弃。如在例(20)中,贾芸找舅舅赊欠物品时,舅舅先是公开拒绝他;于是贾芸继续建构并凸显自我打小的穷孩子身份,继续请求;之后他的舅舅又通过虚构自己一家的穷人身份而隐蔽地拒绝他。即使舅舅用"我的儿"拉近距离,在情感上做出弥补,贾芸还是"起身告辞"。当他的舅舅假意留他吃饭后,他的舅妈又继续虚构自我一家无饭可吃的穷人家身份,最后贾芸"去的无影无踪了"。第二,请求者不言放弃。如在例(27)中,当贾芸为了在贾府谋份差事给王熙凤送礼时,王熙凤为自我一方虚构了爱莫能助、无能为力者的弱势身份,以此表示拒绝。贾芸听后并没有一走了之,而是与她的孩子搭讪;当孩子哭闹之后,他不得不告辞。此时王熙凤反复要求他把礼物带走。贾芸在不得不带走礼物的情况下,承认自己的礼物不"得用",表示以后"再找得用的东西"来。可见,贾芸并没有因为对方的拒绝而放弃。

另一方面,从身份操作带来的评价看,也有两种效果:第一,产生了虚假不礼貌评价。如在例(24)中,当丫鬟晴雯为自我建构消极身份、拒绝宝玉替她梳头后,引发了宝玉的评价"满屋里就只是他磨牙"。这个评价字面上看是负面的,是不礼貌的;但宝玉是"笑"着说的,可以说从他的表情来看是礼貌的,并无贬义。可见,此例中存在着礼貌与不礼貌之间的不匹配,且无不礼貌含义,符合 4.2.2 中的虚假不礼貌概念。第二,带来了正面评价。如在例(2)中,丫鬟紫鹃为了拒绝在黛玉病重时离开她而为自我建构了消极身份——带着病气、"身上不洁净"的丫鬟,在场的第三方(主子)并未做出不礼貌评价,而是从情感视角对她建构的身份做出了正面评价,认为说话人和主子"前世"有"缘法儿"。

从拒绝驱动下说话人操作自我(一方)的消极身份产生的效果中,似乎有三个方面值得再思考:(1)并非所有的拒绝都带来不礼貌的评价,交际者有时甚至可能从其他角度做出正面评价。如例(2)中紫鹃拒绝在黛玉病重时离开她,得到的评价却是正面的。由此可见,情感在评价(不)礼貌中也起着重要作用。(2)从情感维度评价身份操作,或许结果不是(不)礼貌,可能是"(不)可理解"等。如紫鹃拒绝离开病重的林黛玉一例,评价或许是"可理解"。(3)礼貌与不礼貌是两个极端的评价,或许在它们之间,甚至它们之外还有其他评价,如例(24)中宝玉对晴雯话语的虚假不礼貌评价。(4)评价不是单单由听话人做出的,说话人本身也在主动地评价甚至监控着自己的话语或态度。例如,例(2)中紫鹃拒绝离开病重的林黛玉时,她先是公开地拒绝,后来"说不下去了",或许是因为意识到作为下人拒绝主子的命令是无礼的,甚至是不可容忍的,因此她改为建构自我的消极身份。是谁在评价或评价的主体问题对(不)礼貌评价也是需要厘清的问题。

另外,由于受到对方的责怪而进行解释,在解释过程中操作自我的弱势身份,只涉及1个话轮,即例(41)中的05话轮,达到了免责的效果。

(三)责备,嘲讽,否定、反击/反驳

本研究的语料显示,在这三种行事需求的驱动下,说话人虚构自我(一方)的弱势身份、消极身份等,字面上贬低了自我的面子,似乎带来礼貌评价。但是,这些身份常常与上下文、副语言、身体语言等明显不符,成为虚假身份。因此这种礼貌并不真诚。这种通过反讽的方式为自我虚构的消极身份隐含了说话人的不满、埋怨等负面情绪,因而常带来虚假礼貌评价。这与请求、拒绝、解释驱动下的弱势身份、消极身份等有着本质上的不同。

　　第一,责备。从效果来看,说话人通过虚构自我(一方)的消极身份等隐蔽地责备听话人,常引起对方的解释、不好意思或在场第三方的出面劝解。如在例(29)中,宝玉虚构自我的消极身份,听话人柳湘莲意识到宝玉的不满情绪,于是在下一个话轮中承认是自己"一时忘情",并请求宝玉"别多心"。又如在例(1)中,宝玉无意之中说宝钗与杨贵妃一样"体丰怯热",引起宝钗"大怒",当她隐蔽地责备宝玉不是"好兄弟"、又公开地斥责了前来找她的第三方之后,宝玉"自知又把话说造次了……更不好意思"。而在例(30)中,探春为自我(一方)虚构了"贼""不会调唆主子"的笨人身份,在场的听话人意识到说话人的不满情绪,第三方平儿出面劝解。在本研究中,涉及此类身份操作的 4 个话轮都取得了说话人期待的效果。

　　第二,嘲讽。在本研究的语料中,说话人虚构自我(一方)的消极身份而嘲讽听话人时,听话人一笑了之。如在以上例(6)中,晴雯说自己是"白闲着混饭吃的"人,听话人笑着离开现场。

　　第三,否定、反击/反驳。这类交际需求驱动下的弱势身份、消极身份操作所取得的效果主要是听话人解释、澄清等。如在例(35)中,湘云虚构自我的"奴才丫头"身份,反驳了上一个话轮中宝玉的辩解;此后,宝玉意识到湘云话语中的反讽,也从她所虚构的自我消极身份中意识到湘云的不满情绪,于是继续解释并用发誓为自己澄清。

　　以上是在三种行事需求驱动下说话人操作自我(一方)弱势身份、消极身份及其所产生的效果。它们与请求、拒绝、解释驱动下的弱势身份、消极身份操作有着本质上的不同。

　　鉴于此,我们需要区分两种不同的自我弱势身份、消极身份、受损者身份。第一种反映了说话人的真实意图,即说话人是真心实意地试图建构自我(一方)的这类身份,为实现交际需求(如请求或拒绝)提供理由、原因或借口;第二种是与语境明显相反的身份,是虚假身份。说话人试图通过虚构与事实明显相反的身份发泄自己的不满或负面情绪,产生讽刺意味。两者所带来的(不)礼貌评价及其所产生的效果各不相同:前者常常降低不礼貌程度;后者产生虚假礼貌。

二、建构自我的积极身份、受益者身份

为自我建构积极身份会提升自我的面子,因而常评价为不礼貌,故说话人常隐蔽地建构此类身份。该身份操作涉及两种交际需求:请求与否定、反击/反驳。其中前者驱动的话轮比后者多。换言之,建构自我的积极身份、受益者身份较为典型地出现在隐蔽请求中。以下分别讨论。

(一) 请求

在请求得不到对方应允的时候,说话人有时不得不建构自我的积极身份、受益者身份等。如在例(20)中贾芸找舅舅求借被拒绝后,虚构一个"死皮赖脸"的求借者,将其作为负面资源,与自我形成对比,为自我建构了积极身份——有尊严的求借者。不过,贾芸最终还是被拒绝了。但在例(19)中"那婆子"请求继续留在贾府当差时,她也操作了自我的积极身份:一心无挂地伺候对方的人、知错愿改的人。当然,除此之外她还操作了其他身份。由于多种身份操作,她最终得到了听话人的应允,请求成功。

此部分的语料分析告诉我们两点:(1)为了达到交际目的,交际者一般先采用可能获得礼貌评价的身份操作;当这类操作不能满足交际目的时,还可能采用会带来不礼貌评价的身份操作。(2)第三方身份可分为正面资源与负面资源,以往研究更多关注的是前者,以后的研究中需要关注后者。

（二）否定、反击/反驳

为了否定、反击/反驳对方，说话人有时不得不隐蔽地建构自我的积极身份。如在例（3）中，贾政痛打宝玉后，贾母来指责贾政不是"好儿子"，贾政为自己建构了"孝子"身份。在重视孝道的封建社会，孝子可以算作好儿子，是积极身份，隐蔽地反驳了母亲。或许在贾政看来，打儿子是为了对方的利益，至少可评价为"可接受"。但贾母并没有接受贾政提出的、为了"光宗耀祖"就可以打儿子的观点，因此在下一个话轮中对他进行了严厉的反驳。可见，此例中贾政建构自我的积极身份没有取得预期的效果。

三、建构、虚构听话人的消极身份、弱势身份

依据本书4.2.1中的（不）礼貌评价原则，建构或虚构听话人的消极身份、弱势身份常带来不礼貌评价，故在本研究的语料中，这种身份操作都是隐蔽地进行的。共有5种行事需求涉及此类身份操作：请求，拒绝，责备，嘲讽，否定、反击/反驳。在本研究的语料中，这5种行事需求都分别只涉及1个话轮。换言之，建构、虚构听话人的消极身份、弱势身份不像前面的两种身份操作那样，在某个行事需求驱动下具备典型性。以下分别讨论。

（一）请求

在请求的驱动下，说话人偶尔会虚构听话人的消极身份。如在例（10）中老尼请求王熙凤帮忙时，王熙凤开始时公开拒绝，但老尼虚构其弱势身份后却接受了。5.1.1部分已讨论过，老尼使用了三种策略虚构了对方的弱势身份：一是用第三方"张家"替代自己成为身份操作的主体，通过第三方"张家"之口操作身份。陈新仁（2018c：131）也论及"借他人的嘴说自己的话"，并称之为一种身份偏离策略。二是没有直接为王熙凤虚构弱势身份，而是为"府里"即贾府这个集体虚构弱势身份。三是使用模糊词"倒像"虚构身份。这三种方式结合起来，就是通过张家之口虚构听话人王熙凤所属集体的弱势身份,从而暗示了王熙凤的弱势身份,回避公开为王熙凤本人建构弱势身份可能带来的不礼貌评价,大大降低了不礼貌程度。最后王熙凤终于接受了老尼的请求,老尼达到了交际目的。不过,为了请求听话人帮忙却虚构听话人的消极身份,是一种高风险的身份操作。它是反复请求遭到拒绝后的一种尝试,可能取得意外的效果。

此类身份操作说明,在有些语境中,身份操作可以改变听话人的意愿。这是语用身份研究需要重点关注的问题。

(二)拒绝、责备

之所以将这两个交际需求放在一起总结,是因为它们所驱动的身份操作特征非常相似。主要特征是掩盖身份的主体,建构弱势身份或消极身份,但听话人从语境中可以推知身份的主体是自我(一方)。如在例(25)中,当丫鬟拒绝尤二姐的指令,不愿到王熙凤处取她需要的物品时,为尤二姐建构了"不是明媒正娶来的"妾室身份,在此为弱势身份或消极身份。不过,说话人没有公开说"你",而是用"咱们"代替了"你",这样把说话人自己也包括在内,在一定程度上掩盖了身份的主体。但是,在具体语境下听话人意识到其实身份主体就是自己,故尤二姐听后"垂了头"。又如在例(4)中,王熙凤为了责备贾瑞,通过"男人家"这个集体身份掩盖了身份的主体,为对方建构了"见一个爱一个"的消极身份,但听话人立即在下一个话轮中为自我澄清。在例(28)中,宝玉责备丫鬟时,用不定指示语"那一个"(相当于现代汉语的"哪一个")将身份的主体变得不确定,但在具体语境中听话人丫鬟能意识到自己是消极身份的主体。

此部分的语料分析告诉我们,在责备这个交际需求的驱动下隐蔽地为对方建构或虚构消极身份,不一定总是带来负面评价。在特定场合,如例(28)中,听话人听到责备后可能"抿嘴而笑"。这说明听话人对责备的评价不是非此即彼,不是在礼貌与不礼貌之间二选一。相反,可能还存在其他选项。

（三）嘲讽

嘲讽驱动下操作听话人的消极身份可分为两类：一类是采用各种策略掩盖身份的主体，建构消极身份，但听话人在具体语境中可推知身份的主体是自我（一方）。如例（33）中的"李逵骂了宋江，后来又赔了不是"。此类在本质上与上一条讨论的，拒绝和责备驱动下掩盖身份主体、建构听话人消极身份性质相同。另一类是操作听话人的中性身份，通过建构对方的中性身份从而建构对方的消极身份。如在例（34）中，黛玉通过说宝玉"做了两个和尚了"，建构了宝玉的消极身份——到处许诺的情种，达到了嘲讽他的目的。

（四）否定、反击/反驳

在这些行事需求的驱动下，说话人也虚构对方的消极身份。不过，这个消极身份是通过第三方实现的：说话人字面上虚构与听话人相关的、第三方的消极身份，实际上为听话人虚构了消极身份。如例（36）中湘云通过虚构"咬舌的林姐夫"，实际上为林黛玉虚构了消极身份。

在有些语境中，说话人也为自己和对方一起建构消极身份，但将自己包括在内不过是为了模糊身份的主体，听话人从具体语境中可推知身份的主体是自己。如在例（37）中，说话人通过"梅香拜把子——都是奴几"为自己与对方建构了下人身份，但目的是为对方建构这个弱势身份。这种身份特征与例（25）中的"咱们又不是明媒正娶来的"有异曲同工之妙。

四、建构、凸显、虚构听话人的积极身份、强势身份、权威身份、受益者身份、圈内人身份或中性身份

在交际需求的驱动下，说话人建构、凸显听话人的积极身份、强势身份等能提升听话人的面子或关照听话人的情绪。依据本书4.2.1中的（不）礼貌评价原则，这类身份操作常被评价为礼貌。在本研究的语料中，以下七种行事需求驱动了这类身份特征：请求，拒绝,责备,嘲讽,否定、反击/反驳,警告,解释。这些身份可依据说话人的意图分为两类:一类反映了说话人的真实意图,具有降低不礼貌程度的作用;另一类不是说话人的真实意图,在语境中明显是虚假身份。在 7 种行事需求中,请求所驱动的话轮最多。换言之,此类身份操作在隐蔽请求中表现得最为典型。以下分别讨论。

(一) 请求

在请求的驱动下,这类身份操作有利于听话人接受请求。如在例(19)中,"那婆子"通过"服侍""吩咐"为听话人建构了类似主子的强势身份;又通过多次称呼听话人为"姑娘们"虚构了其在贾府中有地位者这一强势身份;还通过"姑娘们也便宜"建构听话人的受益者身份;最后借助道德的力量为听话人建构了德行好的姑娘这一积极身份。除此之外,她还操作了其他身份。由于操作了多种身份,"那婆子"最终被留了下来,她的请求成功地达到了她所期待的效果。

但是,这类身份并非总能带来所期待的效果。如在例(20)中,贾芸在请求舅舅赊欠物品时,也为听话人舅舅建构了积极身份——曾帮助过料理贾芸父亲后事的人。遗憾的是,贾芸的身份操作没有达到预期的目的。不过,虽然舅舅最终拒绝了他,但在下一个话轮中的态度发生了较大的转变:从这个话轮之前的断然拒绝到这个话轮之后对他表示同情,还用"我的儿"主动拉近了与他之间的情感距离,不能不说此类身份建构起到了一定作用。总之,这类身份操作虽然不能总是带来成功,但也会产生一定的积极效果。

(二) 拒绝

在拒绝这个交际需求的驱动下,说话人建构、凸显听话人的积极身份、圈内人身份等,有些为拒绝提供了原因或理由,如在例(26)中贾母拒绝尤氏挽留她在宁国府吃年夜饭,为对方建构了供奉祖宗的忙人身份;有些提升了听话人的面子,关照了听话人的情绪,在一定程度上弥补了拒绝可能带来的人际损失,如例(27)中王熙凤拒绝贾芸送礼时,建构了他的自家人或圈内人身份。

从效果来看,拒绝对方时建构、凸显听话人的积极身份、圈内人等身份,也能让听话人在被拒绝后保存一线希望。如在例(27)中,当贾芸为了在贾府谋差事送礼给王熙凤被拒时,王熙凤说"你又不是外人",建构了他的家人身份或圈内人身份,在一定程度上弥补了拒绝给他带来的人际损失或情感上的伤害。贾芸似乎也接受了这样的情感弥补,并说"我再找得用的东西来孝敬婶娘",并为王熙凤拒绝他找到了一个理由:自己送的东西不"得用",也为自己下次再来做了铺垫。在拒绝听话人时建构、凸显对方的积极身份,还能缓和气氛,让对方不失"体面"。如在例(26)中贾母拒绝吃年夜饭时,她为听话人建构了孝子、大忙人的积极身份,结果是在场的"众人都笑了"。

此部分语料分析告诉我们:拒绝并非总是带来不礼貌评价。在特定语境中,建构、凸显对方的积极身份等也起着重要的人际作用。

(三)责备,解释

在责备这种行事需求的驱动下,说话人操作听话人的积极身份、强势身份等根据意图可分为两类:第一类,说话人虚构甚至凸显听话人与语境明显不符的身份,即虚假身份,隐含着说话人的不满、埋怨、愤怒等负面情绪,产生明显的反讽效果。这类身份操作常带来虚假礼貌评价。第二类,说话人操作的是听话人真实的强势身份或权威身份,目的是在责备听话人时降低不礼貌程度。在解释这种交际需求的驱动下,建构对方的强势身份等能为自己免责。

从效果来看,第一类身份操作带来的主要效果是:事态严重,引起了听话人的逃避。如在例(15)中,当王熙凤得知贾琏在贾珍等人的帮助下偷娶了尤二姐之后,怒气冲冲地去找贾珍问罪时,用"好大哥哥"这个称呼语字面上虚构了听话人的积极身份,导致的结果是:贾珍慌忙备马"躲往别处"。第二类,说话人在责备听话人时,建构对方真实的权威身份,由于只涉及 1 个话轮,相应地只带来 1 种效果。在例(3)中,贾政痛打宝玉、贾母前来问罪时,贾政为母亲建构了长辈身份、强势身份或权威身份,还凸显了她与自己的母子关系身份。这些都是真实身份,其目的是掩盖对贾母的责备,降低不礼貌程度。但没有取得成功,贾政还是遭到了贾母公开的、严厉的反击/反驳。可见,在有些语境中,即使操作听话人的权势身份、权威身份等,也未必能取得预期效果。

另外,说话人为了免责,在向听话人解释的过程中,也真心实意地建构对方的强势身份。此身份操作只涉及 1 个话轮:在例(41)中,王熙凤向贾母解释,结果是贾母承认自己"背晦"了。王熙凤免受责备,其交际需求得到了满足。

(四)嘲讽,否定、反击/反驳,警告

在本研究的语料中,这 3 种行事需求分别驱动了 1 个话轮,且均在字面上建构了听话人的积极身份,但这种身份与语境明显不相符合,因而产生了反讽意味,一般带来虚假礼貌评价。

嘲讽:在例(6)中,丫鬟晴雯嘲讽袭人时,虚构了袭人的积极身份——宝玉屋里唯一一个"记挂"着主子的丫鬟。结果是听话人"笑着"离开现场。

否定、反击/反驳:在例(38)中,尤氏与惜春发生了争执。为了反驳惜春,尤氏虚构了惜春"状元榜眼探花""古今第一个才子"的积极身份,字面上提升了惜春的面子。但在《红楼梦》小说中,惜春并不具备这些身份,因而产生了明显的嘲讽意味,带来虚假礼貌评价。惜春也意识到嘲讽意味,于是在下一个话轮中对尤氏进行了公开的反击/反驳。之后,尤氏又虚构惜春作为"大和尚"的中性身份,再次引起了惜春的反击/反驳。此段对话最后发展为显性冲突话语,交际双方谁都没有说服谁,以尤氏生气离开而结束。

警告:在以上例(40)中宝钗警告黛玉时,先用"好个千金小姐!

好个不出闺门的女孩儿！"字面上凸显听话人黛玉的积极身份；接着又用"满嘴说的是什么"挑战这种积极身份。黛玉由开始抵赖到最后求饶、承认自己的错误，说明该身份操作取得了预期的效果。

综上所述，在七种行事需求的驱动下，说话人建构或凸显听话人的积极身份、强势身份、权威身份、受益者身份、圈内人身份或中性身份，带来不同的评价：有些是礼貌，有些是虚假礼貌。前者为实现交际需求提供理由、原因或借口；后者隐含说话人的不满甚至愤怒等消极情绪，产生讽刺意味。从所取得的效果来看：有些与其他身份一起操作达到了预期的效果，如"那婆子"请求留在贾府干活；宝钗警告黛玉；晴雯嘲讽袭人。也有些与其他身份一起操作未取得效果，如贾芸请求舅舅赊欠物品。有些引起了听话人的公开斥责，如贾母斥责儿子贾政。有些导致了听话人逃避，如贾珍听到王熙凤来兴师问罪。

五、建构或虚构关系身份

在本研究的语料中，关系身份主要表现为交际双方的关系身份。操作交际双方关系身份所涉及的行事需求有三种：请求、拒绝、嘲讽。本研究的语料显示，这三种行事需求分别都驱动了两个话轮。换言之，建构或虚构交际双方的关系身份在隐蔽请求、拒绝、嘲讽中均衡地出现。在本研究的语料中，关系身份包括朋友关系身份与亲属关系身份。以下分别讨论这三种行事需求驱动下的关系身份特征。

（一）请求

在请求的驱动下，说话人建构交际双方积极的关系身份，一般能提升双方的面子，带来礼貌评价，有利于请求成功。如在例（23）中秦钟隐蔽请求进贾府私学时，建构自我与听话人宝玉之间的"知己"关系，当即得到了应允。当然，秦钟的请求是在宝玉也有此意的条件下发出的，此处积极关系身份的建构使得双方意愿很快达成。

但是,并非所有的关系身份都可带来这样的效果。如在例(21)中刘姥姥到贾府求借时,为自己带来的外甥"板儿"建构了王熙凤的"侄儿"身份,这种与听话人的亲属关系身份在求借时会提高对听话人的强加程度,因此可能带来负面评价。这一点在小说中得到了证明:当刘姥姥借到钱出来后,受到了当时在场的第三方的公开责备。可见,请求驱动下所建构的关系身份不一定总能得到认可。

以上两例从另一方面也说明,对说话人为交际双方建构的关系身份如何评价,在很大程度上取决于听话人的意愿。如果听话人愿意,说话人操作的交际双方关系就很容易得到认可;反之则难以得到认可。另外,例(21)中第三方对刘姥姥所建构的关系身份做出了评价,但评价似乎并不是不礼貌,或许是不恰当、不合适、不认可、不可接受等。

(二)拒绝

为了拒绝对方,说话人在特定语境中还虚构自己与听话人之间比实际情况更加亲近的亲属关系身份,以弥补拒绝给听话人带来的情感伤害或利益减损。如在例(20)中,贾芸的舅舅在拒绝他赊欠物品时,称呼他为"我的儿"。尽管舅舅虚构了比外甥与舅舅之间距离更加亲近的父子关系,有意拉近与贾芸之间的人际距离,但这种关系并没有弥补拒绝带给贾芸的失望或情感伤害,他马上"起身告辞"。

但是,同样是贾芸被拒绝,效果却不一样。在例(27)中,王熙凤拒绝给贾芸找差事时,她用称呼语"芸哥儿"建构了双方之间的家人身份。小说中描写了贾芸的失望与失落,但他却对王熙凤说以后"再找得用的东西来"。这与被舅舅一家拒绝后的态度完全不同。这两个例子的对比告诉我们,在拒绝对方时建构甚至虚构交际双方比实际距离更亲近的关系身份,对同一个听话人可能产生不同的效果。

（三）嘲讽

为了嘲讽听话人，交际者也虚构说话人与听话人之间的关系身份。如在例（32）中，黛玉称呼袭人为"好嫂子"。不过，这个称呼语字面上虚构了说话人与听话人之间的姑嫂关系，但实际上虚构了听话人袭人与在场的第三方宝玉之间的丈夫与妾室关系。对此，袭人字面上表示不可接受，评价黛玉所操作的身份为"混说"。但根据《红楼梦》的故事情节，袭人很期待成为宝玉的妾室，而且宝玉的母亲王夫人也给了她相应的待遇，她与宝玉初试云雨已为人所知。所以林黛玉称呼她为"嫂子"并非空穴来风。虽然袭人对这个身份口头上用"混说"公开否定，但内心却是期盼的，故她的态度可评价为虚假不礼貌。当黛玉再次凸显袭人的"嫂子"身份时，在场的第三方宝玉发话制止了她。此外，在嘲讽的驱动下，说话人也虚构听话人与第三方之间的关系身份，如例（31）中说话人为听话人建构了龙王爷的"驸马"这一身份。

总之，本部分的语料分析告诉我们：（1）从（不）礼貌评价角度看，对说话人为交际双方建构或虚构关系身份的评价，在很大程度上取决于听话人的意愿；（2）在（不）礼貌之间可能还存在其他维度，如（不）合适、（不）认可、（不）可接受等；（3）建构或虚构交际双方的关系可能带来虚假不礼貌评价；（4）从效果角度看，说话人所建构或虚构的关系身份不一定总能得到听话人的认可；（5）拒绝驱动下的关系身份建构或虚构即使是对同一个人，也可能产生不同的效果。典型的例子是贾芸被舅舅拒绝与被王熙凤拒绝后，所产生的效果截然不同。这说明了身份操作效果的复杂性。

六、建构、虚构、解构、重构第三方身份

被说话人操作身份的第三方可分为三大类：第一类是作为资源被利用的第三方，说话人主要建构或虚构第三方的权威身份、消极身份、关系身份等，帮助自己满足交际需求，第三方与冲突本身无关。第二类是第三方既是说话人用作资源的第三方，又是引起冲突的第三方。第三类是第三方既是说话人利用的资源，又与听话人本身的身份有部分重合。

（一）作为资源被利用的第三方

这类第三方身份是在以下行事需求驱动下产生的：请求，拒绝，否定、反击/反驳，劝说与劝阻，指令。其中，拒绝驱动的话轮最多。换言之，将第三方身份作为资源以帮助说话人达到交际需求，在隐蔽拒绝中表现得最为典型。以下依据资源的正面性与负面性分类讨论。

1. 请求，否定、反击/反驳，劝说与劝阻，指令

这些行事需求驱动下的第三方身份主要是作为正面资源，对交际目的来说是有利身份。如在例（21）中刘姥姥到贾府请求借钱时，在 01 话轮中以对板儿说话的方式有意提及不在场的第三方——板儿的爹。由于与贾府的关系是板儿爹的爷爷①建立的，刘姥姥的话实际上激活了板儿爹的关系身份，通过这个关系身份在当下的自我（代表板儿一家）与当下的听话人王熙凤（代表贾府）之间建立了关系，增强了请求的力度。她最终能从贾府借到二十两白银与此身份操作不无关系。实际上，在刘姥姥刚到贾府时，王熙凤就派人去请示王夫人，王夫人也是依据板儿爹一家与王夫人家的关系授意王熙凤如何对待她的。又如在例（9）中，为了否定对方，丫鬟为第三方"我们姨姥爷"建构了权威身份，作为正面资源，以增强话语的力度。而在例（39）中管事婆子劝说宝玉要"知礼"，为第三方"老太太、太太"建构了强势身份或权势身份。在例（13）的 01 话轮中，当宝钗劝阻宝玉读庄子的书时，为第三方古圣贤建构了重视人伦责任者的积极身份，亦即正面资源，供听话人参照学习。在同一例中，宝玉在 04

---

① 刘姥姥是板儿爹的岳母，旧时属于外亲。

中说"尧舜不强巢许,武周不强夷齐",通过建构第三方"尧舜""武周"不强求他人的圣人身份,隐蔽地向宝钗发出指令,请他不要强迫自己,但未取得成功,受到了宝钗的再次反驳。

2. 拒绝

在拒绝这个行事需求的驱动下,说话人操作第三方的身份,为拒绝对方提供了原因、理由甚至借口。在本质上,这类第三方还是被交际者用作资源,不过资源的性质不同。如在例(20)的 02 话轮中,贾芸的舅舅先公开拒绝他,接着虚构了一个不在场的第三方"我们铺子里的一个伙计",并为他虚构①了消极身份——只借不还、不讲信用的人,以类比的方式建构贾芸的消极身份,并以此作为负面资源拒绝贾芸。此消极身份也是有利身份。结果贾芸并没有立即放弃,而是转向隐蔽请求,但最后还是遭到拒绝。

由以上可见,第三方作为资源,可分为正面资源与负面资源。前者依附的资源包括权力、地位、资源配置等,会给语用身份的拥有者带来价值增值(陈新仁 2018c:30);后者恰恰相反,很少有依附的资源,会给身份拥有者带来价值上的贬损。相对于说话人的交际目的,两者都是有利身份。后者在以往研究中尚未提及,在未来研究中或许需要关注。

(二)既是作为资源被利用的第三方,又是引发冲突的第三方

此类第三方与第一类有所不同:他们不仅仅是作为资源利用的第三方,而且在隐性冲突话语中还是引起冲突的原因。如在例(13)中,宝钗看到宝玉读庄子的书时就试图劝阻他,于是两人围绕着庄子这样的"古圣贤"进行了辩论。辩论中的第三方既是引发冲突的原因,他们的价值观又可以用作资源说服对方。于是,交际双方在劝阻(01 话轮的画线部分)以及否定、反击/反驳(02、03 话轮)、指令

---

① 小说中没有交代此事。

(04话轮)3种行事需求的驱动下或建构,或解构,或重构第三方的权威身份、积极身份等。交际双方均利用这些身份作为资源,或隐蔽地劝阻对方,或隐蔽地否定、反击/反驳对方,或隐蔽地向对方发出指令。但是,这些身份操作均没有取得交际者所期待的效果,原因是宝玉和宝钗两人谁都没有说服对方。

说话人也在拒绝的驱动下操作此类第三方的身份。如在例(25)中,丫鬟善姐为了拒绝给尤二姐拿物品,为第三方王熙凤建构了积极身份——"亘古少有的一个贤良人"。此处的第三方既是被用作资源的第三方,也是引发冲突的第三方。被用作资源的方面是因为她很忙,不能随便打搅;引发冲突的方面是因为她指使丫鬟虐待尤二姐。身份操作取得的效果是拒绝成功。

(三) 既是说话人利用的资源、又与听话人身份重合的第三方

这类第三方的资源性很强,因为它与听话人的身份重合。如在例(3)中贾政与母亲争辩时,贾母问他"当初你父亲怎么教你来着?",实际上是利用第三方——贾政的父亲作为资源,反驳贾政的观点——教训儿子为的是"光宗耀祖";同时,贾政本身也是父亲,与他自己的父亲在身份上重合。这种特殊的第三方身份操作使贾政无法再争辩,只得承认了自己的错误,并承诺以后不再打儿子。这样,说话人贾母的行事需求得以满足。

这三类第三方让我们看到了第三方作为资源的复杂性。尤其是最后一类,第三方的身份与听话人的身份存在重合之处,似乎资源利用的程度更高。

综上所述,在《红楼梦》的隐性冲突话语中,在行事需求的驱动下,说话人操作的语用身份具有以下特征:

1. 建构、凸显或虚构自我(一方)的弱势身份、消极身份、受损者身份。

2. 建构自我的积极身份、受益者身份。

3. 建构、虚构听话人的消极身份、弱势身份。

4. 建构、凸显或虚构听话人的积极身份、强势身份、权威身份、受益者身份、圈内人身份或中性身份。

5. 建构、虚构关系身份。

6. 建构、虚构、解构、重构第三方身份。

当然，以上身份特征在同一个话轮中并非相互排斥，而是可以同时出现、相互融合。这一点在5.1各部分的总结中可见。

综上所述，5.1部分讨论了《红楼梦》的隐性冲突话语中，说话人在9种行事需求的驱动下不仅操作了交际双方的多种身份及其之间的关系身份，还操作了第三方的各种身份。这些身份操作，或有利于降低不礼貌程度，或发泄了说话人的不满等负面情绪。有些身份操作取得了预期甚至超预期的效果，也有部分由于多种因素的影响并不成功。从以上讨论中本研究有些新的发现，对现有的相关理论有所启发，将在第6章讨论。

以上讨论了《红楼梦》隐性冲突话语中，说话人在行事需求驱动下如何操作语用身份。下面将讨论人际需求驱动下的身份操作特征。

5.2 人际需求驱动下的语用身份特征

人类除了用言语做事，还用言语表达情感、维护人际关系等。事实上，在隐性冲突话语中，交际者明知自己的交际目的与对方的交际目的相冲突，却选择隐蔽的方式表达自己的交际目的，在很大程度上也是出于人际需求。可以说，5.1部分所讨论的、行事需求驱动下的身份操作在一定程度上也离不开说话人的人际需求。但是，本部分所讨论的人际需求，不是行事需求的依附物，而是交际者发话的主要需求。本书中的人际需求指交际者对人际关系、人际距离、人际秩序、面子、情感等方面的需求。在本研究的语料中,纯粹人际需求驱动的话轮在数量上大大少于行事需求驱动下的话轮。不过,在下文的 5.3 中将会看到,有些人际需求与行事需求相融合,共同驱动了不少话轮。

在本研究的语料中,纯粹因人际需求而产生的话轮有 5 个,可分为三类:一是对大家庭和睦人际关系的需求;二是对亲密关系的需求;三是超出中国传统人伦规范的人际需求。下面依据这三种分类,讨论在不同人际需求的驱动下,说话人在操作身份的方式、所操作身份的对象与类型方面体现出来的特征。

5.2.1 对大家庭和睦人际关系的需求

在住着几百号人的贾府里,人际关系复杂:不仅有长辈与晚辈之间的关系,如父/母与子/女关系、婆/公媳关系、叔/婶侄关系、祖母/孙辈(外甥)关系等;而且有同辈关系,如夫妻关系、(表/堂)兄弟姐妹、妯娌关系等;还有权势关系,如主仆关系、正妻与妾室之间的关系等。即令是仆人,在贾府也被分为不同的等级,如丫鬟分为通房丫鬟、一等丫鬟、二等丫鬟等。因此,和睦的人际关系对贾府的正常运作显得尤为重要。在本研究的语料中,对大家庭和谐人际关系的需求只驱动了 1 个话轮,即以下对话中的画线部分。

例(42)

背景:王熙凤带人抄检大观园时探春非常反感。第二天,宝钗也感到不便继续在贾府住下去,便以母亲薛姨妈身体不适为由向表嫂李纨暂时告别。当时,宁国府的尤氏正好也在李纨处,宝钗便向她们说了准备回家一事。李纨和尤氏尚未回应,探春正巧也来拜访李纨,听说宝钗要离开,探春说出了自己的想法。

01 探春道："很好。不但姨妈好了还来的,就便好了不来也
   使得。"

02 尤氏笑道："这话奇怪,怎么撺起亲戚来了?"

03 探春冷笑道："正是呢,有叫人撺的,不如我先撺。亲戚们
   好,也不在必要死住着才好。<u>咱们倒是一家亲骨肉呢,一个
   个不像乌眼鸡,恨不得你吃了我,我吃了你!</u>"

04 尤氏忙笑道："我今儿是那里来的晦气,偏都碰着你姊妹们
   的气头儿上了。"(第七十五回)

在《红楼梦》中,上段对话之前的一天贾府发生了检抄大观园一
事。探春认为这是贾府在自毁根基,因此她希望贾府的人能够和睦
相处、亲如一家。但实际情况却事与愿违。因此,探春对贾府中的
人际关系强烈不满,便在 03 中的画线部分以反讽的方式抱怨。故
此段为隐性冲突话语。

探春在 01 中借机抱怨说宝钗"不来也使得",言下之意是:我们
家要落败了,你也没必要再来这个即将败落的家庭了。可见,探春
针对的不是宝钗个人而是整个贾府大家庭。怀着对这个大家庭和
睦人际关系的需求,她在 03 中一边通过未画线部分公开地攻击贾
府的一些家事,一边通过画线部分隐蔽地攻击住在贾府的人们。03
中的画线部分是反讽,字面上为贾府的成员建构了重视骨肉亲情、
一团和气的大家庭集体身份,但暗示的集体身份却是相反的,即贾
府的家庭成员都是为自己的利益"恨不得你吃了我,我吃了你"的
"乌眼鸡"。这一点从 04 话轮中的"晦气""气头儿上"可得到印证。
换言之,03 的画线部分字面上虚构了贾府成员积极的集体身份,实
际上为其建构了消极的集体身份,隐含了 03 说话人的反感、不满等
负面情绪。04 话轮对这个消极身份的评价是:"你姊妹们"在"气头
儿上"。这个评价是从情绪角度出发做出的。此例再次证明,对身

份操作的评价可从情绪角度做出。

反讽在责备(5.1.3部分)、嘲讽(5.1.4部分)、否定、反击/反驳(5.1.5部分)、警告(5.1.7部分)4种行事需求驱动下的身份操作中也有讨论。这说明,人际需求驱动下的身份操作与某些行事需求驱动下的身份操作存在共同之处:两者都通过反讽在字面上虚构积极身份,实际上建构消极身份;两者都为了回避可能产生不礼貌评价的身份操作,而转向与语境明显不符的虚假身份操作,试图以礼貌掩盖不礼貌,常带来虚假礼貌评价。

5.2.2　亲密关系需求

在本书中,亲密关系主要指异性间的情感关系,如恋爱关系或夫妻关系,是人际关系中的一种。《红楼梦》的主要情节是宝玉和黛玉之间的爱情故事,故事中自然离不开亲密关系需求。由于亲密关系具有排他性,建构了对方与第三方的亲密关系,就排除了对方与说话人自己之间亲密关系的可能性,故对于林黛玉来说,建构、凸显、虚构、重构宝玉与第三方(如薛宝钗)之间的亲密关系,就是在试探宝玉的反应,从而折射出她自己的亲密关系需求。在本研究的语料中,黛玉对宝玉的亲密关系需求驱动了3个话轮,成为人际需求驱动下身份操作的主要类型。而这些话轮都是以提及第三方的方式隐蔽地表达的。以下即为一例:

例(43)

背景:黛玉去找宝玉,而宝玉的丫鬟们却以宝玉的命令为借口不给她开门。黛玉在门外听到宝玉和宝钗的说笑声,便以为宝玉故意不理她。次日,宝玉见到黛玉,黛玉也不理他。宝玉连忙解释一番,黛玉才消了气。

01 黛玉想了一想,笑道:"是了。想必是你的丫头们懒得动,丧声歪气的也是有的。"

02 宝玉道:"想必是这个原故,等我回去了问了是谁,教训教训他们就好了。"

03 黛玉道:"你的那些姑娘们也该教训教训,只是我论理不该说。① 今儿得罪了我的事小,② 倘或明儿宝姑娘来,什么贝姑娘来,也得罪了,事情岂不大了。"说着抿着嘴笑。
宝玉听了,又是咬牙,又是笑。(第二十八回)

在上例中,03 的画线部分以幽默的方式("宝姑娘""贝姑娘")嘲讽宝钗在宝玉心目中的重要地位。故此段为隐性冲突话语。

03 的画线部分可分为两部分:说话人黛玉在①部分虚构了自己在宝玉心目中无足轻重者的身份,在此为弱势身份;在②部分以幽默的方式提及第三方"宝姑娘"(即宝钗),并虚构了她在宝玉心目中举足轻重者的身份,亦即虚构了宝钗与宝玉之间的亲密关系身份。这些实际上隐蔽地折射了说话人黛玉的嫉妒心理,也间接地表达了她对宝玉的亲密关系需求。听话人宝玉对此身份操作产生了两种情绪反应:既"咬牙"生气,又因其幽默而发"笑";前者可以说是负面情绪,后者是正面情绪。从这个效果看,听话人对 03 的评价或许不是(不)礼貌。从情绪角度来看,听话人正面情绪与负面情绪兼具。这说明,听话人对身份的评价不一定是非此即彼,在特定语境中可能产生复杂的矛盾情绪。

不过,在有些场合,黛玉没有像上例中那样明确地提及第三方"宝姑娘",而是使用通过第三方隐射的方式。如:

例(44)

背景:一天,黛玉想心事哭了起来,宝玉看见便禁不住抬起手来替她拭泪。

01 黛玉忙向后退了几步:"你又要死了! 作什么这么动手动脚的!"

02 宝玉笑道:"说话忘了情,不觉的动了手,也就顾不的死活。"

03 林黛玉道:"你死了倒不值什么,只是<u>丢下了什么金,又是什么麒麟</u>,可怎么样呢?"

04 一句话又把宝玉说急了,赶上来问道:"你还说这话,到底是咒我还是气我呢?"(第三十二回)

在上例中,03 的画线部分中通过"什么金"隐射宝玉与宝钗之间的金玉良缘,又通过"什么麒麟"隐射宝玉送湘云麒麟一事,两者分别挪揄了宝钗、湘云在宝玉心目中举足轻重的地位。故此段为隐性冲突话语。

黛玉对宝玉有亲密关系需求,但不便启齿。在这个需求的驱动下,她在 03 话轮的画线部分隐蔽地虚构宝玉与两个第三方之间的亲密关系身份,希望宝玉给予否定。该身份引起了听话人的情绪反应:"把宝玉说急了",于是"赶上来"挑战她所虚构的关系身份,满足了她的交际需求。从效果看,听话人对这类虚构的亲密关系身份的评价不是礼貌,或许是"违背意愿"之类。

由以上两例的分析可见,林黛玉在亲密关系需求的驱动下,均虚构了宝玉与第三方之间的关系身份:或以幽默的方式提及第三方(如"宝姑娘""贝姑娘");或通过相关事物暗示、隐射第三方("什么金,又是什么麒麟"),隐蔽地操作了听话人宝玉与第三方之间的亲密关系身份。由于亲密关系具有排他性,操作了宝玉与第三方之间的亲密关系,就排除了黛玉自己与宝玉之间的亲密关系身份。此后宝玉就会否定、发誓、表忠心等,黛玉便获得了安全感。可见,对于林黛玉来说,虚构、凸显宝玉与第三方之间的亲密关系身份,目的是观察宝玉的反应,试探自己在他心目中的地位。对于交际中的另一方宝玉来说，挑战、解构对方所建构、虚构的亲密关系身份，就满足了对方的交际需求。这与5.1.10中所总结的、说话人利用第三方作为资源、以满足自己的行事需求完全不同。换言之，在亲密关系需求的驱动下，林黛玉提及或暗示第三方是作为试探宝玉对她情感的试金石。另一方面，在以上这类例子中，亲密关系需求带来了听话人的情绪反应。听话人对这类身份操作的评价似乎不是不礼貌，而是"违背意愿"之类。在特定语境中，这类身份甚至带来听话人复杂的矛盾情绪反应，如例(43)中的"又是咬牙，又是笑"。

林黛玉之所以旁敲侧击，通过提及或暗示第三方试探宝玉，与当时的社会文化不无关系。在我国封建社会，青年男女不能私自谈情说爱，更不能私定终身，只能听从"父母之命、媒妁之言"，否则就违背了社会习俗。因此，说话人在亲密关系需求的驱动下，常建构或虚构听话人与第三方的亲密关系身份，这种身份操作有利于试探对方。故在本书的语料中，亲密关系需求所驱动的都是听话人与第三方之间的亲密关系身份。另外，说话人的亲密关系需求是否能得到满足，取决于听话人是否挑战或解构这类身份，而不是相反。

5.2.3　超出中国传统人伦规范的人际需求

贾府是一个人口多、关系复杂、等级森严的大家庭，表面看上去上下有别、尊卑有序，人们之间保持着恰当的人际距离。但在小说中，确有人物具有不正当的亲密关系需求，本书将这类需求称为超出中国传统人伦规范的人际需求。例如，贾瑞与王熙凤是小叔子与堂嫂的关系，在贾府这个大家庭里可以算作家人关系。但贾瑞对王熙凤存有非分之想，在这种不正当的人际需求驱动下，他与王熙凤之间产生了以下对话，即本书1.2部分的例(4)：

背景：贾瑞为堂嫂王熙凤神魂颠倒。一天来访，正好贾琏(以下对话 01 中的"二哥哥")不在家,贾瑞便开始勾引王熙凤。

01 贾瑞见凤姐如此打扮,亦发酥倒,因饧了眼问道:"二哥哥怎么还不回来?"

02 凤姐道:"不知什么原故。"

03 贾瑞笑道:"别是路上有人绊住了脚了,舍不得回来也未可知?"

04 凤姐道:"也未可知。男人家见一个爱一个也是有的。"

05 贾瑞笑道:"嫂子这话说错了,我就不这样。"(第十二回)

在上例中,贾瑞为了勾引王熙凤,先在 01 中提及第三方——"二哥哥"即王熙凤的丈夫贾琏,并在 03 中使用委婉语"绊住了脚"(意为"与他人勾搭上了"),暗示她的丈夫可能对她不忠。03 试图为第三方贾琏建构或虚构消极身份——对听话人不忠的丈夫,从而达到勾引对方与自己建立亲密关系的目的。可见,在超出中国传统人伦规范的人际需求驱动下,说话人为第三方建构或虚构了消极身份。结果是贾瑞在 04 中受到了暗讽。

从此例中不难看出,超出中国传统人伦规范的人际需求驱动的也是对第三方身份的建构或虚构。这与以上例(43)和例(44)中林黛玉操作宝玉与第三方之间的亲密关系异曲同工。可见,在我国传统文化背景下,男女之间的亲密关系需求驱动的基本都是对第三方身份的操作。

5.2.4 小结与讨论

总的来说,《红楼梦》隐性冲突话语中纯粹由人际需求驱动的话轮并不多。这种需求可分为三类:一是对大家庭和睦人际关系的需求;二是亲密关系需求;三是超出中国传统人伦规范的人际需求。与行事需求驱动下的话轮相比,人际需求驱动下的话轮数量大大减少,只有 5 个。

　　本部分所讨论的第一类交际需求是对整个贾府大家庭里和睦人际关系的需求。这种需求驱动了说话人字面上为贾府成员虚构积极的集体身份、实际上为其建构消极的集体身份,在具体语境中产生反讽了意味。这种人际需求反映了我国传统文化对大家庭里和睦人际关系的重视,亦即对家与关系的重视。在《红楼梦》故事发生的封建社会,以血缘关系为纽带联系起来的家(族)是我国传统社会的基石。家族制度也深深地根植于几千年的中国社会结构之中,延续到清代甚至民国时期,也没有衰亡的迹象(张岱年、方克立 2017:47 - 48)。

　　本部分所讨论的第二类交际需求是对亲密关系的需求。这是一种近距离的人际关系。我国传统文化重视人情,但对异性之间的爱情不公开提及(范丽敏 2016)。在这种文化背景下,男女之间的感情只能转弯抹角地暗示。在本研究的语料中,3 个均由林黛玉发出的话轮都通过虚构听话人(宝玉)与第三方(宝钗或湘云)之间的亲密关系身份,从而折射出说话人的亲密关系需求。由此可见,虚构听话人与第三方的亲密关系身份,成为交际者在人际需求驱动下操作身份的唯一特征。这与我国古代文化对待"情"的看法相关。中国的传统道德以人天然的自然情感为基础,把"情"视作人的本能、本质、本源、本体,作为判断人与非人的标准。这种带有强烈情感体验色彩的道德长期实施以来便形成了中国古人重"情"的文化心理传统。但是,儒家哲学不讲爱情,也不讲夫妇之情(范丽敏 2016)。因此,在亲密关系需求的驱动下,说话人虚构听话人与第三方之间的关系身份,实际上是用作试探对方的试金石。

　　本部分所讨论的第三类交际需求是超出中国传统人伦规范的人际需求。在此人际需求的驱动下,说话人通过提及与对方相关的第三方而暗示对方,为第三方虚构消极身份,试图达到自己的目的。

在《红楼梦》故事发生的清代,单身青年男女如宝玉、黛玉尚不能自由恋爱,更不用说已婚与未婚的异性之间了。贾瑞对王熙凤的亲密关系需求超出了中国传统人伦规范,自然也只能通过操作第三方的身份予以暗示。

总之,本部分讨论了人际需求驱动下的身份特征。这些特征既反映了说话人对大家庭里和睦人际关系的需求,也反映了个体间的亲密关系需求,还涉及超出中国传统人伦规范的人际需求。由此可见,"家(族)"和"人际关系"成为人际需求中的两个关键词。换言之,人际需求反映了我国传统文化对家(族)与人际关系的重视。

5.3 人际需求与行事需求共同驱动下的语用身份特征

本章的 5.1 部分分析了九类行事需求驱动下的语用身份特征;5.2 部分讨论了三类人际需求驱动下的语用身份特征。本研究的语料显示,有些身份是在人际需求与行事需求的共同驱动下产生的。本书将这类需求简单表示为"人际需求＋行事需求"。本部分将探讨在这两种需求的共同驱动下,交际者操作的语用身份有何特征。①

通过语料观察发现,与人际需求一起驱动身份操作的行事需求共有六种:请求,拒绝,责备,嘲讽,否定、反击/反驳,劝说。由两种需求共同作用驱动的话轮有 24 个,操作了各具特征的语用身份。此外,还有一种复合型,即人际需求＋多种行事需求一起驱动了身

---

① 本部分所讨论的人际需求与行事需求共同驱动的语用身份操作虽不在以往文献的分析框架中,但在本书的语料中确实存在。这说明以往文献关于交际需求的论述可能需要增加交际者同时具有两种甚至多种交际需求的情形。

份操作,只涉及 1 个话轮。故由人际需求＋行事需求所驱动的话轮共有 25 个。

下面将人际需求＋行事需求驱动下产生的话轮分为七个小类:(1)人际需求＋请求;(2)人际需求＋拒绝;(3)人际需求＋责备;(4)人际需求＋嘲讽;(5)人际需求＋否定、反击/反驳;(6)人际需求＋劝说;(7)人际需求＋多种行事需求。这些交际需求所驱动的话轮数量如表 5 - 1 所示:

表 5 - 1　人际需求＋行事需求所驱动的话轮数

人际需求＋请求	人际需求＋拒绝	人际需求＋责备	人际需求＋嘲讽	人际需求＋否定、反击/反驳	人际需求＋劝说	人际需求＋多种行事需求	合计
2	3	11	3	4	1	1	25

以下分别讨论在以上七类需求驱动下交际者所操作的身份特征。

5.3.1　人际需求＋请求

在本研究的语料中,与请求一起驱动身份操作的人际需求包含两个小类,即家庭地位需求与亲密关系需求。各类分别涉及 1 个话轮。以下分类讨论。

一、家庭地位需求＋请求

《红楼梦》故事发生的清代是封建等级社会。贾府里存在着明显的等级关系,如上下辈之间、主仆之间等。小说中的人物都需要遵守等级秩序,跨越等级说话或做事都会影响人际和睦。

本书的"家庭地位"指个体在贾府这个大家庭中的地位。在《红楼梦》小说中,不少角色都在为自己能在贾府有一席之地而明争暗斗,如在 3.1.4 中讨论过的例(12)中:

背景:赵姨娘是贾政的妾室、探春的生母。赵姨娘的兄弟死后,负责管理财务的探春按贾府惯例安排了丧葬费,数量与丫鬟袭人的母亲死时袭人得到的份额相同。赵姨娘对此极为不满,便来找探春:

01 赵姨娘道:"……① <u>我这屋里熬油似的熬了这么大年纪</u>,又<u>有你和你兄弟,② 这会子连袭人都不如了</u>,③ <u>我还有什么脸</u>? 连你也没脸面,别说我了!"

02 探春笑道:"原来为这个。我说我并不敢犯法违理。"一面便坐了,拿帐翻与赵姨娘看,又念与他听,又说道:"这是祖宗手里旧规矩,人人都依着,偏我改了不成? 也不但袭人,将来环儿收了外头的,自然也是同袭人一样。这原不是什么争大争小的事,讲不到有脸没脸的话上。他是太太的奴才,我是按着旧规矩办。说办的好,领祖宗的恩典,太太的恩典。若说办的不均,那是他糊涂不知福,也只好凭他抱怨去……"

03 赵姨娘没了别话答对,便说道:"太太疼你,你越发拉扯拉扯我们…"(第五十五回)

在此例中,赵姨娘不仅具有在贾府这个大家庭中超过丫鬟袭人地位的人际需求,而且还具有请求增加安葬费的行事需求。这两种需求紧密相连,满足其中一个就意味着满足了另一个。也就是说,如果贾府认定她比丫鬟袭人的地位高,就应接受她的请求;如果接受了她的请求,就承认了她在贾府比丫鬟袭人的地位高。总之,此例中的人际需求与行事需求融合在一起,驱动了 01 话轮。01 的画线部分可分为三个部分:第一部分是为自我建构了在贾府有资历、有功劳的母亲身份,在此为积极身份。第二部分是利用第三方袭人为负面资源,为自我建构了在贾府还不如一个年轻丫鬟的老妈子身份,在此为消极身份。自我的积极身份与消极身份形成了鲜明的对比,隐含了说话人的强烈不满或愤懑。第三部分是将自己在贾府的身份("连袭人都不如"的老妈子)与"脸"面联系起来,质问对方,同时也威胁了对方的面子。取得的效果是,她的人际需求与行事需求在 02 中受到阻碍,均没有达成。

此例 01 话轮的③部分证明了前人的研究:身份与面子紧密相关。从本书 2.1.2 中可见以往学者的观点:面子内嵌于身份(Garcés-Conejos Blitvich 2013);"身份等概念与面子休戚相关"(王晓婧、张绍杰 2015);身份与面子不可分割、相互构成(Garcés-Conejos Blitvich & Sifianou 2017:238)等。

此例也让我们观察到一个新问题。语用身份论认为,选择某种身份就调用了依附于该身份的各种资源。这个问题似乎也可以反过来看,即一个人似乎可以从其所得到的资源中评估自己的身份。此例中赵姨娘就是从自己所得的待遇(或资源)中意识到自己在贾府的地位与丫鬟不相上下的。或许我们可以说,身份与资源尤其是物质资源相互映射。

此例中还有一点值得说明:在 02 话轮的最后,有"只好凭他抱怨去",似乎说明 01 的交际需求是抱怨。但是,赵姨娘的目的不是抱怨一下就解决问题了,她是要得到真金白银的。正如她在 03 中所说的,"你越发拉扯拉扯我们"。这证明 01 话轮是请求,而不仅仅是抱怨。

二、亲密关系需求＋请求

5.2.2 中已述,亲密关系指异性间的情感关系,如恋爱关系或夫妻关系。本书将贾府中男主子与其妾室之间的关系也包括在亲密关系之内,因为这是当时封建社会所认可的关系,而且贾府的男主人一妻二妾是标配。如在下例中:

例(45)

背景:贾琏看上了尤二姐,便隐蔽地请求贾蓉撮合。

01 在路叔侄闲话,贾琏有心,便提到尤二姐,因夸说如何标致,
   如何做人好,举止大方,言语温柔,无一处不令人可敬可爱,
   <u>"人人都说你婶子好,据我看那里及你二姨一零儿呢。"</u>

02 贾蓉揣知其意,便笑道:"叔叔既这么爱他,我给叔叔作媒,
   说了做二房,何如?"

03 贾琏笑道:"你这是顽话还是正经话?"

04 贾蓉道:"我说的是当真的话。"

05 贾琏又笑道:"敢自好呢……"(第六十四回)

在上例中,贾琏有心娶尤二姐,但没有公开地对贾蓉提出来,而
是在01中将自己的正妻(即听话人的"婶子")王熙凤与听话人的
"二姨"尤二姐做对比,并提出前者不及后者的想法,隐蔽地向听话
人提出请求。故此段为隐性冲突话语。

在与尤二姐建立亲密关系的人际需求以及通过话语隐蔽地提
出请求的行事需求驱动下,说话人贾琏在01中提及了两个不在场
的第三方:一个是听话人贾蓉的"婶子",一个是他的"二姨",并通过
对比,为前者建构了消极身份,为后者建构了积极身份。两者都是
被用作资源的第三方。不过,前者是负面资源,后者是正面资源。
结果是听话人贾蓉明白了01中所隐含的请求,便在02中顺水推舟,
接受了01的隐蔽请求。

从以上两例不难看出,身份对比似乎是人际需求+请求驱动下
身份操作的策略:在以上例(12)的01中,说话人赵姨娘同时建构自
我的积极身份与消极身份,并在两者之间进行对比,试图迫使听话
人接受请求,但没有成功。而在例(45)中,说话人利用两个第三方,
一个作为正面资源,一个作为负面资源,在两人之间进行对比,听话

人很快"揣知其意",取得了预期的效果。

从以上例可见,亲密关系需求＋请求驱动下的身份操作在一定程度上反映出了亲密关系需求、请求分别驱动下的身份操作特征:(1) 在5.2.2的例(43)中,亲密关系需求驱动下的说话人(黛玉)虚构听话人(宝玉)与第三方(宝钗)之间的亲密关系身份;在此部分的例(45)中,亲密关系需求＋请求驱动下的说话人提及两个第三方("你婶子""你二姨"),分别操作其积极身份和消极身份。由此可见,亲密关系需求离不开对第三方身份的操作。(2) 5.1.1部分的例(21)显示,在请求的驱动下,说话人刘姥姥利用第三方(板儿爹)身份作为资源,以加强请求的力度。而5.3.1中的例(12)也显示,在家庭地位需求＋请求驱动下,说话人赵姨娘也将第三方身份"你兄弟""袭人"作为资源,以加强请求的力度。

5.3.2　人际需求＋拒绝

本研究的语料显示,与拒绝一起发挥作用的人际需求有三种:一是人际秩序需求;二是亲密关系需求;三是平等地位需求。这三种需求分别驱动了1个话轮。以下分别讨论。

一、人际秩序需求＋拒绝

人际秩序在本书中主要指贾府里规定的、人与人之间的等级差别。还是以3.1.4出现过的例(12)说明:

背景:赵姨娘是贾政的妾室、探春的生母。赵姨娘的兄弟死后,负责管理贾府财务的探春按贾府惯例安排了丧葬费,数量与丫鬟袭人的母亲死时袭人得到的份额相同。赵姨娘对此极为不满,便来找探春:

01 赵姨娘道:"……① 我这屋里熬油似的熬了这么大年纪,又有你和你兄弟,② 这会子连袭人都不如了,③ 我还有什么脸？连你也没脸面,别说我了!"

02 探春笑道:"原来为这个。我说我并不敢犯法违理。"一面便坐了,拿帐翻与赵姨娘看,又念与他听,又说道:"① 这是祖宗手里旧规矩,人人都依着,偏我改了不成? ② 也不但袭人,将来环儿收了外头的,自然也是同袭人一样。③ 这原不是什么争大争小的事,讲不到有脸没脸的话上。④ 他是太太的奴才,我是按着旧规矩办。⑤ 说办的好,领祖宗的恩典,太太的恩典。若说办的不均,那是他糊涂不知福,也只好凭他抱怨去……"

03 赵姨娘没了别话答对,便说道:"太太疼你,你越发拉扯拉扯我们……"(第五十五回)

在上例中,探春听完01,明白了赵姨娘的交际需求,也产生了两种相应的交际需求:一是维护贾府的人际秩序,这是人际需求;二是拒绝对方,这是行事需求。在此例中,两种需求是相辅相成的:维护贾府的人际秩序意味着要拒绝对方;拒绝对方也意味着维护了贾府祖先规定的人际秩序。为了满足这两个交际需求,探春在02话轮的①部分先提及第三方"祖宗",为其建构了权威身份,作为拒绝听话人的依据,亦即作为资源;②部分又利用两个不在场的第三方——袭人与贾环未来的妾室作为资源,证明对方得到的待遇是符合贾府惯例的;③部分反驳对方将自己的待遇与脸面联系在一起;④部分再次提及第三方袭人,建构她作为"太太的奴才"身份①;⑤部分再次利用第三方"祖宗""太太"的权威身份作为正面资源,证明自己办事是有理有据的。换言之,探春建构了多个第三方的多种身份,拒绝了赵姨娘的请求。结果是对方"没了别话答对"。

---

① 袭人原来是贾母的丫鬟,后来送给宝玉,拟成为宝玉的妾室。

从上例分析不难发现，在两种交际需求的驱动下，说话人多次建构第三方的身份：既有具体的第三方如太太、袭人、环儿；也有抽象的第三方如祖宗；有当下的第三方如太太、袭人；也有未来的第三方如环儿的妾室；还有过去的第三方如祖宗。通过建构多个第三方的身份，说话人成功地拒绝对方的请求。在本书的 5.1.2 部分讨论拒绝驱动下的身份操作时，其中的一个特征也是操作第三方的强势身份、权威身份等。此例中建构"祖宗""太太"的强势身份、权威身份正好反映了拒绝驱动下的这个身份特征。

二、亲密关系需求＋拒绝

本部分的亲密关系需求还是与林黛玉相关。如在下例中：

例(46)

背景：贵妃元春省亲时，赏赐宝玉和众姐妹礼物。宝玉和宝钗的礼物是一样的，都是一等物品。宝玉让黛玉挑他的礼物，黛玉因吃醋而拒绝。

01 宝玉赶上去笑道："我的东西叫你拣，你怎么不拣？"

02 林黛玉昨日所恼宝玉的心事早又丢开，又顾今日的事了，因说道："① 我没这么大福禁受，② 比不得宝姑娘，什么金什么玉的，③ 我们不过是草木之人！"

03 宝玉听他提出"金玉"二字来，不觉心动疑猜，便说道："除了别人说什么金什么玉，我心里要有这个想头，天诛地灭，万世不得人身！"①（第二十八回）

在上例中，黛玉并非真心不要宝玉的物品，而是因为没有得到与宝玉、宝钗相同的礼物而吃醋，或者说她意识到"金玉良缘"即宝

---

① 此例中的"金玉"和"什么金什么玉"暗示"金玉良缘"，即宝玉与宝钗之间的姻缘。

玉与宝钗之间的姻缘得到了贵妃元春的认可,因而产生了不满。当宝玉在 01 话轮中询问她原因时,她没有把自己的心思说出来,而是在 02 中通过贬抑自我、抬举第三方宝钗、暗示金玉良缘的方式隐蔽地表达自己的不满。故此段为隐性冲突话语。

02 话轮可分为三个小部分:①部分为自我建构了没福气享受对方礼物之人这一身份,在此为消极身份或弱势身份;②部分提及第三方"宝姑娘"即宝钗,用"什么金什么玉的"隐射贾府流传的、宝玉与宝钗之间的"金玉良缘",为听话人与第三方虚构了亲密关系身份;③部分为自我虚构了在贾府尤其是宝玉心目中无足轻重的"草木之人"这一身份,在此为弱势身份,与第三方宝钗的身份形成了强烈的对比。①部分和③部分字面上为自我建构消极身份和弱势身份,但实际上隐蔽地表达了对听话人以及贾府的不满、埋怨等负面情绪。

在此段中,对林黛玉来说,虚构听话人宝玉与第三方之间的亲密关系,恰恰与自己的人际需求相反。她这么操作身份,是希望得到宝玉的否定。宝玉深知这一点,于是在 03 话轮中不仅否定而且发誓。可见 02 的身份操作达到了说话人期待的效果。这与 5.2.2 部分所讨论的、亲密关系需求所驱动的身份操作如出一辙。

三、平等地位需求＋拒绝

上文已述,贾府里等级森严,即使是下人也分不同的等级,但下人中出现了争取平等地位的话语。如在 3.3.2 中出现过的例(17)中:

背景:小丫鬟坠儿(01 中的"你侄女儿")偷东西,晴雯要把她赶出去。她母亲(01 中的"他母亲"、03 中的"那媳妇")来说情。

01 他母亲来,打点了他的东西,又来见晴雯等,说道:"姑娘们怎么了,你侄女儿不好,你们教导他,怎么撵出去? 也到底

182

给我们留个脸儿。"

02 晴雯道:"你这话只等宝玉来问他,与我们无干。"

03 那媳妇冷笑道:"① 我有胆子问他去! ② 他那一件事不是听姑娘们的调停? 他纵依了,姑娘们不依,也未必中用。③ 比如方才说话,虽是背地里,姑娘就直叫他的名字。在姑娘们就使得,在我们就成了野人了。"

04 晴雯听说,一发急红了脸,说道:"我叫了他的名字了,你在老太太跟前告我去,说我撒野,也撵出我去。"(第五十二回)

当晴雯在 02 中发出指令后,听话人"那媳妇"产生了行事需求——拒绝接受指令;同时她也不满晴雯等丫鬟们地位太高,产生了人际需求——希望自己能够与其平等。在这两种交际需求的驱动下,03 出现了。03 可分为三个小部分:①部分以说反话的方式建构了第三方宝玉的强势身份;②为对方建构了超出主子宝玉地位的、更为强势的身份,连主子宝玉也听她们"调停",暗示了拒绝执行对方指令的原因;③部分在建构对方强势身份的同时,也为自我建构了弱势身份。同为下人,一强一弱的身份对比隐含了说话人强烈的不满。这样的身份操作受到了听话人在 04 中的强烈反击。

5.3.3　人际需求＋责备

如 5.2.1 中所述,在贾府这个大家庭里,人际关系十分复杂,传统道德规范表面上维持着贾府的运作,也制约着人物对言语的使用。本研究的语料显示,与责备一起发挥作用的人际需求可分为三类:一类是对家庭和睦人际关系的需求(含母子关系、主仆关系等),驱动了 3 个话轮;一类是亲密关系需求,驱动了 7 个话轮;一类是超出传统人伦规范的人际需求,驱动了 1 个话轮。以下分别讨论这些人际需求与行事需求中的责备一起驱动了怎样的语用身份操作。

一、家庭和睦人际关系需求＋责备

如5.2.1中所述,我国传统文化十分重视家庭和睦的人际关系。在贾府这个大家庭里,和睦的人际关系体现在长幼关系、主仆关系等各个方面。父母与孩子的关系至关重要,父慈子孝是我国传统家庭的美德。在《红楼梦》故事中,贾政的父亲已不在人世,因此他与母亲的关系即可反映他与父辈的关系。贾政与自己的兄长贾赦相比,与贾母的关系更为亲近。但是,在贾政痛打宝玉后,与贾母的关系受到了影响。请看3.1.3中出现过的例(11):

背景:贾政痛打宝玉、贾母得知消息后前来兴师问罪。她先怒斥贾政,然后对在现场痛哭的王夫人说话:

01 贾母又叫王夫人道:"你也不必哭了。① <u>如今宝玉年纪小,你疼他,他将来长大成人,为官作宰的,也未必想着你是他母亲了。</u>② <u>你如今倒不要疼他,只怕将来还少生一口气呢。</u>"

02 贾政听说,忙叩头哭道:"母亲如此说,贾政无立足之地。"

(第三十三回)

得知儿子痛打了孙子之后,贾母产生了两种需求:一是希望儿子疼爱孙子,父子之间关系和睦,整个家庭和谐,这是她的人际需求;二是她对贾政痛打宝玉极度不满,要用语言斥责他,这是她的行事需求。在这两种需求的共同驱动下,贾母说了01话轮。01的画线部分可分为两个小部分:①部分字面上为第三方宝玉虚构了长大后会忘记母亲的儿子这一身份,在此为消极身份;但实际上针对的目标听话人是贾政,隐蔽地责备他没把母亲放在眼里,为他建构了忘记母亲的不孝之子这一消极身份;②部分字面上劝王夫人不要"疼"宝玉,以免将来生气,隐含的意思是:我过去太"疼"儿子,他现在不把我放在眼里,我很生气。可见此部分还是在隐蔽地斥责贾政。整个 01 话轮字面上虽针对的是王夫人,但王夫人不过是用作"替罪羊"的第三方。贾母实际上斥责的目标是贾政。贾政意识到这一点后,在 02 话轮中称自己"无立足之地"。总之,01 指桑骂槐地为贾政操作了消极身份。

值得注意的是,在交际现场被用作"替罪羊"的第三方在以往研究中鲜有论述,这类第三方也是被利用的资源。以往研究所讨论的第三方大都不在现场,而本书将这类第三方也涵盖在内,扩大了第三方的范围。在本书 1.2 部分的例(1)中,宝钗怒斥丫鬟实际上针对的目标是宝玉。其中的丫鬟也是作为"替罪羊"的第三方。

以上分析了家庭和睦人际关系需求与责备一起驱动的身份操作。在贾府这个大家庭里,主仆关系也影响着贾府的正常运作。下面分析主仆关系需求＋责备驱动下的身份操作,以第 1 章中出现过的例(5)为例讨论:

背景:王熙凤将尤二姐骗进大观园后,三番五次地暗中虐待她。但王熙凤最为贴心的通房丫鬟平儿却经常悄悄地帮助尤二姐,结果被其他丫鬟告了密。

凤姐听了,骂平儿说:"人家养猫拿耗子,我的猫只倒咬鸡。"

平儿不敢多说,自此也要远着了。(第六十九回)

在上例中,王熙凤没有公开责骂平儿,而是用隐喻"我的猫"暗指她,通过将她与别人的下人对比的方式隐蔽地责备她。故此段为隐性冲突话语。

当得知丫鬟平儿暗中帮助她憎恨的尤二姐之后,王熙凤产生了两种需求:一是不满平儿的做法,要用言语责备她。当然,作为主子,王熙凤完全可以公开责备她的丫鬟。但是,在小说中,平儿是王熙凤管理贾府的得力助手,是她唯一的心腹,也知道她所做的一些见不得人的事情,或许还有其他原因,王熙凤选择了对平儿进行隐蔽责备。这是其行事需求。二是按照当时的人际关系规范,仆人应该服从主人,服务于主人,忠诚于主人。王熙凤需要"矫正"平儿的人际关系:拉开她与尤二姐之间的人际距离,拉近她与自己的人际距离。这种人际需求符合当时的主仆关系规范。在这两种交际需求的驱动下,王熙凤用不"拿耗子""只倒咬鸡"的"猫"隐射平儿,为其建构了不按主子意愿行事、不履行职责的丫鬟这一身份,在此为消极身份。总之,两种交际需求驱动了画线部分的话语,为听话人平儿建构了消极身份。为了避免可能带来的不礼貌评价或负面后果,王熙凤用隐喻掩盖了身份的主体。这样的身份操作达到了说话人预期的效果:听话人平儿不敢回应,从此也要远离尤二姐了。

以上例(11)涉及长幼关系,例(5)涉及主仆关系。在我国封建社会还出现了这两种关系同时存在的情况。在此以贾政为例说明:其正妻是王夫人,妾室有赵姨娘和周姨娘;赵姨娘虽是上等的仆人,但不能与正妻平起平坐。而赵姨娘所生的孩子(儿子贾环、女儿探春)却是主子,要认王夫人为嫡母,由贾政与正妻王夫人管教,赵姨娘无权管教。在下例中,赵姨娘管教贾环,就受到了王熙凤的责骂。

例(47)

背景:一天,贾政与妾室赵姨娘所生的儿子贾环赌钱输了赖账,贾政与正室王夫人所生的儿子宝玉看到后就把他赶了出来。于是贾环就到生母赵姨娘处告状,受到了赵姨娘的责骂。正巧被王熙凤听到了,产生了以下对话。

01 可巧凤姐在窗外过,都听在耳内,便隔窗说道:①"大正月又怎么了?环兄弟小孩子家,一半点儿错了,你只教导他,说这些淡话作什么!凭他怎么去,还有太太老爷管他呢,就大口啐他！他现是主子，不好了，横竖有教导他的人，与你什么相干！环兄弟，出来，跟我顽去。"贾环素日怕凤姐比怕王夫人更甚，听见叫他，忙唯唯的出来．赵姨娘也不敢则声。凤姐向贾环道：②"你也是个没气性的！时常说给你：要吃，要喝，要顽，要笑，只爱同那一个姐姐妹妹哥哥嫂子顽，就同那个顽。你不听我的话，反叫这些人教的歪心邪意，狐媚子霸道的。自己不尊重，要往下流走，安着坏心，还只管怨人家偏心。输了几个钱？就这么个样儿！"

02　贾环见问，只得诺诺的回说："输了一二百。"(第二十回)

在上例中，01话轮被小说的描写文字分成了两个部分，分别标注为①和②。其中①部分公开指责听话人赵姨娘，不在本研究的语料之列。而②部分的画线部分通过"这些人"将所指的对象模糊化，隐蔽地责备了赵姨娘。故此段为隐性冲突话语。

在上例中，有两种需求驱动了01画线部分及其身份操作：一是王熙凤要维护贾府传统的人际关系规范，作为妾室的赵姨娘没有资格或权力管教作为主子的儿子。这是王熙凤的人际需求。二是赵姨娘违反了贾府传统的人际关系规范，王熙凤要责备她、教训她。在这两种交际需求的共同作用下，王熙凤一箭双雕，明里为贾环建构"歪心邪意，狐媚子霸道的"人这一身份，在此为消极身份；暗里为赵姨娘建构了把贾环教坏了的人这一身份，在此也为消极身份。不过，王熙凤在01的画线部分用"这些人"掩盖了被指责的对象赵姨娘。这些身份操作取得的效果似乎在小说中没有描写，因为小说在该话轮后只提及了贾环的反应。但笔者认为，赵姨娘对②的反应从其对①的反应"不敢则声"中可以推知。

5.1.3部分在分析责备驱动下的身份操作时，发现这类行事需求驱动下最为明显的特征是：掩盖身份的主体，建构消极身份，但听话人在语境中能推知身份的主体是自己。本部分的语料分析也体现了这个特征。在以上例(11)中,说话人贾母用在场的第三方王夫人掩盖责备的真正对象贾政;在例(5)中,说话人王熙凤用隐喻"我的猫"暗指所责备的对象平儿;在例(47)中说话人王熙凤用"这些人"建构消极的集体身份,掩盖个体的消极身份,隐蔽地责备赵姨娘。总之,这些掩盖身份主体的策略与责备驱动下的身份操作特征具有异曲同工之妙。

二、亲密关系需求+责备

本部分讨论亲密关系需求与责备一起驱动的话语及其身份操作。5.2.2已述,亲密关系在本书中主要指异性之间的情感关系,如恋爱关系、夫妻关系等。

此部分的7个话轮就有4个出自林黛玉之口。从上文5.2.2可知,黛玉与宝玉说话时常带着亲密关系需求,但又不便直接表达;在本部分的语料中,黛玉看到宝玉与宝钗之间的人际距离太近,因而产生了责备宝玉的行事需求。以3.1.6中讨论过的例(14)为例:

背景:宝玉和黛玉因宝玉亲近宝钗而闹别扭。不一会儿,宝玉来找黛玉和好,但受到了黛玉的责备。

01 黛玉先说道:"你又来作什么? 横竖如今有人和你顽,比我又会念,又会作,又会写,又会说笑,又怕你生气拉了你去,你又作什么来? 死活凭我去罢了!"

02 宝玉听了忙上来悄悄的说道:"你这么个明白人,难道连'亲不间疏,先不僭后'也不知道? ……"

03 林黛玉啐道:"我难道为叫你疏他? 我成了个什么人了呢! 我为的是我的心。"

04 宝玉道:"我也为的是我的心。难道你就知你的心,不知我的心不成?"

林黛玉听了,低头一语不发。(第二十回)

黛玉对宝玉有亲密关系需求,这是不言而喻的;且黛玉不满宝玉跟宝钗走得太近,常常会因此而隐蔽地责备他。在这两种需求的驱动下,在上例的 01 中,黛玉用"有人"暗指第三方宝钗,为她建构了"会念""会作""会写""会说笑"的好玩伴这一身份,在此为积极身份。但这种身份操作并非出自真心实意,而是带着反讽,隐蔽地表达了对宝玉和宝钗之间关系亲近的不满,也暗中责备了宝玉。不过,在后面的话轮中,这种身份操作遭到了宝玉的否定、反击/反驳,黛玉的亲密关系需求得到满足。

由此例可见:本部分所讨论的亲密关系需求＋责备驱动下的身份操作与 5.2.2 部分讨论的亲密关系驱动下的身份操作存在异曲同工之妙。5.2.2 中讨论了在亲密关系需求驱动下,黛玉常提及或暗示第三方,而在此例中,她通过"有人"隐射第三方宝钗。另一方面,5.1.3 中在讨论责备驱动下的身份操作时,提及说话人在为听话人建构消极身份时,常采取掩盖身份主体的策略,如将对象模糊化、不定化等。类似的身份策略在本部分也有使用。如例(14)中的"有人"表示不定指,但实际上隐射宝钗;例(5)中"我的猫"是隐喻,掩盖了听话人平儿;例(47)中的"这些人"扩大了范围,将对象模糊化,实际上指赵姨娘。总之,在亲密关系需求＋责备的驱动下,一部分话轮的身份操作体现了亲密关系需求驱动下的身份操作特征;也有一部分话轮的身份操作体现了责备驱动下的身份操作特征。

夫妻关系是典型的亲密关系。在我国封建时代夫权是统治和束缚人的四权之一(张岱年、方克立 2017:48)。不过,在《红楼梦》故事中,王熙凤作为妻子并未遵守传统的三从四德:她不允许丈夫贾琏有妾室,也不允许他与通房丫鬟接近,希望他对自己忠诚。不仅如此,她在贾府事务的处理上还自作主张,有时甚至责备丈夫处世不当。如在下例中：

例(48)

背景：贾琏的奶妈赵嬷嬷曾托贾琏帮她的儿子在贾府谋份差事，但贾琏并不上心。这次，她又为此事来找贾琏和王熙凤。

01 凤姐笑道："妈妈你放心，两个奶哥哥都交给我。你从小儿奶的儿子，你还有什么不知他那脾气的？① 拿着皮肉倒往那不相干的外人身上贴。可是现放着奶哥哥，那一个不比人强？你疼顾照看他们，谁敢说个'不'字儿？没的白便宜了外人。——我这话也说错了，② 我们看着是'外人'，你却看着'内人'一样呢。"说的满屋里人都笑了。

02 赵嬷嬷也笑个不住，又念佛道："可是屋子里跑出青天来了。若说'内人''外人'这些混帐原故，我们爷是没有。不过是脸软心慈，搁不住人求两句罢了。"

03 凤姐笑道："可不是呢，有'内人'的他才慈软，他在咱们娘儿们跟前才是刚硬呢！"

04 赵嬷嬷笑道："奶奶说的太尽情了，我也乐了……"
贾琏没好意思，只是讪笑吃酒，说"胡说"二字。（第十六回）

在上例的画线部分，王熙凤并非直接责备贾琏，而是借对在场的第三方赵嬷嬷说话之机间接地责备他，故此段成为隐性冲突话语。

在贾府里，奶妈享有较高的地位。在此例中，面对奶妈的求情，王熙凤一方面要尊重奶妈，维系与她的正常人际关系；另一方面又要对贾琏进行责备，原因是他对奶妈所托之事不放在心上。前者是人际需求，后者是行事需求。在这两种交际需求的共同驱动下，王熙凤说了01。其中"你"的指称具有动态性：先指贾琏的奶妈（在"你从小儿奶的儿子,你还有什么不知他那脾气的"中);之后又指贾琏(在"你疼顾照看他们""我们看着是"外人",你却看着"内人"一样呢")。从身份操作来看,01的画线部分通过建构听话人贾琏与"外人"之间的亲近关系,讽刺他胳臂肘往外拐,隐蔽地责备他把"外人"当作自家人、把好处给"外人",为他建构了里外不分、不懂人情世故的丈夫这一身份,在此为消极身份。贾琏虽然没有应对,但他的奶妈在02中为他开脱,同时为贾琏建构了心地善良的人这一身份,在此为积极身份。不过,在为贾琏开脱前,奶妈先称赞王熙凤是"青天",这样为他们夫妻都建构了积极身份,两边都不得罪。此后,在03中,王熙凤再次隐蔽地责备了贾琏,为他建构了对外人"慈软"温和、对妻子和孩子"刚硬"的人这一身份,在此为消极身份。这个身份的操作反映了她的人际需求——需要对自己和孩子慈善温和的当家人。不过,这种嗔怪式的责备并没有引起贾琏强烈的不满,他只是觉得"没好意思";虽用"胡说"否定对方,做出了负面评价,但带着"讪笑"吃酒。可见,听话人的反应也是不礼貌与礼貌并存,且无不礼貌之含意,产生虚假不礼貌。这与5.1.2部分例(24)中所产生的虚假不礼貌评价非常相似。

三、超出中国传统人伦规范的人际需求+责备

在《红楼梦》中,还出现了超出我国传统人伦规范的人际需求,它与责备一起共同驱动了身份操作。如在3.3.3中出现过的例(18)中:

背景:金桂欲勾引丈夫的堂弟薛蝌,曾送酒给他喝却被他拒绝了。一天,薛蝌从外面喝酒回来,金桂就借机责备他。

01 只听宝蟾外面说道:"二爷今日高兴呵,那里喝了酒来了?"

02 金桂听了,明知是叫他出来的意思,连忙掀起帘子出来。只见薛蝌和宝蟾说道:"今日是张大爷的好日子,所以被他们强不过吃了半钟,到这时候脸还发烧呢。"

03 一句话没说完,金桂早接口道:"自然人家外人的酒比咱们
自己家里的酒是有趣儿的。"

04 薛蝌被他拿话一激,脸越红了,连忙走过来陪笑道:"嫂子说
那里的话。"

宝蟾见他二人交谈,便躲到屋里去了。(第一〇〇回)

在《红楼梦》中,金桂对丈夫的堂弟(即嫂子对小叔子)具有亲密
关系需求。当然,这种需求与贾瑞对王熙凤的亲密关系需求一样,
超出了我国传统的人伦规范。当金桂得知小叔子薛蝌在外面与别
人喝了酒,想起自己曾经送酒给他却被拒绝,因此试图责备他。在
两种交际需求的驱动下,03 话轮为听话人建构了矛盾身份:既是自
己家里的人,又是喜欢与外人喝酒或与外人交往的人。前者拉近了
说话人与听话人之间的距离,评价为礼貌;后者又拉开了两人的距
离,评价为不礼貌。因此,此例中礼貌与不礼貌并存,且有不满、抱
怨之意,隐含了对对方的责备,产生虚假礼貌评价。从效果来看,04
中薛蝌"陪笑"给予了规约性(conventional)的否定。

从以上实例分析可见,人际需求+责备驱动下的身份操作兼具
人际需求、责备分别驱动下的身份操作特征。5.1.3 中已述,责备驱
动下的身份操作常建构听话人的消极身份,但通过集体代替个体、
不定指等策略掩盖身份的主体。在本部分中家庭和睦人际关系需
求+责备的驱动下,说话人也建构听话人的消极身份,也通过以集
体代替个体、指桑骂槐、隐喻等策略掩盖身份的主体。另外,5.2.2
中已述,在亲密关系需求的驱动下,说话人(均为林黛玉)操作的都
是听话人(宝玉)与第三方(宝钗)的亲密关系身份。在本部分的亲
密关系需求+责备驱动下,大部分话轮出自林黛玉之口。她同样虚
构了听话人(宝玉)+第三方(宝钗)的亲密关系身份,且第三方是通

过不定指等策略暗示的。

5.3.4　人际需求＋嘲讽

本书的 5.1.4 部分已述,嘲讽比责备在程度上要轻微一些,可以理解为嘲笑、讽刺、揶揄、调侃等。在本研究的语料中,嘲讽这个行事需求与亲密关系需求一起共同驱动了 3 个话轮,均在以下对话中:

例(49)

背景:宝钗生病了,黛玉前去探望,不料碰见了也来看望宝钗的宝玉,黛玉心生醋意。

01　林黛玉已摇摇的走了进来,一见了宝玉,便笑道:"<u>嗳哟,我来的不巧了!</u>"

02　宝玉等忙起身笑让坐,宝钗因笑道:"这话怎么说?"

03　黛玉笑道:"<u>早知他来,我就不来了。</u>"

04　宝钗道:"我更不解这意。"

05　黛玉笑道:"要来一群都来,要不来一个也不来;今儿他来了,明儿我再来,如此间错开了来着,岂不天天有人来了?也不至于太冷落,也不至于太热闹了。姐姐如何反不解这意思?"

06　宝玉因见他外面罩着大红羽缎对衿褂子,因问:"下雪了么?"

07　地下婆娘们道:"下了这半日雪珠儿了。"

08　宝玉道:"取了我的斗篷来不曾?"

09　黛玉便道:"<u>是不是,我来了他就该去了。</u>"

10　宝玉笑道:"我多早晚儿说要去了? 不过拿来预备着。"(第八回)

在上例中,黛玉看到宝玉也来看宝钗便心生猜疑、不满与醋意,但她并没有明示,而是在01、03话轮中以责备自己不该来的方式暗示。另一方面,宝钗假装不知其意,在02、04话轮中明知故问,字面上是请黛玉解释,实则是看她敢不敢把自己的猜疑、不满与醋意说出来。可见,02、04字面上是询问,实为隐蔽挑战。故此段对话为隐性冲突话语。

在《红楼梦》小说中,黛玉对宝玉有着亲密关系需求,每当看见他与宝钗在一起时,就产生不安全感,因而常通过嘲讽、反讽等方式向宝玉发话,以获得一种安全感。以上对话就发生在这样的语境下。黛玉在亲密关系需求与行事需求的共同作用下,开启了01话轮。在01话轮中,黛玉预设宝玉与宝钗之间具有亲密关系,责怪自己"来的不巧",含意是自己的到来打扰了他俩。01为自我建构了不该来的客人这一身份,在此为消极身份。宝钗明知01所预设的语用身份,但以装作不明白的方式在02中发出询问,实际上对黛玉所虚构的关系身份进行了隐蔽挑战。在03中,黛玉再次用为自我建构消极身份的方式暗讽宝钗和宝玉之间的亲密关系身份,也再次引起了宝钗的隐蔽挑战。最后,黛玉不敢、不便也无法公开表达自己的醋意,只得在05话轮中另作解释,暂时取消了自己对他们的嘲讽,也暂时取消了自己所预设的、宝钗宝玉之间的亲密关系身份,亦即暂时放弃了自己的交际需求。但是,黛玉并未善罢甘休,当宝玉在08中询问自己的斗篷后,黛玉以为宝玉准备告辞,再一次在09中发起了隐蔽进攻。这次得到了宝玉在话轮10中的否定。总之,在此例中,黛玉通过预设虚构了两个听话人的亲密关系身份,但他们联手反击了她,致使她未能达到嘲讽他们的目的。当然,她自己也获得了一份安全感。

关于通过预设建构身份的方式,陈新仁(2018b)将预设看作建构身份的隐性方式,分析了选择疑问句和"也"预设的身份。在此例

05 中,林黛玉很巧妙地取消了自己通过预设所虚构的两个听话人之间的亲密关系身份。

在以上例(49)中,说话人在亲密关系需求＋嘲讽的驱动下,虚构了两个听话人之间的亲密关系身份。5.1.4 部分在讨论嘲讽驱动下的身份操作时得出了结论:虚构听话人的关系身份是该行事需求驱动下身份操作最为明显的特征;在 5.2.2 部分讨论的亲密关系需求驱动下,说话人常虚构听话人与第三方的亲密关系身份。可见,亲密关系需求＋嘲讽驱动下的身份特征反映了亲密关系和嘲讽分别驱动下的身份特征。

5.3.5　人际需求＋否定、反击/反驳

在本研究的语料中,人际需求与否定、反击/反驳这个行事需求共同驱动了 4 个话轮。此处的人际需求包括两类:亲密关系需求和平等地位需求。

一、亲密关系需求＋否定、反击/反驳

亲密关系需求＋否定、反击/反驳一起驱动了 3 个话轮,都在 3.1.6 中出现过的例(14)中[①]:

背景:黛玉与宝玉因宝玉亲近宝钗闹了别扭。过了一会儿,宝玉来找黛玉和好,但受到了黛玉的责备。

01　只见黛玉先说道:"你又来作什么?横竖如今有人和你顽,比我又会念,又会作,又会写,又会说笑,又怕你生气拉了你去,你又作什么来?死活凭我去罢了!"

02　宝玉听了忙上来悄悄的说道:"① 你这么个明白人,② 难道连'亲不间疏,先不僭后'也不知道?……"

---

①　因分析需要,增加了 02 后面的 2 个话轮。

03 林黛玉啐道:"① 我难道为叫你疏他?我成了个什么人了呢!② 我为的是我的心。"

04 宝玉道:"① 我也为的是我的心。② 难道你就知你的心,不知我的心不成?"

林黛玉听了,低头一语不发。(第二十回)

在小说《红楼梦》中,宝玉对黛玉也有亲密关系需求。在上例中,面对 01 的隐蔽责备,宝玉在 02 中隐蔽反驳:他先为黛玉建构了一个"明白人"的身份,在此为积极身份;接着又在②中用反问句挑战了这种身份,隐蔽地反击了黛玉在 01 中的隐蔽责备。在 03 中,黛玉也隐蔽反驳了对方:她先在①中解构了对方为自己虚构的身份——要宝玉不理宝钗的小心眼;接着在②中为自己建构了一个随心而为的人这一身份,在此为中性身份。在 04 中,宝玉再次反驳:他在①部分为自我建构了同样的中性身份——随心而为的人;接着又在②部分用反问句为对方建构了消极身份——"不知我心"的人。黛玉的心无非是宝玉只可专注于己、不可分心于其他女孩的欲望;而宝玉的心则是作为知己的黛玉应该完全理解自己的欲望(陶小红 2014)。可见,两人均具有亲密关系需求,都在反驳对方。在两种需求驱动下产生的身份操作加深了两人之间的相互理解,对两人的亲密关系产生了积极效果。

二、平等地位需求＋否定、反击/反驳

贾府里存在着明显的等级关系,即使仆人之间也存在着等级差别。在丫鬟中,袭人是一等,晴雯是二等。以下是她们之间的对话。

例(50)

背景:一天,宝玉因心情不佳而为一点小事生晴雯的气,晴雯也在顶撞他。袭人过来劝架。

01 袭人在那边早已听见，忙赶过来向宝玉道："好好的，又怎么了？可是我说的'一时我不到，就有事故儿'。"

02 晴雯听了冷笑道："姐姐既会说，就该早来，也省了爷生气。自古以来，就是你一个人服侍爷的，我们原没服侍过。因为你服侍的好，昨日才挨窝心脚，我们不会服侍的，到明儿还不知是个什么罪呢！"①

03 袭人听了这话，又是恼，又是愧，待要说几句话，又见宝玉已经气的黄了脸，少不得自己忍了性子，推晴雯道："好妹妹，你出去逛逛，原是我们的不是。"

04 晴雯听他说"我们"两个字，自然是他和宝玉了，不觉又添了酸意，冷笑几声，道："① 我倒不知道你们是谁，别教我替你们害臊！便是你们鬼鬼祟祟干的那事儿，也瞒不过我去，那里就称起'我们'来了。② 明公正道，连个姑娘还没挣上去呢，也不过和我似的，③ 那里就称上'我们'了！"

袭人羞的脸紫胀起来，想一想，原来是自己把话说错了。

（第三十一回）

从字面上看，上例似乎是显性冲突话语，但小说在04的描写部分写到晴雯"不觉又添了醋意"，由此可以推知，04虽然在公开地否定听话人，但同时也隐蔽地表达了说话人的人际需求——羡慕、嫉妒听话人袭人与宝玉之间的亲近人际距离，或希望在贾府具有与袭人平等的丫鬟地位。从这个意义上来说，该段为隐性冲突话语。

在贾府里，"姑娘"是对小姐主子的尊称，也可用于主子的妾室。袭人虽没有正式成为宝玉的妾，但宝玉的母亲王夫人已有此意，并让袭人享受了妾的待遇；而且宝玉与袭人已初试云雨。或许因为这

---

① 昨日宝玉因丫鬟开门太慢而误踢了袭人一脚。

些,在上例 03 中,袭人下意识地用了"我们"指称自己和宝玉。但听话人晴雯由于拥有与袭人平等的人际关系需求,敏感地捕捉到"我们"所传递的身份信息——为说话人预设了与宝玉平起平坐的主子身份,或建构了她与宝玉之间的圈内人身份以及晴雯的圈外人身份。晴雯不能接受这些身份,因而产生了否定对方的行事需求。在这两种需求的驱动下,产生了 04 话轮。

04 的画线部分可分为三个小部分:①部分以否定的口气解构了对方在 03 中建构的、与宝玉之间的圈内人身份;②部分为对方建构了与说话人地位相同的丫鬟身份,拉开她与宝玉之间的人际距离;③部分解构了袭人为自我建构的主子身份。这些身份操作取得了明显的效果,使"袭人羞的脸紫胀起来",并意识到"自己把话说错了"。

由此例可见,晴雯不能接受袭人(无意)操作的身份。她对袭人所操作身份的评价似乎不是不礼貌,而是不可接受。此例证明,并非所有的话语都可用(不)礼貌评价,在(不)礼貌之间,可能还有(不)可接受这个维度。

另外,此例也证明了陈新仁(2018c:65)的论断:特定语境下说话人做出的身份选择是一个意识程度或高或低的过程。03 话轮是袭人在身份意识程度低的情况下无意选择的,经对方凸显之后,她"想一想"意识到自己"把话说错了"。可见,在意识程度提高后,她认识到自己所操作的身份不恰当。

5.3.6　人际需求＋劝说

本部分的人际需求表现为对家庭和睦人际关系的需求,人际需求＋劝说只驱动了 1 个话轮,在 1.2 部分中出现过的例(8)中:

背景:金桂是薛姨妈的儿媳,薛宝钗的嫂子。一天,金桂在家里大吵大闹，薛姨妈和女儿宝钗过来劝架。

01 宝钗道："大嫂子，妈妈因听见闹得慌，才过来的。就是问的急了些，没有分清'奶奶''宝蟾'两字，也没有什么。<u>如今且先把事情说开，大家和和气气的过日子，也省的妈妈天天为咱们操心</u>。"

02 那薛姨妈道："是啊，先把事情说开了，你再问我的不是还不迟呢。"

03 金桂道："① 好姑娘，好姑娘，你是个大贤大德的。② 你日后必定有个好人家，好女婿，③ 决不像我这样守活寡，④ 举眼无亲，叫人家骑上头来欺负的。⑤ <u>我是个没心眼儿的人，只求姑娘我说话别往死里挑捡，我从小儿到如今，没有爹娘教导</u>。再者我们屋里老婆汉子大女人小女人的事，姑娘也管不得！"

04 宝钗听了这话，又是羞，又是气；见他母亲这样光景，又是疼不过。因忍了气说道："大嫂子，我劝你少说句儿罢。谁挑捡你？又是谁欺负你？不要说是嫂子，就是秋菱我也从来没有加他一点声气儿的。"金桂听了这几句话，更加拍着炕沿大哭起来。①（第八十三回）

在上例 01 中，说话人宝钗没有公开劝说听话人金桂不要吵闹，而是先说她妈妈来的原因；然后请"<u>大家和和气气的过日子，也省的妈妈天天为咱们操心</u>"。此处的"大家""咱们"字面上包括说话人在内，但在当下情景中宝钗并未吵架，所以并不包括说话人自己。此处说话人有意扩大了范围，将所指的对象模糊化，是一种掩盖对象的策略。换言之，01 的画线部分实际上不是在说"大家""咱们"应该

_____

① 因分析需要，增加了 04 话轮。

怎样,而是在隐蔽地劝说对方,故该段为隐性冲突话语。

在上例中,有两种交际需求驱动了 O1 及其身份操作:一是说话人宝钗希望听话人金桂与家人和谐相处,这是她对家庭和睦人际关系的需求;二是她对金桂大吵大闹不满,要用话语劝说她。在这两种交际需求的驱动下,O1 的画线部分为第三方"妈妈"建构了天天为儿子儿媳吵架操心的母亲这一身份,在此为弱势身份。从另一角度看,它同时隐蔽地为听话人建构了让婆婆天天操心的媳妇这一身份,在此为消极身份。

在 5.2.1 部分的例(42)中,对大家庭和睦人际关系的需求驱动了说话人操作整个贾府成员的消极集体身份。但在以上例(8)中,说话人字面上也用"大家""咱们"操作集体身份,但实际上针对的是个体。陈新仁(2018c:159 - 162)将此看作一种语用移情策略。之后,听话人对此心知肚明,便在 O3 中进行拒绝、反击等,隐蔽地表达了自我的人际需求+行事需求。详见 5.3.7 中的讨论。

5.3.7　人际需求＋多种行事需求

以上讨论了人际需求与六种行事需求一起驱动的身份操作。在本研究的语料中,有 1 个话轮及其身份操作受到人际需求+多种行事需求的驱动,本书将这种类型称为复合型。此话轮是 5.3.6 部分例(8)中的 O3 话轮。

在《红楼梦》中,金桂是典型的泼妇、悍妇。她一嫁到薛家,就有当家奶奶要掌控丈夫和身边所有人的欲望,这是她的人际需求。在例(8)中,面对 O1 中宝钗的隐蔽劝说(在 5.3.6 中已讨论),她不仅要拒绝其劝说,还要对她进行反击、嘲讽、责备。故 O3 是在人际需求与四种行事需求——拒绝、反击、嘲讽、责备的共同作用下产生的。这是本研究将 O3 视作复杂型的原因。从语用身份的角度看,O3 话轮的画线部分可分为五个小部分:①部分字面上建构对方的积极身份——"大贤大德的好姑娘",但在《红楼梦》小说中金桂对宝钗并无好感,本书3.1.1部分的例(9)即为证明。故①部分的身份操作并非出于真心诚意,而是虚构的积极身份,具有反讽意味,产生虚假礼貌。②部分同样是反讽,字面上虚构了听话人宝钗作为"好人家"的好儿媳这一身份,在此为积极身份。此部分还提及了第三方"好女婿"。但在当时的封建社会,像这样公开提及未出嫁女孩儿的婚姻本身对她就是一种嘲讽甚至羞辱,这在04的描写部分"宝钗听了这话,又是羞,又是气"中得到证明。③部分"守活寡"建构了自己与丈夫之间的消极关系身份。因金桂的丈夫是宝钗的哥哥,故这个消极关系身份同时也隐蔽地威胁了听话人薛姨妈与宝钗的面子,隐蔽地责备了在场的两个听话人。④部分虚构了自己"举目无亲"、在薛家受"欺负"的媳妇这一身份,在此为弱势身份。这个自我的弱势身份也隐蔽地责备了听话人一家,同时对01进行了隐蔽反击。⑤部分先为自我虚构了"没心眼的人"这一身份,在此为中性身份;接着又为自己虚构无爹娘教导、受对方"挑捡"的人这一身份,在此为弱势身份、受损者身份。这同时也为听话人虚构了爱"挑捡"别人的人这一身份,在此为强势身份。一强一弱的身份对比,表达了金桂强烈的负面情绪。这些身份有利于为说话人自己开脱,似乎家庭不和睦的责任不在己方,而在听话人一方。因此说话人似乎有理由拒绝01中的劝说,也再次对01进行了隐蔽反击。可见,03话轮中①、②部分的身份操作嘲讽甚至羞辱了听话人宝钗,而③、④、⑤部分针对01中的劝说进行了拒绝,针对其隐蔽责备进行了反击,责备了听话人一家。换言之,整个03话轮通过身份操作拒绝了对方的劝说,反击了其责备,也责备了其全家。效果是让听话人"又是羞,又是气",又是心疼母亲,并"忍了气"再次进行了反击,进一步加剧了冲突。

本书5.1.3与5.1.4中在分别讨论责备、嘲讽这两个行事需求驱动下的身份操作时,发现说话人有时通过反讽在字面上虚构听话人的积极身份,而实际上建构其消极身份,此例 03 的①部分也出现了相同的身份操作特征。本书的 5.1.4 部分在讨论嘲讽驱动下的身份操作时,发现虚构对方的关系身份是最为典型的身份特征。在此例 03 的②部分,说话人也通过虚构听话人的亲密关系身份嘲讽对方。另一方面,5.1.2 中在讨论拒绝这个行事需求驱动下的身份操作时,发现说话人建构自我的弱势身份、消极身份是最为典型的身份特征;而在此例 03 的④、⑤部分,说话人也建构了自我的弱势身份、受损者身份,为自我开脱,拒绝接受对方的劝说,还隐蔽地责备了对方一家。可见,例(8)的 03 话轮集中反映了多种行事需求驱动下的身份特征。

　　关于此例,还有两点值得注意。第一点,在 03 中的⑤部分,"只求姑娘"带来礼貌评价;"我说话别往死里挑检"带来不礼貌评价,这种礼貌与不礼貌并存,且产生不礼貌含意的话语带来的是 Taylor(2015;2016b;3)所讨论的虚假礼貌类型。而 03 中的①、②部分通过反讽也产生虚假礼貌,但它们属于 Leech(1983;82;2014;233)所讨论的虚假礼貌类型。同为虚假礼貌,类型却不相同。第二点,从此例 04 话轮中描写宝钗听了 03 之后的反应来看,评价似乎不是不礼貌,而是令人感到羞辱的。因此,从评价来看,或许还存在比不礼貌程度更高的评价,如"令人感到羞辱的"。或许在(不)礼貌这个天平上,应该增加这个维度。

5.3.8　小结与讨论

　　由以上分析可见,人际需求＋行事需求共同驱动下的身份操作大都表现出了人际需求、行事需求分别驱动下的一些身份特征。换言之,5.3 部分所讨论的身份特征与 5.1、5.2 所讨论的身份特征有一些共同之处。主要表现在以下几点:

　　第一,亲密关系需求＋请求驱动下的身份操作反映出了亲密关系需求、请求分别驱动下的身份操作特征。首先,5.2.2 中已述,在亲密关系需求的驱动下,说话人(均为林黛玉)操作的都是听话人(宝玉)与第三方(宝钗)之间的亲密关系身份,作为试金石,试探宝玉对自己的态度。而 5.3.1 也显示,在亲密关系需求+请求驱动下,说话人建构的也是第三方身份。这个共同之处与我国封建时期对待亲密关系的态度有关。中国文化虽然重视人情,但男女之间的爱情却是羞于启齿,一般只能通过第三方转弯抹角地提及。其次,5.1.1 部分的语料分析显示,在请求的驱动下,说话人利用第三方身份作为资源,以加强请求的力度。而 5.3.1 显示,在家庭地位需求+请求驱动下,说话人也建构第三方身份作为资源,以加强请求的力度。

第二,人际需求+拒绝驱动下的身份操作与人际需求、拒绝分别驱动下的身份特征有异曲同工之妙。首先,5.1.2 部分的语料显示:在拒绝这个行事需求的驱动下,说话人常建构第三方的权威身份或强势身份,作为正面资源加以利用;有时也建构第三方的弱势身份或消极身份,作为负面资源加以利用。在这两种情况下,第三方身份为拒绝对方提供了原因或理由。而在 5.3.2 中人际秩序需求+拒绝的驱动下,说话人同样为第三方建构权威身份或强势身份,作为资源加以利用,为拒绝对方提供了原因或理由。其次,5.2.2 中已述,在亲密关系需求的驱动下,说话人(均为林黛玉)建构或虚构的都是听话人(宝玉)与第三方(宝钗)之间的亲密关系身份。而在 5.3.2 部分亲密关系需求+拒绝的驱动下,身份操作方式显示出了相同的特征。相关话轮大多出自林黛玉之口。最后,在 5.3.2 部分的平等地位需求+拒绝的驱动下,说话人建构了第三方的强势身份,又利用这个身份为听话人建构了程度更高的强势身份,增强了拒绝的力度。

第三,人际需求+责备驱动下的身份操作兼具人际需求、责备分别驱动下的身份操作特征。首先，5.1.3中已述，责备驱动下的身份操作常建构消极身份，并通过集体代替个体、不定指等策略掩盖身份的主体，但听话人在具体语境中能推知自己就是身份的主体。在5.3.3中家庭和睦人际关系需求＋责备的驱动下，说话人也建构听话人的消极身份，通过指桑骂槐、隐喻、以集体代替个体等策略掩盖身份的主体，听话人在具体语境中同样能推知自己就是身份的主体。其次，5.2.2中已述，在亲密关系需求的驱动下，说话人（均为林黛玉）虚构的都是听话人（宝玉）与第三方（宝钗）之间的亲密关系身份。在5.3.3部分的亲密关系需求＋责备驱动下，说话人（大部分出自林黛玉之口）同样虚构了听话人（宝玉）＋第三方（宝钗）之间的亲密关系身份，且第三方是通过不定指等策略暗示的。

第四，亲密关系需求＋嘲讽驱动下的身份特征，与亲密关系需求、嘲讽分别驱动下的身份特征有共同之处。如在5.1.4中，嘲讽常驱动说话人虚构听话人的关系身份；在5.2.2的亲密关系需求驱动下，说话人常虚构听话人与第三方之间的亲密关系身份。而在5.3.4中，亲密关系需求＋嘲讽驱动下的身份特征是虚构听话人与第三方之间的亲密关系身份。

当然，人际需求＋行事需求驱动下的身份特征与人际需求、行事需求分别驱动下的身份特征并非总保持以上那样的高度一致性。在有些语境中，它们呈现出各自独有的特征。如5.3.5中所讨论的人际需求＋否定、反击/反驳驱动下的身份特征分别与5.1.5中所讨论的否定、反击/反驳驱动下的身份特征以及5.2部分所讨论的、人际需求驱动下的身份特征基本不同。另外，5.3.6中所讨论的人际需求＋劝说驱动下的身份特征与5.1.6中所讨论的劝说驱动下的身份特征似乎没有共性。这些值得进一步探讨，或许与这些类别的语料不丰富相关。

除了以上结论，5.3部分也证实了5.1和5.2部分的一些结论，在此不赘述。值得注意的是,本部分也提出了新观点:(1) 语用身份论认为,选择某种身份就调用了依附于该身份的各种资源。这个问题似乎也可以反过来看,即一个人似乎可以从其所得到的资源中评估自己的身份。如例(12)中赵姨娘就是从自己所得的待遇(或资源)中意识到自己在贾府的地位与丫鬟不相上下的。或许我们可以说,身份与资源尤其是物质资源之间相互映射。(2) 身份操作也可能产生虚假不礼貌评价,如例(48)。(3) 说话人可以很巧妙地取消通过预设虚构的身份,如例(49)。(4) 在(不)礼貌评价的天平上,可能还有比不礼貌程度更高的"令人感到羞辱"之类的评价,如例(8)。(5) 不同类型的虚假礼貌可同时出现在同一个话轮中,如例(8)。

最后,如 5.2.4 中所言,人际需求反映了两个关键词:"家(族)"和"人际关系"。这两个关键词在 5.3 中再次得到反映,说明我国传统文化对家(族)与人际关系的重视。我国传统文化重视大家庭里的人际和睦,认为"家和万事兴";我国传统文化也重视孝悌,孝悌的基本内容是父慈子孝、兄友弟恭。它在社会道德生活中具有崇高的地位,能形成一种浓烈的家族亲情(张岱年、方克立 2017:213)。不过,在《红楼梦》故事发生的清代,封建文化在人际关系上重视妻子对丈夫的遵从,"夫为妻纲",妻子要遵守"三从四德"(张岱年、方克立 2017:212)。当时的封建文化还将人分为三六九等,处于不同等级的人说话做事都要保持恰当的人际距离,尤其是在主仆之间,仆人要忠诚于主人,服务于主人。超出传统道德对这些人际关系的约束与规范,常常会受到言语上的责备,甚至行动上的惩戒。

第6章 对现有理论的启示

本书第 5 章运用 4.3 部分提出的分析框架,讨论了在《红楼梦》的隐性冲突话语中,交际者在三种交际需求的驱动下,如何操作身份、操作了谁的、什么类型的语用身份,以及身份操作取得了怎样的效果。从分析中可见陈新仁提出的语用身份论、人际关系管理新模式、本研究在其基础上提出的(不)礼貌评价原则以及现有的虚假(不)礼貌说在本研究中得到了应用。同时,本研究也对这些理论带来了一些启示。下面将聚焦于这些启示。

6.1 对语用身份论的启示

本研究对语用身份论的启示主要体现在以下方面。

6.1.1 语用身份的资源性

一、弱势身份也有资源性

陈新仁(2018c:30 - 31,118 - 121)曾论述了语用身份的资源性:某个语用身份一旦在交际中呈现,依附于它的各种资源(如权力、地位、资源配置等)会给该语用身份的拥有者带来价值增值,身份的交际资源性或效用性就发挥作用。这无疑适用于某些拥有权力、地位的身份。不过,此观点未必适用于那些无权、无地位的弱势身份。如在本书例(19)中,"那婆子"作为穷寡妇的弱势身份几乎没有什么资源,也谈不上给她本人带来价值增值,她在请求对方时建构,甚至凸显了自我的弱势身份。这是为什么呢? 主要是因为这类身份不仅能为请求提供原因或理由,还可能引起听话人的同情心。她最终被允许留在了贾府,是因为宝玉看她"可怜"。似乎可以说,虽然弱势身份所依附的资源相对较少,但也可以被利用,因为它可能激起善良听话人的同情之心。由此可见,弱势身份虽然本身所附着的资源不多,但也可以被利用。

另外,有些第三方本身资源不多,如本书例(21)中的板儿爹,但他的关系身份也可作为资源加以利用。在以往的研究中,关注较多的是第三方本人的权力、地位、资源配置等(如 Li & Ran 2016;Wolfers et al 2017;袁春波、陈新仁 2021)。而本研究的语料分析说明,弱势身份的关系身份也可能成为可利用的资源。简言之,弱势身份也有资源性,也可加以利用。

二、身份作为资源具有两面性

身份资源的两面性指的是其正面属性与负面属性。陈新仁(2018c:30-31,118-121)曾论述了语用身份的施为资源性:某个语用身份一旦在交际中呈现,依附于它的各种资源(如权力、地位、资源配置等)会给该语用身份的拥有者带来价值增值,身份的交际资源性或效用性就发挥作用(陈新仁 2018c:30-31)。这里似乎论述的是身份作为资源的正面属性,与权力、地位、资源配置等相关。在本研究的语料中,有些身份作为资源似乎具有负面性,它不是给身份的主体带来价值增值,而是价值贬值。如在本书的例(20)中,贾芸的舅舅为了拒绝他,虚构了一个赊欠不还的第三方作为负面资源,暗中为贾芸建构了类似的消极身份,从而为拒绝他找到了借口。

同样,为与听话人有亲密关系的第三方建构消极身份相当于为听话人建构了消极身份,也成为消极资源,如本书例(36)中的"咬舌的林姐夫"。由此可见,交际中若要为对方建构消极身份,可利用第三方作为负面资源。在有些语境中,具有正面属性与负面属性的第三方可能出现在同一话轮中,从不同的角度促进交际需求的实现。

三、身份资源的负面性可能发挥积极作用

上文论述了身份作为资源的正面性与负面性。交际者在利用身份资源的负面性时,并非总是操作消极身份。如在本书的例(20)中,贾芸求借被舅舅拒绝后,虚构了一个天天找舅舅借钱借物的第三方,也是利用该身份的负面性。不过,贾芸的目的不是给自己建构消极身份;恰恰相反,他利用这个第三方与自己形成鲜明的对比,建构了自我的积极身份。换言之,在特定语境中利用第三方作为消极资源,可能为说话人自我建构积极身份,也是为满足交际需求而建构的有利身份。

四、身份与资源之间互相映射

语用身份论认为,选择某种身份就调用了依附于该身份的各种资源。这个问题似乎也可以反过来看,即交际者似乎可以从其所得到的资源中评估自己的身份。如在例(12)中赵姨娘找探春要求提高抚恤金,是因为她从自己所得的待遇中意识到自己在贾府的地位与年轻的丫鬟不相上下。

总之,我们可以从以上四个方面更加深入地理解身份资源。

6.1.2　与语用身份相关的要素

以往研究表明,语用身份与面子、关系、(不)礼貌等密切关联。本研究的语料显示,除此之外,语用身份还与情感、意愿等要素相关。

一、情感

情感是人们"对外界刺激肯定或否定的心理反应,如喜欢、愤怒、悲伤、恐惧、爱慕、厌恶等"(《现代汉语词典》第 7 版,2016:1068)。现有少量研究涉及面子与情感的关系,且在(不)礼貌研究中,情感受到的关注较少(Ohashi & Chang 2017:266)。

本书的语料显示,情感与语用身份之间相互作用。第一,交际者之间的情感影响着身份操作。例如,黛玉和紫鹃情同姐妹,故在例(2)中当有人传贾母之令要紫鹃去宝玉的婚礼上帮忙时,紫鹃虚构了自我的消极身份,以便能留下来照顾生命垂危的黛玉。

第二,情感影响着身份操作的效果。在本研究的语料中,这一点主要体现在同情方面。依据《现代汉语词典》第 7 版(2016:1313)的定义,"同情"指"对于别人的遭遇在感情上发生共鸣"。可见,同情也属于一种情感。同情影响着身份操作的效果。如在例(19)中,即将被赶出贾府的"那婆子"为了留在贾府,反复操作自我和对方的多种身份。小说中描写"宝玉见如此可怜,只得留下"。可见宝玉之所以留下她,主要是因为同情心在起作用。而他的同情心又是被"那婆子"建构及凸显的自我弱势身份、受损者身份等激发的。

第三,身份操作常常带来情感体验。如在例(44)中,当黛玉虚构宝玉与第三方之间的亲密关系身份时,宝玉的反应是"急了";又如在例(50)中,当晴雯建构袭人与自己相同的下人身份时,听话人袭人"羞的脸紫胀起来"。

第四,身份操作可以弥补情感上的伤害。如在例(27)中,王熙凤拒绝贾芸的礼物后,用"你又不是外人"建构其自家人身份或圈内人身份,在一定程度上弥补了拒绝给贾芸带来的情感伤害。

第五,身份评价可以在情感维度进行。如在例(2)中,当紫鹃为了拒绝去宝玉的婚礼上帮忙而为自我虚构了消极身份后,在场的主子并没有做出不礼貌评价,而是说她与黛玉"前世"有"缘法儿"。这是从情感维度做出的积极评价。同样,在例(42)中,当探春隐蔽地责备贾府的人"像乌眼鸡"时,听话人尤氏评价她的话是在"气头儿上"说的。由此可见,对身份操作的评价可从情感角度做出。

第六,从情感角度评价身份,结果不一定是非此即彼,在特定语境中可能产生复杂的情感。如在例(43)中,黛玉提及第三方宝钗时,通过"宝姑娘""贝姑娘"为她与宝玉之间虚构了亲密关系身份,产生的效果是宝玉"又是咬牙"生气、又是"笑"。

总之,由以上诸方面可见,情感与语用身份之间相互作用。这证明了 Langlotz & Locher(2017:315-316)的观点:情感与身份建构复杂、紧密地联系在一起。

二、意愿

意愿即"愿望;心愿"(《现代汉语词典》第7版,2016:1557)。本书的语料显示:意愿与语用身份之间相互作用。第一,说话人的意愿影响着自己的身份操作。如在例(21)中,当刘姥姥到贾府求借时,王熙凤(代表贾府)依据王夫人的旨意,决定既不能不借、又不能多借。在这种意愿的影响下,王熙凤虚构了自我一方的消极身份——外部光耀、内部艰难的大家庭,以暗示拒绝;同时又为对方建构了第一次上门求借的远道客人身份,以暗示不能不借。

第二,听话人的意愿影响着对对方身份操作的评价。同样在例(21)中,当刘姥姥到贾府求借时,把自己的外甥称作王熙凤的侄儿,强行建构了两者之间的关系身份。之后受到了第三方的责备,原因是这个第三方知道王熙凤不愿意有这么个穷侄儿。

第三,听话人的意愿影响着身份操作的效果。说话人通过身份操作试图满足行事需求时,在符合听话人意愿的情况下,能取得立竿见影的效果。如在例(2)中贾雨村隐蔽求借立即得到同意;在例(23)中秦钟的暗中请求也随即得到许可。在听话人决意拒绝的情况下,说话人操作的身份在有些语境中作用甚微。如在例(20)中贾芸向舅舅求借,因舅舅一家决意拒绝,他只能空手而归。可见,听话人的意愿对身份操作的效果有着明显的影响。

第四,意愿也并非在任何语境中都能起决定性的作用。相反,交际一方的身份操作在某些语境下也能影响甚至改变另一方的意愿。如在例(19)中,即将被赶出贾府的"那婆子"操作了多种身份请求留在贾府,宝玉改变主意留下了她;又如在例(10)中,王熙凤开始时非常坚决地拒绝了老尼的请求,后来对方冒险虚构了她的弱势身份后,王熙凤却接受了请求。

总之,身份操作并非完全处于被动地位;在特定语境中,身份操作甚至可以使听话人改变其意愿。由此可见,意愿与身份之间相互作用。这一点对语用身份研究尤为重要,以后的研究要关注如何操作语用身份以发挥最大作用。

6.1.3 语用身份与交际效果之间的关系

语用身份对于交际效果是必要但不充分条件。换言之,要达到特定的交际效果,说话人需要操作特定的身份。如在例(22)中,只有当贾雨村为自己操作了因无盘缠无法进京赶考的贫困书生这一弱势身份后,甄士隐才资助了他。否则,甄士隐认为是"唐突"。但是,身份操作不一定能满足交际需求。如例(20)贾芸向舅舅求借、例(27)中贾芸向王熙凤求差事,均没有达到所期待的效果。从上文可见,交际需求可否得到满足,除了恰当的身份操作之外,还受听话人的情感、意愿等因素的影响。简言之,语用身份是交际效果的必要但不充分条件。

6.1.4 第三方概念与第三方身份

一、第三方的概念可进一步拓展

为了达到交际目的,交际者有时需要利用第三方作为资源。第三方指交际双方以外的一方。袁春波、陈新仁(2021)也将其称为"他者",并依据不同语境中他者身份对交际者语用身份建构和交际顺畅的影响,将其区分为两类:产生影响的他者与不产生影响的他者。前者包括本书3.1中所讨论的、交际者所利用的第三方,后者包括本书3.1中所讨论的、交际者所提及的第三方。这种区分无疑对研究第三方的语用身份如何促进交际需求的满足是有益的。不过,本研究的语料显示:交际中的第三方可以是一个更加广泛的概念。

第一,在隐性冲突话语中,有一种既引发冲突、又被利用的第三方,如例(10)中的"张家"。这类第三方身份影响着交际者语用身份建构和交际顺畅,也属于产生影响的他者。

第二,还存在一种在交际现场被说话人当作"替罪羊"的第三方。这类第三方也属于产生影响的第三方。这两类第三方在以往研究中尚未提及,它们的存在拓展了现有的第三方概念。

第三,第三方的数量没有限制,同一个话轮中可能出现多个第三方。从数方面来看,既可以是个体,也可以是集体。

第四,第三方没有时空限制。在时间上,既可能是当下的第三方,也可能是未来会出现的第三方,还可以是过去已经出现过的第三方(如历史人物)。在空间上,第三方既可能在场,也可能不在场;既可指现实世界中的人,还可指神话传说中虚构的人物。

第五,对于相同的第三方,交际双方可能操作不同的身份,即交际双方可能利用同一第三方的不同身份作为资源,如例(13)中的"古圣贤"。

第六,从说话人利用第三方资源的方式来看,既可能明示,也可能暗指。暗指的方法可用隐喻,也可用不定代词、模糊词、集合词等。

总之,各种第三方在隐性冲突话语中的出现,拓展了现有关于第三方的概念,也丰富了第三方的语用身份资源。

二、第三方身份并非总是用作资源

本研究的语料显示,第三方身份并非总是用作正面资源或负面资源。在隐性冲突话语中,它可能被用作人际关系的试金石。例如,在亲密关系需求的驱动下,建构或虚构听话人＋第三方的关系身份似乎成了身份操作的主要特征。由于亲密关系具有排他性,虚构了听话人＋第三方的亲密关系(如宝玉＋宝钗),就排除了说话人自己(如黛玉)与听话人(如宝玉)之间亲密关系的可能性。这与上文中所讨论的说话人利用第三方作为资源实现自己的行事需求完全不同。换言之,在亲密关系需求的驱动下,说话人虚构或凸显对方＋第三方的亲密关系身份,基本上是试探对方对自己是否有亲密关系需求的试金石。对这类语用身份,交际另一方进行挑战或解构才能满足说话人的交际需求,而不是相反。

亲密关系需求为何驱动了对方＋第三方亲密关系身份的操作,与我国古代文化对待情的看法相关。中国的传统道德以人天然的自然情感为基础,重人“情”,但不讲爱情,也不讲夫妇之情(范丽敏2016)。故当男女之间有亲密关系需求时,一般都转弯抹角地、通过建构或虚构对方与第三方之间的关系身份加以暗示。

本研究对语用身份论的启示除了以上诸多方面外,还有交际需求方面。陈新仁(2018c:67)认为交际需求的主要类别是四类,但在有些语境中,交际者的交际需求是复杂的,不排除有两种甚至多种兼具的可能。本书5.3部分所分析的、人际需求与行事需求共同驱动的话轮就说明了这一点。

6.2　对礼貌理论的启示

6.2.1　对(不)礼貌评价的启示

本书 4.2.1 部分在陈新仁提出的人际关系管理新模式基础上，提出了人际关系管理的五个成分分别与听话人、说话人结合时产生的(不)礼貌评价原则。本研究对(不)礼貌评价有以下几方面的启示。

一、评价的主体

以往研究认为,听话人是(不)礼貌评价的主体。但本研究的语料显示:事实可能不限于此。典型的例子是在例(2)中,丫鬟紫鹃先公开拒绝了主子的命令,后来"说不下去了",很可能是因为她站在对方的位置或从对方的视角评价了自己的态度:下人公开拒绝主子的指令很不礼貌,于是转而建构自我的消极身份,从而隐蔽地拒绝对方。这说明,在交际中说话人对自己的态度也在进行着评价和监控,一旦意识到可能带来消极评价,就可能及时进行调整。陈新仁(2018c:95)也认为:"人们……从听话人角度估摸或监控自己即将讲出的特定话语的效果。"笔者认为,这个论断也适用于(不)礼貌评价。

我们可以更进一步思考:在隐性冲突话语中,说话人为什么要隐蔽地表达自己的交际需求呢? 或许是因为在开口说话之时或之前,说话人对自己的态度或身份操作也进行着(不)礼貌评价。同时,说话人知道听话人也会做出相同或相近的评价,于是采取各种方式隐蔽地表达可能带来不礼貌评价的态度或回避可能带来不礼貌评价的身份操作。从这个视角来看,交际双方都在进行着(不)礼貌评价,而且双方都知道对方的评价,(不)礼貌评价对于交际双方来说是互明的。因此可以认为:在一般情况下,至少同一文化背景下,交际双方常常互明对方的评价。这与本书2.2.6部分所陈述的以哈贝马斯的交往理论为基础解释隐性冲突话语的理据具有一致性。

当然,由于说话人与听话人的背景知识、认知水平、对礼貌的意识程度等方面不一致,交际双方做出的(不)礼貌评价也可能出现不一致。但无论如何,说话人与听话人都是评价的参与者或主体。因此,本书在4.2.1部分提出的、听话人使用的两套评价原则,或许应该视为交际双方的(不)礼貌评价原则。

二、评价的情感、意愿维度

6.1.2分别讨论了情感、意愿与语用身份之间的相互作用。从中可见,情感、意愿也可以作为两个维度去评价语用身份。下面从这两个维度探讨可能存在的评价结果。

第一,从情感与身份之间的相互作用来看,情感可以作为一个维度参与对语用身份的评价。如在例(42)中,当探春隐蔽地责备贾府的人"像乌眼鸡"时,听话人尤氏评价她的话是在"气头儿上"说的,即在"气头儿上"说的话听话人可以理解。可见,这个评价是从情感维度做出的,评价的结果似乎是"可理解"。或许,从情感维度评价语用身份,结果可能有"(不)可理解"。

从情感维度来看,听话人对有些身份也可能评价为"(不)可接受"。如在例(50)中,丫鬟袭人无意使用"我们"为自己和宝玉建构了圈内人身份后,丫鬟晴雯因为"醋意"而无法接受,于是解构了袭人所建构的身份,重构了她与自己相同的下人身份。此例中的身份评价因"醋意"而建构,"醋意"本身也是一种情感。可见,从情感角度进行身份评价,结果可能是"(不)可接受"。

也有一些身份操作让听话人产生较为激烈的情绪反应。如在例（8）中，宝钗听了金桂的话之后，反应"又是羞，又是气"。此例中身份评价似乎比"不可接受"程度更高，或许"令人感到羞辱"更为合适。

第二，从意愿与身份之间的相互作用来看，意愿可以作为一个维度参与对语用身份的评价。如例（21）中，刘姥姥将自己的外甥称呼为王熙凤的"侄儿"，建构双方之间的亲属关系身份，后来得到的评价是说话不"和软"，即牵强、强行地拉上两者之间的关系。这个评价不同于不礼貌。实际上，对这类身份的评价可能是"不合意"之类。

此外，还有意愿相悖程度更高的身份评价如"违背意愿"。如当黛玉虚构宝玉与第三方宝钗之间的亲密关系身份时，宝玉的反应一般是"急""气"，且在话语上挑战或解构黛玉所虚构的关系身份。可见，这个评价在程度上可能超出了"不合意"。换言之，从意愿维度做评价，也不是只有两个极端"（不）合意"，还有"违背意愿"之类。如果语料丰富，还可能出现其他的评价结果。

三、语用身份多维评价

在本书的 2.1 部分，笔者将（不）礼貌看作态度。交际者的态度被评价为礼貌或不礼貌。从上文讨论可见，态度维度不是身份评价的唯一维度，还存在情感、意愿等维度。而且，礼貌与不礼貌评价只是态度评价这个维度上的两个极端，在它们之间还存在一些中间状态：不仅有虚假（不）礼貌，还有一些评价可能会超出不礼貌的严重程度。如在例（36）中，湘云通过"咬舌的林姐夫"虚构了与林黛玉有亲密关系的第三方"林姐夫"的消极身份，从而为林黛玉本人建构了消极身份。说话人意识到听话人对此评价的严重程度，为了回避更加激烈的冲突，湘云说完后"忙回身跑了"。可见，在不礼貌评价之后似乎还有严重程度更高的评价，或许具有"冒犯性"。

总之，对身份的评价似乎不能只从态度维度出发，还可能从其他维度如情感、意愿维度出发。从态度维度评价得到的结果也不一定是在"礼貌"与"不礼貌"之间二选一,还存在其他结果。陈新仁(2020)也提出了三个取向的评价:积极取向、消极取向、中性。基于此,笔者建议从多个维度、三个取向关注交际者对身份的评价及其结果,初步拟出图 6-1 作为示意:

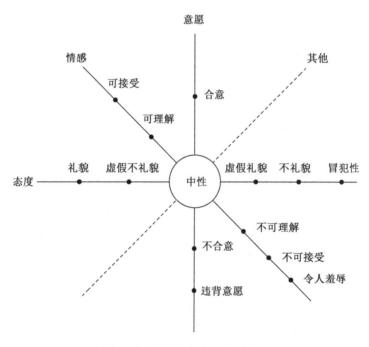

图 6-1　语用身份的多维评价图

以上是笔者初步提出的语用身份多维评价图。从图 6-1 中可见:

第一,三条实线分别表示三个评价维度:态度、情感、意愿。图中的虚线表示未来从更多的语料中可能观察到的其他维度,即还存在从其他维度做出评价的可能性。此处一条线并非限定只有一个维度,它代表可能存在的多个维度。

第二,"中性"成为各维度评价的交汇点。无论从哪个维度对语用身份做出评价,结果或是"中性",或在其两端。

第三,在本研究语料的基础上,从态度维度做出的评价结果按程度排列有礼貌、虚假不礼貌、中性、虚假礼貌、不礼貌、冒犯性等;从情感维度做出的评价结果按程度排列有可接受、可理解、中性、不可理解、不可接受、令人感到羞辱等;从意愿维度做出的评价结果按程度排列有合意、中性、不合意、违背意愿等。

第四,实线上的节点表示目前语料分析中可以判别的评价结果,但并不意味着仅有这些。实际上,从任何一个维度进行评价,都是一个连续体,在两个对立的评价结果之间还存在大量的中间状态。且同一个维度的两端没有终点,是开放型的,评价的结果会随着语料的丰富而增加。例如,在意愿维度上,比"合意"程度更高的可能有"满意"之类。

图6-1的优点是,身份评价的维度与结果是开放、多元的,回避了仅从态度维度出发的单一评价维度,也回避了仅表示两个极端的评价结果——礼貌与不礼貌,同时也反映了陈新仁(2018c:68)的观点:礼貌存在级别。本研究的语料显示:不礼貌也有级别。当然,图6-1所提出的多维评价图只是一个初步的假设,远远不能完全反映语用身份评价的复杂性。期待未来有更多的语料支撑,提出更精细的语用身份评价体系。

四、(不)礼貌评价与交际效果

本研究的语料分析显示:可能带来礼貌评价的身份未必能取得身份操作者预期的效果。如例(20)中贾芸找舅舅求借时,建构了自我的弱势身份、对方的积极身份等,这些都是带来礼貌评价的身份,但贾芸未能实现自己的交际目的。另一方面,在交际需求没有满足的情况下,说话人冒险操作可能带来不礼貌评价的身份。如例(10)中的老尼,在两次被王熙凤公开拒绝后,转而通过第三方之口虚构她的弱势身份,最后竟然实现了自己的交际目的。

可见,在隐性冲突话语中,带来礼貌评价的身份并非总能带来说话人所期待的交际效果;有时建构带来不礼貌评价的身份却可能产生意想不到的效果。总之,(不)礼貌评价与交际效果之间没有必然联系。原因之一是:影响交际效果的要素除了身份操作、(不)礼貌评价之外,还有情感、意愿等要素。

五、语用身份操作与评价

语用身份操作不仅可以带来评价,恰当的身份操作还可能改变负面评价。如在例(26)中,贾母拒绝在尤氏家吃年夜饭。按照本书4.2.1中的原则,贾母的话妨碍了对方的交际目标,会带来不礼貌评价。按尤氏的话来说,贾母的拒绝会让她感到失去"体面"。但是,贾母通过建构对方的积极身份以及自我的消极身份、受益者身份以及发出适当的指令(或许还有过年的气氛等),取消了负面评价,弥补了拒绝可能产生的人际距离。由此可见,语用身份操作可以改变负面评价。未来的研究可在如何操作身份改变负面评价上继续深化。

6.2.2 对虚假(不)礼貌说的启示

一、虚假不礼貌

如4.2.2中提及,当礼貌与不礼貌并存且未产生不礼貌含意时,就出现了虚假不礼貌。在本研究的语料中,有些身份操作也带来了这样的虚假不礼貌。如在例(24)中,当丫鬟晴雯为自我建构消极身份、拒绝宝玉后,引发了宝玉的评价"满屋里就只是他磨牙"。这个评价字面上看是负面的,但宝玉是"笑"着说的,从他的表情看并无真实的贬义。又如在例(48)中,当王熙凤在贾琏的奶妈跟前嗔怪他将外人与家人颠倒对待时,并没有引起贾琏真正的不满,他只是觉得"没好意思",虽用"胡说"否定对方,但带着"讪笑"。这些都是言语（verbal language）与非言语（non-verbal language）行为之间的不匹配而产生的不一致，且无不礼貌含意，于是出现了虚假不礼貌。

　　本研究的语料中还出现了一种虚假不礼貌：在具体语境中，说话人通过话语对身份所做出的不礼貌评价与其内心的真实想法完全相反，而其真实想法只能在整个小说中去领会。如在例（32）中，当黛玉称呼袭人为"嫂子"时，袭人字面上评价这种身份为"混说"。但在小说中，袭人非常愿意成为宝玉之妾，王夫人已经给了她作为宝玉之妾的待遇；且她与宝玉已有夫妻之实。可见，"混说"这个评价虽然字面上不礼貌，但与说话人的真实意图完全相反，且并未产生不礼貌含意，故为虚假不礼貌评价。当然这类虚假不礼貌与上文讨论的虚假不礼貌不同，它没有礼貌与不礼貌并存的情况出现，而是字面上的不礼貌与说话人的真实心理、意图之间不相符合，因而这类虚假不礼貌更依赖于语境。这是一种新型的虚假不礼貌，以往研究中尚未提及。

二、虚假礼貌产生的理据

　　如 4.2.2 所述，本研究的语料包括三类虚假礼貌。礼貌是态度也是评价，虚假礼貌也一样，既是态度也是评价。如果要将（不）礼貌与虚假礼貌按礼貌程度排列，似乎可以排列为：礼貌—虚假礼貌—不礼貌。换言之，虚假礼貌是交际者在礼貌与不礼貌之间权衡的结果，是交际者在礼貌与不礼貌之间做出的折中选择，典型地反映了中国传统文化中的"中和""中庸"价值原则。

　　在我国传统文化中，儒家以"和"为处理人际关系的最高原则，提出了"天时不如地利，地利不如人和"的思想（张岱年、方克立 2017：294）。儒家文化提倡价值取向上的"和谐"、人际关系中的"和睦"、待人接物中的"和气"（张岱年、方克立 2017：214）。为了实现"和"，儒家思想主张保持"中"道。"喜怒哀乐未发谓之中，发而皆中节谓之和。"(引自张岱年、方克立 2017:294)因此,"贵和"与"尚中"
联系在一起。孔子认为,凡事叩其两端而取中,是"和"的保证,是实
现"和"的途径(张岱年、方克立 2017:294 - 295)。由此产生了"中
和""中庸"的价值原则和人格标准。"中者,不偏不倚"(转引自徐行
言 2004:90 - 91),它反对固执一端的偏激片面,主张思想和行为的
适度与守常。这些传统思想为虚假礼貌提供了很好的解释。

在我国传统文化中,"中"又是以"礼"为原则的。如果为和而
和、违背礼的原则,是"德之贼"。先秦两汉时儒家的中和理论以中
庸观念为基础,以"礼"为标准,以对竞争观念和行为的抑制为特征
(张岱年、方克立 2017:295)。而"礼"是中国文化的突出精神,是中
华民族的母德之一。它包括礼制/礼教、礼节/礼仪、礼貌等。礼貌
指人作为个体的修养涵养,与仁、德相互联系(张岱年、方克立 2017:
213 - 214)。"礼之用,和为贵。"(《论语・学而篇》)《红楼梦》中的贾
府作为"昌明隆盛之邦,诗礼簪缨之族",是礼文化的典型代表。夫
妻、父子、主仆、闺媛、公婆、婆媳、兄弟、兄嫂、姐妹、宾朋等之间的相
处以"礼"为纲(申明倩 2021)。因此,当人与人之间的交际需求出现
冲突时,通过可以得到虚假礼貌评价的身份操作回避公开、正面的
冲突成为恰到好处的选择。

综上所述,本研究对语用身份论、礼貌理论均有一定启示作用,
可在以上方面对现有理论进行补充。

第 7 章　结　语

　　隐性冲突话语是交际双方在交际目的冲突的情况下,至少有一方隐蔽地表达自我交际目的或/及威胁对方交际目的的话语。语用身份是"语境化的、语言使用者有意或无意选择的自我或对方身份,以及他们在话语中提及的他者身份"(陈新仁 2018c:24)。在隐性冲突话语中,交际双方常常通过语用身份操作隐蔽地实现自己的交际需求。本研究从我国古典名著《红楼梦》中收集到 67 段隐性冲突话语,从中筛选出 94 个隐蔽地表达说话人交际需求或/及威胁对方交际目的的话轮,并以此为语料,探讨了隐性冲突话语中语用身份的特征及其效果等问题。

　　本研究主要遵循定性研究路径:以理论为基础分析语料,分析的结论又反过来对理论进行充实与拓展。理论基础是语用身份论与礼貌理论。其中礼貌理论包括陈新仁修补的人际关系管理模式、本研究对其进行细化而形成的(不)礼貌评价原则以及多位学者对虚假(不)礼貌的论述。本书以语用身份论为纵轴、礼貌理论为横轴搭建了分析框架,在此基础上分析语料。具体来说,本书将 94 个隐蔽地表达说话人交际需求的话轮分为三大类:行事需求、人际需求、人际需求+行事需求,分别讨论了在三种交际需求驱动下交际者以什么方式、为谁、操作了什么类型的语用身份以及取得了怎样的效果。本研究从语料分析中发现了一些规律性的身份特征、影响身份操作和评价的要素,证实了相关理论的正确性。当然,也产生了一些新的结论,对现有理论有一定启示作用,主要表现在以下几个方面。

第一,对语用身份论的启示。(1)在语用身份的资源性方面,弱势身份在特定语境中也是资源;身份作为资源具有正面属性与负面属性;身份资源的负面性也可能发挥积极作用;身份与资源之间相互映射。(2)与语用身份相关的要素除了以往研究的面子、关系等,还有情感、意愿等。语用身份操作与情感、意愿相互作用。(3)语用身份对于交际效果是必要但不充分条件。(4)交际中第三方的概念可以更为宽泛,类型可以更加丰富,用途可以更加广阔。第三方身份除了用作资源,还可能是说话人在人际需求驱动下使用的试金石。

第二,对礼貌理论的启示。(1)从(不)礼貌评价的主体来看,说话人与听话人一样,也是评价的参与者和主体;在同一文化背景下,交际双方的评价可能是互明的。(2)身份评价的维度还包含情感与意愿。从不同的维度看,身份评价会有不同的结果。另外,(不)礼貌只是从态度维度评价身份的两个极端,在两者之间可能还存在着一些中间状态。有些评价结果甚至超出了"(不)礼貌"的范围。鉴于此,本研究为语用身份初步提供了一个多维评价图。(3)(不)礼貌评价与交际效果之间没有必然联系。在有些语境中,带来礼貌评价的身份并非总能带来说话人所期待的交际效果;在有些语境中,带来不礼貌评价的身份却可能取得意想不到的效果。(4)语用身份操作不仅可以带来评价,恰当的身份操作还可能改变负面评价。

第三,对虚假(不)礼貌的启示。(1)当礼貌与不礼貌并存,且未产生不礼貌含意时,就出现了虚假不礼貌。本研究的虚假不礼貌有两种形式:一是话语与非言语手段之间不匹配,从而导致礼貌与不礼貌并存;二是话语与说话人的真实意图完全相反,从而导致礼貌与不礼貌并存。第二种更依赖于语境。(2)虚假礼貌是交际者在礼貌与不礼貌之间做出的折中选择,典型地反映了我国传统文化中的"中和""中庸"价值原则,而"中"又是以"礼"为原则的。《红楼梦》中的贾府作为礼文化的典型代表,当人与人之间的交际需求出现冲突时,通过可以得到虚假礼貌评价的身份操作,回避公开、正面的冲突不失为一种恰到好处的选择。

以上是本研究对理论的贡献。本研究的意义可从理论与实践两个方面来看。从理论上看,本研究对现有的语用身份论、礼貌理论以及隐性冲突话语研究都有不同程度的细化或深化。从实践上看,本研究通过大量实例,分析了不同交际需求驱动下的身份操作特征,比较了这些身份操作所取得的效果,对日常交际、商务谈判、外交博弈等都有一定的借鉴作用或应用价值。

当然,本研究也存在着一些不足,主要表现在:

第一,语用身份的多维评价图中还有大量可研究的空间。未来可通过更多的语料探讨还有哪些评价维度、各维度上还可能产生哪些新的评价结果等。

第二,本研究的语料来自文学作品,故事情节源于生活但高于生活,故语料虽然高度仿真,但还不是真实语料。

第三,本研究的语料局限于一部文学作品,且有些交际需求驱动的话轮多(如行事需求),有些不多(如纯粹的人际需求),有些甚至缺乏(如美学需求与省力需求)。这些不利于观察语用身份的特征。

第四,语料仅限于汉语,其他语言中是否与汉语情况相同,尚不知晓。鉴于此,笔者建议以后的相关研究可以到真实交际场景中收集语料,或从其他语言、其他作品中获取语料。在语料丰富的情况下,可以做定量分析。若能如此,本研究就能起到抛砖引玉的作用。

224

参考文献

AOK A. 2010. Rapport Management in Thai and Japanese Social Talk During Group Discussion [J]. Pragmatics, 20(3): 289 – 313.

BOGGS S T. 1978. The Development of Verbal Disputing in Part-Hawaiian Children [J]. Language in Society, 7(3): 325 –344.

BOU-FRANCH P & GARCÉS-CONEJOS BLITVICH P. 2014. Conflict Management in Massive Polylogues: A Case Study from YouTube's [J]. Journal of Pragmatics, 73: 19 – 36.

BRENNEIS D & LEIN L. 1977. Children's Disputes in Three Speech Communities [J]. Language in Society, 7(3): 299 – 309.

BROWN P & LEVINSON S. 1978/1987. Politeness: Some Universal in Language Usage [M]. Cambridge: Cambridge University Press.

BUCHOLTZ M & HALL K. 2005. Identity and Interaction: A

Socio-Cultural Linguistic Approach [J]. Discourse Studies, 7(4 – 5): 585 – 614.

CHEN X R. 2022. Exploring Identity Work in Chinese Communication [M]. London, New York, Oxford: Bloomsbury Academic.

CULPEPPER J. 1996. Towards an Anatomy of Impoliteness [J]. Journal of Pragmatics, (25): 349 – 367.

CULPEPER J, HAUGH M & KÁDÁR D Z. 2017. The Palgrave Handbook of Linguistic (Im)politeness [M]. London: Palgrave Macmillan.

DOBS A M. 2014. Identities in Conflict: Examining the Co-construction of Impoliteness and Identity in Classroom Interaction [J]. Journal of Language Aggression and Conflict, 2(1): 36 – 73.

GARCÉS-CONEJOS BLITVICH P. 2009. Impoliteness and Identity in American News Media: "The Culture Wars" [J]. Journal of Politeness Research, 5(2): 273 – 304.

GARCÉS-CONEJOS BLITVICH P. 2013. Introduction: Face, Identity and Im/politeness, Looking Backward, Moving Forward: Form Goffman to Practice Theory [J]. Journal of Politeness Research, 9(1): 1 – 33.

GARCÉS-CONEJOS BLITVICH P. 2018. Globalization, Transnational Identities, and Conflict Talk: The Superdiversity and Complexity of the Latino Identity [J]. Journal of Pragmatics, 134: 120 – 133.

GARCÉS-CONEJOS BLITVICH P, LORENZO-DUS N & BOU-FRANCH P. 2010. A Genre Approach to Impoliteness in a Spanish Television Talk Show: Evidence from Corpus-based Analysis, Questionnaires and Focus Groups [J]. Intercultural

Pragmatics, 7(4): 689 – 723.

GARCÉS-CONEJOS BLITVICH P, BOU-FRANCH P & LORENZO-DUS N. 2013. Identity and Impoliteness: The Expert in the Talent Show Idol [J]. Journal of Politeness Research, 9(1): 97 – 121.

GARCÉS-CONEJOS BLITVICH P & SIFIANOU M. 2017. (Im)politeness and Identity [C] // CULPEPER J, HAUGH M & KÁDÁR D. (eds.). The Palgrave Handbook of Linguistic (Im) politeness. London: Palgrave Macmillan, 227 – 256.

GOFFMAN E. 1967. Interaction Ritual: Essays on Face-to-Face Behavior [M]. New York: Anchor Books.

GRAHAM S L. 2007. Disagreeing to Agree: Conflict, Impoliteness and Identity in a Computer-mediated Community [J]. Journal of Pragmatics, 39: 742 – 759.

GRIMSHAW A D. (eds.). 1990. Conflict Talk: Sociolinguistic Investigations in Conversations [C]. Cambridge: Cambridge University Press.

GRIMSHAW A D. 1990. Research on Conflict Talk: Antecedents, Resources, Findings and Directions [C] // GRIMSHAW A D. (ed.). Conflict Talk: Sociolinguistic Investigations of Arguments in Conversations. Cambridge: Cambridge University Press, 280 – 324.

GU Y G. 1990. Politeness Phenomena in Modern Chinese [J]. Journal of Pragmatics, 14(2): 237 – 257.

HALL K & BUCHOLTZ M. 2013. Epilogue: Facing Identity [J]. Journal of Politeness Research, 9(1): 123 – 132.

HAUGH M. 2015. Im/politeness Implicature ［M］. Berlin: Mouton de Gruyter.

HOLMES J, MARRA M & SCHNURR S. 2008. Impoliteness and Ethnicity: Māori and Pākehā Discourse in New Zealand Workplace ［J］. Journal of Politeness Research, 4(2): 193 – 219.

JOSEPH J. 2013. Identity Work and Face Work Across Linguistic and Cultural Boundaries ［J］. Journal of Politeness Research, 9(1): 35 – 54.

KÁDÁR D Z & HAUGH M. 2013. Understanding Politeness ［M］. Cambridge: Cambridge University Press.

KIESLING S. 2013. Constructing Identity ［C］// CHAMBERS J K & SCHILLING N. (eds.). The Handbook of Language Variation and Change. New York: John Willey & Sons, 448 – 467.

KLEINKE S & BÖS B. 2015. Intergroup Rudeness and the Metapragmatics of its Negotiation in Online Discussion Fora ［J］. Pragmatics, (1): 47 – 71.

LANGLOTZ A & LOCHER M A. 2017. (Im)politeness and Emotion ［C］// CULPEPER J, HAUGH M & KÁDÁR D. (eds.). The Palgrave Handbook of Linguistic (Im)politeness ［C］. London: Palgrave Macmillan.

LEECH G N. 1983. Principles of Pragmatics ［M］. London: Longman.

LEECH G N. 2014. The Pragmatics of Politeness ［M］. Oxford: Oxford University Press.

LI C T & RAN Y P. 2016. Self-professional Identity Construction through Other-identity Deconstruction in Chinese Televised Debating Discourse [J]. Journal of Pragmatics, (94): 47 – 63.

LOCHER M A. 2008. Relational Work, Politeness, and Identity Construction [C] // ANTOS G & VENTOLA E. (eds.). Handbook of Interpersonal Communication. Berlin: Mouton de Gruyter, 509 – 540.

LOCHER M A & WATTS R. 2005. Politeness Theory and Relational Work [J]. Journal of Politeness Research, 1: 9 – 33.

LOCHER M A & WATTS R. 2008. Relational Work and Impoliteness: Negotiating Norms of Linguistic Behavior [C] // BOUSFIELD D & LOCHER M. (eds.). Impoliteness in Language: Studies on Its Interplay with Power in Theory and Practice, Language, Power and Social Process. Berlin: Mouton de Gruyter, 77 – 99.

OHASHI J & CHANG W L M. 2017. (Im) politeness and Relationality [C] // CULPEPER J, HAUGH M & KÁDÁR D. (eds.). The Palgrave Handbook of Linguistic (Im)politeness. London: Palgrave Macmillan.

PERELMUTTER R. 2013. Klassika Zhanra: The Flamewar as a Genre in the Russian Blogosphere[J]. Journal of Pragmatics, (45): 74 – 89.

PERELMUTTER R. 2018. Globalization, Conflict Discourse, and Jewish Identity in an Israeli Russian-Speaking Online Community [J]. Journal of Pragmatics, 134: 134 – 148.

SKEWIS M. 2003. Mitigated Directness in Hongloumeng: Directive Speech Acts and Politeness in Eighteenth Century Chinese [J]. Journal of Pragmatics, 35: 161 – 189.

SPENCER-OATEY H. （ed.）. 2000. Culturally Speaking: Managing Rapport through Talk across Cultures [M]. London & New York: Continuum.

SPENCER-OATEY H. 2002. Managing Rapport in Talk: Using Rapport Sensitive Incidents to Explore the Motivational Concerns Underlying the Management of Relations [J]. Journal of Pragmatics, 34(5): 529 – 545.

SPENCER-OATEY H. 2007. Theories of Identity and the Analysis of Face [J]. Journal of Pragmatics, 39: 639 – 656.

SPENCER-OATEY H. 2008. Face, Im/politeness and Rapport [C] // SPENCER-OATEY H. （ed.） Culturally Speaking: Culture, Communication and Politeness Theory. London & New York: Continuum （Revised edition of Spencer-Oatey 2000）, 11 – 47.

SPENCER-OATEY H. 2009. Face, Identity and Interactional Goals [C] // BARGIELA-CHIAPPINI F & HAUGH M. （eds.）. Face, Communication and Social Interaction. London: Equinox, 137 – 154.

SPENCER-OATEY H & RUHI Ş. 2007. Identity, Face and (Im)politeness [J]. Journal of Pragmatics, 39(4): 635 – 638.

TAYLOR C. 2015. Beyond Sarcasm: The Metalanguage and Structures of Mock Politeness [J]. Journal of Pragmatics, 87: 127 – 141.

TAYLOR C. 2016a. Mock Politeness and Culture: Perceptions and Practice in UK and Italian Data [J]. Intercultural Pragmatics, 13(4): 463 – 498.

TAYLOR C. 2016b. Mock Politeness in English and Italian: A

Corpus-Assisted Metalanguage Analysis［M］. Amsterdam/
Philadelphia：John Benjamins Publishing Company.

WOLFERS S，FILE K & SCHNURR S. 2017. "Just Because
He's Black"：Identity Construction and Racial Humour in a
German U-19 Football Team［J］. Journal of Pragmatics，12：
83－96.

YANG W X，YANG Z L & STORM-CARROLL M C. 2015.
Implicit Conflict Talk：An Introduction［J］. GSTF Journal on
Education，3(1)：82－92.

白利成. 2023.《红楼梦》对话中变异性第三人称称呼语的英译研究
［D］.华中科技大学.

曹雪芹,著. 无名氏,续. 2008.《红楼梦》［M］.中国艺术研究院《红楼
梦》研究所校注.北京：人民文学出版社.

曹诣珍. 2004.《红楼梦》语言研究的对象及方法述略［J］.红楼梦学
刊,(3)：229－241.

陈倩,冉永平. 2013. 有意不礼貌环境下身份构建的和谐-挑战语用
取向［J］.外语与外语教学,(6)：15－18.

陈倩,冉永平. 2019. 网络冒犯的人际不礼貌及其负面语用取效［J］.
外语与外语教学,(6)：48－56.

陈新仁. 2013a. 说话人自指方式的身份建构:以《红楼梦》为例［C］//
语用学视角下的身份与交际研究.北京：高等教育出版社.

陈新仁. 2013b. 语用身份:动态选择与话语构建［J］.外语研究,(4)：
27－32.

陈新仁. 2018a. 言语交际者关系管理模式新拟［J］.外语教学理论与
实践,(3)：5－12.

陈新仁. 2018b. 商业广告"身份套路"的批评语用分析［J］.山东外语
教学,(5)：24－33.

陈新仁.2018c.语用身份论:如何用身份话语做事[M].北京:北京师
　　范大学出版社.

陈新仁.2020.身份工作与礼貌评价[J].解放军外国语学院学报,
　　(2):1-10.

陈新仁等.2013.语用学视角下的身份与交际研究[M].北京:高等教
　　育出版社.

陈毅平.2005.《红楼梦》称呼语研究[M].武汉:武汉大学出版社.

崔中良,王慧莉.2019.语用身份的两重维度[J].外语与外语教学,
　　(4):28-36.

范芳瑜.2019.莎剧隐性冲突话语中的语用身份建构[D].华中科技
　　大学.

范丽敏.2016."大旨谈情":论《红楼梦》之"情本体"[J].红楼梦学刊,
　　(3):168-180.

冯文敬.2020.语用身份建构的有效性评估[J].解放军外国语学院学
　　报,(3):26-33.

高淮生.2010.《红楼梦学刊》三十年述论[J].红楼梦学刊,(5):
　　208-225.

郭亚东.2019.日常言语交际中的语用身份研究[M].长春:吉林大学
　　出版社.

郭亚东.2020.冲突话语中身份工作的社会认知解析[J].解放军外国
　　语学院学报,(43):11-19.

韩戈玲,廖国海.2020.语用身份框架下的论辩话语研究[J].外语与
　　外语教学,315(6):55-64.

洪牡丹.2018.军队语境中不礼貌话语的身份建构机制[J].天津外国
　　语大学学报,(1):35-44.

胡光运,范献龙.2011.从王熙凤的话语艺术看礼貌原则的运用[J].
　　商业文化,(10):367-368.

胡小琴,杨文秀.2013.冲突话语研究述评[J].外语教育,(20):
    134-135.

胡欣裕.2012.礼貌策略与《红楼梦》冲突性言语行为中的零代词[J].
    红楼梦学刊,(4):174-184.

江玲.2012.庭审话语中的法官身份构建[D].上海外国语大学.

蒋庆胜.2019.近十年语用身份研究:五种路径与方法[J].福建师范
    大学学报(哲学社会科学版),(1):57-63.

蓝纯,赵韵.2010.《红楼梦》中跨等级道歉的语用研究[J].当代修辞
    学,(2):77-84.

李蓓.2011.《红楼梦》语言学研究综述[J].红楼梦学刊,(4):313-
    329.

李成团,冉永平.2012.他人身份的隐含否定及其人际和谐的语用取
    向[J].中国外语,(5):34-40.

李成团,冉永平.2015.身份构建的人际语用学研究:现状、原则与议
    题[J].中国外语,(2):47-54.

李成团,冉永平,2017,人际语用学视域下争辩会话中的身份构建研
    究[J].《外国语》,(6):2-11.

李晓阳.2023.《红楼梦》对话中变异性第二人称称呼语的译者风格
    研究[D].华中科技大学.

刘晓玲.2011.人际关系管理理论视角下《红楼梦》委婉语语用研究
    [D].上海外国语大学.

吕金妹,詹全旺.2020.危机语境中企业网络身份的构建路径及人际
    语用联动机制[J].现代外语,(4):489-502.

马利.2018.《红楼梦》中具有玩笑意义的闺阁私语语用分析[J].西华
    师范大学学报(哲学社会科学版),(6):107-111.

濮擎红.2012.从合作原则的违反解析《红楼梦》中薛宝钗的话语[J].
    华北电力大学学报(社会科学版),(1):112-117.

钱冠连.1997.翻译的语用观:以《红楼梦》英译本为例[J].现代外语,
　　(1):33-38.

邱玥.2015.隐性冲突话语中双关语的理解模式研究:关联理论视角
　　[D].华中科技大学.

冉永平.2006.语用学:现象与分析[M].北京:北京大学出版社.

冉永平.2010.冲突性话语的语用学研究概述[J].外语教学,(1):
　　1-6.

冉永平.2012.人际交往中的和谐管理模式及其违反[J].外语教学,
　　(4):1-17.

冉永平,刘玉芳.2011.非攻击性话语引发的冲突回应探析[J].外语
　　学刊,(5):65-69.

申明倩.2021.从《红楼梦》中的"杌"谈清代贵族家庭日常"礼"文化
　　[J].红楼梦学刊,(1):228-242.

石平.2010.《红楼梦》人物对话英译的言语行为分析[J].学术界,
　　(2):167-167.

孙洪丽,汤德馨.2004.《红楼梦》宝黛对话中的话语隐含分析[J].重
　　庆大学学报(社会科学版),(4):89-92.

孙逊.2004.《红楼梦》对于传统的超越与突破[J].红楼梦学刊,(2):
　　130-141.

陶小红.2014.宝黛爱情的佛学启示[J].红楼梦学刊,(3):203-217.

田博丹.2015.关联理论视角下对隐性冲突话语中反讽理解的研究
　　[D].华中科技大学.

涂靖.2004.论反讽的本质属性[J].外语教学,(5):28-31.

王婕.2019.我国反腐小说隐性冲突话语中的语用身份研究[D].华
　　中科技大学.

王晓婧,张绍杰.2015.基于印象管理理论分析的面子呈现策略[J].
　　东北师大学报(哲学社会科学版),(2):109-113.

吴伟萍,肖友群.2006.代词的语用功能及翻译探析:以《红楼梦》"人家"为例[J].江西社会科学,(10):194-196.

夏丹、廖美珍.2012.民事审判话语中人称指示语的变异与身份建构[J].华中师范大学学报(人文社会科学版),(2):119-124.

夏登山.2012.三方交际的听者类型[J].外语学刊,(2):109-112.

夏登山.2015.多方交际中的联盟与礼貌行为研究[J].东北大学学报(社会科学版),(3):318-323.

夏登山,丁怡萌.2014.《红楼梦》中的多方会话及其艺术功能[J].明清小说研究,(2):112-119.

夏登山,蓝纯.2015.多方交际中的面子借用[J].中国外语,(5):24-30.

谢朝群等.2015.网络交际中不礼貌话语的建构模式及其语用机制[M].北京:外语教学与研究出版社.

熊苒苒.2017.莎士比亚戏剧中的隐性礼貌策略:和谐管理视角[D].华中科技大学.

徐行言.2004.中西文化比较[M].北京:北京大学出版社.

许艳玲.2017.隐性冲突话语研究[D].华中科技大学.

许艳玲,杨文秀.2013a.论隐性冲突话语发展模式[J].求索,(12):153-155.

许艳玲,杨文秀.2013b.隐性冲突话语的顺应性研究[J].海外英语,(19):259-262.

杨文秀.2012.隐性冲突话语论析[J].外国语文研究,(2):39-48.

杨文秀.2013.揭开隐性冲突话语的"面纱"[J].前沿,(19):24-27.

杨文秀.2018.英汉语中的隐性礼貌策略研究[M].南京:南京大学出版社.

杨文秀,胡小琴,陈梦玉.2012.隐性冲突话语的策略探析[J].外语教育,(0):136-145.

杨文秀,胡小琴,许艳玲.2015.隐性冲突话语的发展模式新论[J].上海理工大学学报(社会科学版),(2):133-139.

袁春波.2020.人际互动中的语用身份磋商:以《红楼梦》为例[J].解放军外国语学院学报,(2):20-33.

袁春波,陈新仁.2021.言语交际中的他者身份调用探析[J].外国语文,(3):147-153.

袁周敏.2013.身份建构的应用研究述评[J].山东外语教学,(2):38-43.

袁周敏.2021.身份修辞的关系空间[J].外语与外语教学,(2):2-9.

袁周敏,陈新仁.2013.语言顺应论视角下的语用身份建构研究:以医疗咨询会话为例[J].外语教学与研究,(4):518-530.

张岱年,方克立.2017.中国文化概论[M].北京:北京师范大学出版社.

张玮.2017.规约化不礼貌话语的身份建构研究[D].福建师范大学.

张玮,谢朝群.2015.网络语境下不礼貌语用与身份建构分析:以微博研究为例[J].当代外语研究,(5):23-28.

张玮,谢朝群.2016.驾校冲突话语中的规约化不礼貌程式与身份建构[J].中国外语,(6):47-54.

张玉萍.2005.《红楼梦》语言学论著索引[J].红楼梦学刊,(4):294-304.

张征.2007.《红楼梦》人物换称的语用研究[D].北京师范大学.

张志远,盖梦丽.2006.从《红楼梦》的翻译看小说人物对话翻译的达意传神[J].北京第二外国语学院学报,(4):6-9.

赵晓东,孙亚.2006.《红楼梦》中请求语的语用分析[J].外国语言文学研究,(3):36-40.

赵珍.2017.和谐管理视角下的隐蔽挑战策略研究:以奥尼尔戏剧为例[D].华中科技大学.

中国社会科学院语言研究所词典编辑室编.2016.现代汉语词典(第7版)[Z].北京:商务印书馆.

周静涵,谢朝群.2016.汉英语码转换的言语不礼貌与身份研究[J].东南学术,(6):227-234.

周凌,张绍杰.2015.国外面子研究的最新动态[J].外国语,(3):75-82.

周培.2016.《红楼梦》中的隐性面子威胁行为[D].华中科技大学.

周树江,曹世清.2017.军训话语中不礼貌策略的士兵身份建构机制[J].解放军外国语学院学报,(4):26-34.

后　记

　　二十多年前,我在南京大学攻读博士学位期间,在导师张柏然先生的指导下,选择了"学习词典中的语用信息"作为毕业论文的题目。后来研究一度陷入困境,曾产生过放弃的念头。所幸先生坚持,我才没有错过这个决定了我后续学术方向的选题。

　　我的博士论文运用语用学理论解决在学习词典中如何提供语用信息这个问题,属于语用学的应用研究。在导师的指示下,我多次向刚调到南京大学的语用学博士陈新仁老师请教。尽管忙碌,他从未拒绝。从那时起,我的学术生涯里就有了一位亦师亦友的同龄指路人。多年以来,我每有语用疑惑,第一个请教的就是陈教授。如今,他已是语用学界的著名学者,担任国际语用学协会和中国逻辑学会语用学专业委员会的顾问,主编国际期刊 *East Asian Pragmatics*(ESCI)、《外国语文研究》《中国语言战略》,担任 SSCI 期刊 *Pragmatics* 的副主编,还兼任中国语言战略研究中心执行主任、中国英汉语比较研究会英语教学分会和话语研究专业委员会副会长等职。尽管更加忙碌,陈教授仍然没有拒绝我这个编外语用学人的求助。今天的这本书，不仅得益于他提出的语用身份论及人际关系管理新模式，也离不开他一如既往的指导：微观上对一些实例的分析；宏观上对全书结构的把握。最后他还欣然作序。感激之情，无以言表。

陈教授为人为学堪称一流，他遍布全国的"芬芳桃李"也如他一样。他培养的博士后王晓婧在中国地质大学（武汉）任教，与我所在的华中科技大学是邻校。在一次学术会议上我有幸结识了做主旨发言的她。从此，这位科班出身的"女神"级博士也成为我的老师。她与陈教授一样，不厌其烦地回答我的各种问题。本书成稿之后，她完整地检查一遍，提出了不少宝贵的修改意见。陈新仁教授的另两位高徒郭亚东、袁周敏也都是德才兼备的博士。在写本书的过程中，我拜读他们的研究论著，对不解之处多次提问，他们都耐心地解答。郭亚东博士还慷慨地赠送他在博士论文基础上出版的专著《日常言语交际中的语用身份研究》。这是目前与我的这本书在研究选题方面最为接近的文献。我如获至宝，反复研读，受益匪浅。

感恩在我学术道路上以这样那样的方式帮助过我的人们！我无以为谢，只能送给他们世界上最美好的祝福！如果本书中存在疏漏，都是因为本人才疏学浅所致，在以后的研究中尽量改进。

最后，请允许我借此机会感谢生我养我的父母双亲。

我的父亲1930年出生于长江与其支流倒水河的交汇处——龙口地区，这一带现在是武汉市的新城区。母亲出生于离父亲家约八里开外的阳逻镇，也在长江边，她比父亲大一岁多。因"媒妁之言"，父亲和母亲走到了一起。

母亲嫁给父亲的时候已近解放。由于此前在外地奉职的爷爷购置了一些土地，解放后我家先被划为"地主"成分。后经过调查，原来那些土地是我爷爷和他人一起购买的，且小脚的奶奶在家纺线织布，从未去收过租，因此我家得以改为"富农"成分。

　　土地收归国有是自然的，接着房子也分给了村民。父母亲曾在村尾搭过一个草棚，可没住多久就被风雨掀翻了。一个好心的村民（也是远房叔伯）从自己家并不宽敞的房子里隔出一小间，收留了走投无路的父母和他们的大儿子。这一住就是很多年。为了报恩，父亲常帮他家干些农活（当时每家分到一块自留地）和难做的家务事（如堆柴垛等）。后来，生产队里有干部说这个远房叔伯阶级立场不稳，父母知道自己连累了他们，就更加拼命地干活，希望能有自己的小窝。到70年代初，我家终于盖了一间小屋。

　　母亲很小就失去了双亲，是跟着哥嫂在镇里长大的，主要任务是帮他们带孩子，根本就不知道什么是农活。嫁给父亲后，母亲很快就学会了喂猪养鸡、挖地除草、挑水挑粪等等。当时村里别的妇女能做的，没有一样她不会。

　　在这样的环境下，父母养活了五个孩子，另外还丢失了五个：有的由于母亲做繁重的农活流产了，有的养到几岁因病夭折了（母亲晚年经常念叨他们）。四个哥哥和我幸存了下来：最大的哥哥出生于1950年，最小的我出生于1967年。那时，不少农村家庭都不重视女孩，而我家却不同。在那个物质极其匮乏的年代，我虽然没有吃过饱饭，很少穿上新衣（平常衣服基本都是母亲带大的、镇上表姐们接济的），但我的童年和少年时期却是非常快乐的。

　　父亲是村里的主要劳动力，除了干最重的农活——犁田耙地、插秧割谷、开荒挖渠等，还要干一项危险系数极高的活——带领村里的精壮劳动力（一次大概六人）将载重大约五吨的木船划过长江，到武汉市去"集肥"，也就是把城里大粪坑里的粪挑到小木船上，运回村里种庄稼，这样村里就能省下买化肥的钱了。"集肥"一次来回需要大约一周。他们一行人带上咸菜、干粮、被褥等，吃住在小船上（船上也能煮点稀饭）。队长经常派父亲带队，因为他掌舵稳。听说有一次父亲到外地修水利去了，队长派了村里另外一个男劳动力带队,结果船行到长江中时遭遇大风,被掀翻了。幸亏他们个个水性和父亲一样好,才得以水里逃生。每次当"满载而归"的小木船停靠在倒水河边时,母亲就和其他村民一起去挑肥,来回一趟大约要走六里路。重重的粪桶压在肩上,有一百来斤,母亲从来没有叫过累。

每到冬天,队里还会派父亲对"集肥"用的木船进行检修。有时刚上的油漆需要时间干燥,父亲趁着有点闲空的功夫,就在倒水河边用自己编织的渔网捕鱼,这样我们就吃上了少见的荤菜。碰上周末学校放假,母亲让我给父亲送饭去,常常是送一碗饭去,便带回一碗小鱼小虾。那是我们当时能吃到的、最好的美味了。母亲有时吩咐我们送一点给左右邻居;有时留一点晒干,装进坛子里,留着过年时待客。

在我的记忆中,父母亲从来没有休息过,总在马不停蹄地劳作。父亲常常在昏暗的煤油灯下打草鞋、编渔网等。有时下雨,队里不安排活了,他就戴上斗笠,穿上自编的蓑衣,到附近的小河里捕鱼。母亲白天干队里安排的活,到了晚上,或纺线,或给我们补衣服、做鞋子。那时鞋底都是母亲自己纳的:她先收集些破布,洗净晒干;煮上一些面粉做浆糊;把这些破布一层一层地贴在木门上,晒干后揭下来,就有了厚厚的一层;把多层贴到一起,照鞋底模子剪好,再一针一针地纳成鞋底。母亲千针万线做的鞋子,到我们脚上不久就被顶破了,冒出"小鸡"来,母亲又会把它们补上。当我的脚长大了穿不进去时,布鞋就成了拖鞋,直到最后小到连拖鞋也当不了才扔掉。哥哥们的鞋子、衣服经常是大哥穿了二哥穿,到了三哥身上,基本不成样子了。

母亲除了管理我们兄妹五人的生活,还要养猪养鸡。到了年终,把猪卖了,才能买上两三斤肉,一家七口人才尝到了肉的滋味。这点肉还不能全部吃完,大部分要炸成肉丸、留到大年初招待亲戚。家里虽然有鸡,但我们那时几乎没有吃过鸡蛋。母亲总是把鸡蛋攒起来,攒到一二十个就拿到集市上去卖。

说到卖鸡蛋,这个"资本主义的尾巴"那时是要割掉的。村里人都知道这个规定,但手里没有一分钱,怎么能买到天天要用的煤油、火柴、食盐等日用品呢? 于是村民们常常天不亮就去赶集,并在生产队早上开工之前赶回来。只要不惊醒村头的那条狗就基本上不会被发现。当时的集贸市场也在倒水河边,来回一趟大约也是六里路。母亲常常头天晚上就把鸡蛋包好,有时还带上几把韭菜什么的。她听到鸡叫就起床,提上篮子悄悄地出门。可有几次我醒了,一定要跟她去。她反复哄我:你走不快,你去我就越发回来晚了,赶不上早工;你要是不去,我就买一粒糖回来给你吃。可我那时宁愿不吃平时连想都想不到的糖,也要跟着母亲去赶集。母亲没法子,只好把我带上。为了赶早去占个好位子,她时而把我背一段,时而让我走一段。路上看到像人影一样的黑团,就故意咳嗽一声;对方也一样,算是彼此打招呼,以免惊吓了对方。有时菜还没卖完,眼看天就要亮了,母亲只得提着菜,带着我往回赶。

生产队有时"抓革命、促生产",农闲时或晚上时常开会。被批斗的不是我的父亲就是我的伯父(即父亲的哥哥),因为村里只有我们两家是"富农"。即使这样,母亲也从来没有低看过父亲。在我的记忆中,他们互相体贴,里外配合,从未红过脸。记得有一次,父亲到七十里开外的涨渡湖种地去了,队长说他过几天就要回来。当时家里正好死了一只鸭,母亲熬了鸭汤,特地放了不少盐,说是等父亲回来喝鸭汤。可是等到鸭汤变酸了,父亲还没有回来。母亲看着骨瘦如柴的我们,一边抹眼泪,一边说自己错了。第一次,我看见母亲流泪了。

1978 年,改革开放的春风吹到了我的家乡。一天,大队通知父亲去开会。他又紧张起来,以为自己又要挨批斗了。但是,这次他竟然哼着曲子回来了,很高兴地对母亲和我们说:"我的'帽子'摘掉了,从今以后不挨批斗了!"再后来分田到户,父母亲就更加高兴了。

　　谁知好景不长,1983年父亲感到身体不适,到医院检查,结果是肝癌晚期。那年父亲仅仅53岁,而我正读高一,与读高二的四哥在同一所高中。学校离家有大约15里路。我们平时住校,每月才能回家一次。有一天,二嫂骑着自行车赶到我们学校,说父亲想看我们最后一眼。回家后,我看见躺在床上的父亲,想说什么却说不出来。后来,母亲哽咽着告诉我们,父亲已经反复叮嘱过她和三哥(因为大哥、二哥已经结婚,有了自己的小家庭,只有三哥、母亲和我们一起生活):再苦再累也一定要让我们读到考取大学,千万不能因为经济困难而辍学。父亲的话为我们学习增添了动力,也成为母亲和三哥努力的方向。此后,母亲更是夜以继日地忙碌,一个人种下了三亩多地;三哥在倒水河码头当搬运工,用他那只有21岁的肩膀挑起了我和四哥的未来! 三年后,母亲和三哥一起把我和四哥送进了大学,完成了父亲的遗愿。

　　在我的记忆中,即便再忙,父母亲都不曾疏于教育我们,常常利用一家人在一起吃饭的时间对我们进行品行教育。什么江洋大盗从偷鸡蛋开始啊、什么有东西吃就要分给身边的小朋友啦、什么人家吃东西你不要盯着看而要赶紧离开啊、买笔买本子可以但买糖吃就不行啊,等等。我那时都会一句一句地背出来,几十年后的今天也没有忘记。父母亲还教我们要知恩图报、对人要有礼貌等等。一天,我放学回来,很得意地一边模仿一边告诉父亲:

　　"我在路上看见了一个跛子,像这样走路。"

　　"最好不要叫人家是'跛子'呀!"

　　"那该怎么叫呢?"

　　"一个走路不方便的人。"

　　"为什么呢?"

　　"那样叫不礼貌啊!"

　　现在我终于明白,为什么我从词典学转到语用学,又在语用学这个宏伟的殿堂里,对礼貌和不礼貌问题情有独钟!

　　大约我十一二岁时,父亲买回一台小收音机。一天,父亲打开收音机,里面正播放着英语教学节目,讲着鳄鱼和猴子的故事。父亲对我说:你听,外国人原来是这样讲话的,跟我们不一样。从那时起,我对英语充满了好奇。谁知长大以后我会以讲授、研究这门语言为生!

　　我的童年、少年时期已经远去了,但父母对我的教育"从来不需要想起,永远也不会忘记"。我对父母的怀念也与日俱增。回想自己的大半生,虽没有什么造化,但基本也在父母划定的人生轨迹上。感恩给我生命与教诲的父母! 感恩在人生路上帮助过我的人们!